山东大学中文专刊

# 中古阳声韵韵尾在现代汉语方言中的读音类型

张燕芬 著

商務印書館
The Commercial Press

图书在版编目（CIP）数据

中古阳声韵韵尾在现代汉语方言中的读音类型 / 张燕芬著. — 北京：商务印书馆，2023
ISBN 978-7-100-23041-4

Ⅰ.①中⋯ Ⅱ.①张⋯ Ⅲ.①现代汉语－汉语方言－音韵学－韵尾－方言研究 Ⅳ.①H17

中国国家版本馆CIP数据核字（2023）第178260号

权利保留，侵权必究。

中古阳声韵韵尾在现代汉语方言中的读音类型
张燕芬 著

商 务 印 书 馆 出 版
（北京王府井大街36号 邮政编码 100710）
商 务 印 书 馆 发 行
北京虎彩文化传播有限公司印刷
ISBN 978-7-100-23041-4

2023年12月第1版　　开本 640×960　1/16
2023年12月第1次印刷　印张 15

定价：98.00元

# "山东大学中文专刊"编辑出版说明

"山东大学中文专刊",是山东大学中文学科学者著述的一套丛书。由山东大学文学院主持编辑,邀请有关专家担任编纂工作,请国内有经验的专业出版社分工出版。山东大学中文学科与山东大学的历史同步,在社会巨变中,屡经分合迁转,是国内历史悠久、名家辈出、有较大影响的中文学科之一。1901年山东大学堂创办之初,其课程设置就包括经史子集等中文课程。1926年省立山东大学在济南创办,设立了文学院,有中国哲学、国文学两系。20世纪30年代至40年代,杨振声、闻一多、老舍、洪深、梁实秋、游国恩、王献唐、张煦、丁山、姜叔明、沈从文、明义士、台静农、闻宥、栾调甫、顾颉刚、胡厚宣、黄孝纾等著名学者、作家在国立山东(青岛)大学、齐鲁大学任教,在学术界享有盛誉。中华人民共和国成立后,山东大学中文学科迎来新的发展时期,华岗、成仿吾先后担任校长,陆侃如、冯沅君先后担任副校长,黄孝纾、王统照、吕荧、高亨、高兰、萧涤非、殷孟伦、殷焕先、刘泮溪、孙昌熙、关德栋、蒋维崧等语言文学名家在山东大学任教,是国内中文学科实力雄厚的学术重镇。改革开放以来,中华人民共和国培养的一代学术名家周来祥、袁世硕、董治安、牟世金、张可礼、龚克昌、刘乃昌、朱德才、郭延礼、狄其骢、葛本仪、钱曾怡、曾繁仁、张忠纲等,以深厚的学术功力和开拓创新精神,谱写了山东大学中文学科新的辉煌。总结历史成就,整理出版几代人用心血和智慧凝结而成的著述,是对学术前辈最大的尊敬,也是开拓未来、创造新知、更上一层楼的最好起点。2018年4月16日,山东大学文学院新一届领导班子奉命成立,20日履任。如何在新的阶段为学科发展做一些有益的工作,是摆在面前的首要课题。编辑出版"山东大学中文专刊"是新举措之一。经过一年的紧张工作,一批成果即将问世。这其中既有历史成就的总结,也有新时期的新著。相信这是一项长期的任务,而且长江后浪推前浪,在未来的学术界,山东大学中文学科的学人一定能够创造出无愧于前哲、无愧于当代、无愧于后劲的更加辉煌的业绩。

山东大学文学院

2019年10月11日

# 张燕芬

女，汉族，1978年生，广东揭阳人，2009年毕业于山东大学，获文学博士学位，师从钱曾怡先生。研究方向主要为现代汉语方言学，语言对比，语言与文化等。主要著作有《广西平乐闽方言研究》(合著)(广西师范大学出版社2009年版)，论文主要有《广西平乐闽语音系及同音字汇》(《桂林师范高等专科学校学报》2006年第4期)、《揭东方言的量词"奇"和"爿"》(《中国语文》2009年第3期)、《从"猪舌头"看汉民族语言禁忌的特点》(《民俗研究》2009年第2期)等。

# 序

我这人运气好，招到了一批好学生。指导研究生，当然有付出，但是收获也多。学生们在作业、论文中的一些论述、提出的一些疑问，常常会启发我对某些问题的思考；所提供的丰富方言语料更是丰富了我的见闻、扩展了我的知识。这，使我真切地领略到教学相长的真谛。和学生相处、相知、相帮，使我的生活更为充实。看到学生们在各自的岗位上为本专业勤奋工作、取得丰硕成果，我感到十分欣慰。学生们个个都是重情重义的，燕芬也是。

燕芬是我招收的最后一个博士生，是"关门弟子"。我2005年退休后，本来已不能承担指导研究生的任务，却因为邢向东的《神木方言研究》于2004年获得"全国优秀博士论文奖"，那个时候有规定，获得"全国优秀博士论文奖"的指导教师只要符合有项目、有经费等条件，可以终生招收博士生，于是在2005年和2006年，我又分别招到了李旭、洪小熙和张燕芬，不能不说是一种缘分。

燕芬聪慧好学，有良好的业务素质，对语言学有浓厚兴趣，专业基础扎实。攻读博士学位期间，先后修习过"语言研究的理论和方法""语言学名著导读""汉语方言专题研究"等多门专业课程，成绩优秀。创新意识强，独立撰写的论文已经发表的有《广东揭东方言的量词"奇"和"爿"》(《中国语文》2009年第3期)、《从"猪舌头"看汉民族语言禁忌的特点》(《民俗研究》2009年第2期)、《从语言接触看漳州、郁南、平乐三地闽语的"十五音"》(日本《亚细亚言语论丛》第七辑)、《广西平乐闽语音系及同音字汇》(《桂林师范高等专科学校学报》2006年第4期)等多篇，都是很有见地的。先后参加过"汉语官话方言研究""汉语方言地图集"等重大国家课题，积累了实践经验。博士学位论文《中古阳声韵韵尾在现代汉语方言中的读音类型》体量大、难度高、质量优，正如山东大学人才招聘的主审教授曹志耘评价该论文所说："选题具有填补空白的意义，在大量方言材料的基础上，整理归纳出汉语方言古阳声韵演变的类型、分布和规律，具有很高的学术价值。"

燕芬热心肠，乐于助人，很具先人后己的团队精神。关心爱护学生，不仅在学术上悉心指导，生活上待学生亲如家人，学生有病，她还会带着去医院诊治。对我，那更是体贴周到。从入学攻读博士学位，以后留校工作至今，我们相处已经有15个年头了。我已老迈迟钝，跟不上时代脉搏，使用高科技手段时有缺失，燕芬却得心应手。无论工作生活，依赖于她的越来越多：要补充调查济南方言词汇，她物色发音人，全程陪同记音；写了文稿，由她帮着向有关刊物投递；科研经费她掌管；电脑出了故障，她来排除；打印机、手机陈旧了，她来更新换代；外地学生来济南，她组织聚会；等等。真是不胜枚举。

燕芬博士论文即将出版，称我心愿，很高兴写了以上这些，算是序。对于论文评价，我已于2009年4月写过"导师评语"，附录于下，就不再另外叙述了。

钱曾怡写于2021年12月2日

# 附：《中古阳声韵韵尾在现代汉语方言中的读音类型》导师评语

古阳声韵三种韵尾发展到现代汉语方言有了很大变化。对于汉语阳声韵的历史演变，是汉语史研究的重要内容之一。

从古到今，汉语鼻音韵尾的演变主要是两个方面：一是韵尾的归并，二是韵尾的弱化乃至消失。前者是韵尾数量的减少，后者是韵尾发音辅音特点的减轻、脱落，两者都是走着简化的道路。但是由于两者在许多方言中的演变是交叉的，在不同方言中的演变过程更是参差不齐，这就形成了古阳声韵和现代汉语各种方言的对应关系的千差万别，呈现出极其复杂的局面。单从读音形式看，古阳声韵在现代汉语不同方言中的读音既有鼻辅尾，也有鼻化元音和口元音，远比古音系统复杂，要从中归纳读音类型、总结其演变规律，难度很大。

本文依据对930个方言点的共时调查，将分布各大方言区的汉语方言古阳声韵今读概括为八大类型（84小类）。在此基础上探讨古阳声韵演变的不同形式、途径、条件和动因。本文选题属于历史比较语言学的范畴，有开拓性价值，对语言演变的研究具有理论意义。

以前的学者对本课题已经做过一些研究，主要成果是总结出古阳声韵演变的两条规律：韵尾发音部位的归并，是发音部位在前的归并到在后的；元音鼻化的顺序，是主要元音舌位由低到高。本文充分考察、验证了前人成果，并用比以往更全面的原创性语料作出了进一步的论证。但是客观存在的语言现象极其复杂，除了主体规律以外，方言中还存在许多特殊的现象，如辅音韵尾发音部位在后的归并到在前的、主要元音舌位高的比舌位低的先鼻化了等等，对这些现象，以往的学者还很少涉及，而本文注意到了，除了进行细致描写以外，又分析归纳这些特殊演变的重要条件。文章还从音节内部、音节之间关系等多个角度分析了古鼻音韵尾演变的动因。这些，都是发前人所未发。

古阳声韵从有鼻音韵尾到韵尾归并、弱化，乃至演化为阴声韵，这是汉语语音演变的总体规律，但也存在阴声韵变为阳声韵的现象。本文的余论讨论这些逆行发展的现象，从中总结演变条件。以主体趋势为主，但也主要注意非主体的特性，这才是全面认识语音发展的辩证方法。

本文内容充实。资料翔实可靠，思路清晰，有独立见解，语言通畅，写作规范，达到博士学位论文水平，同意授予张燕芬同学博士学位。

# 目 录

1 绪论 ·················································································1
  1.1 研究的意义 ································································1
  1.2 前人的研究 ································································4
  1.3 研究的目的 ······························································12
  1.4 研究的对象、理论和方法 ········································14
  1.5 材料来源及符号说明 ················································16

2 中古阳声韵韵尾在现代汉语方言中的读音类型 ········18
  2.1 [-m]、[-n]、[-ŋ] 三分型 ···········································19
  2.2 [-n]、[-ŋ] 二分型 ······················································25
  2.3 [-n] 或 [-ŋ] 一个韵尾型 ···········································31
  2.4 鼻音韵尾与鼻化元音共存型 ····································32
  2.5 鼻音韵尾与口元音共存型 ········································47
  2.6 鼻音韵尾与鼻化元音、口元音共存型 ····················54
  2.7 鼻化元音与口元音共存型及口元音型 ····················62
  2.8 古阳声韵今读八大类型在汉语各大方言区的分布 ········63

3 韵尾演变分摄讨论 ·····················································72
  3.1 咸深（山臻）摄 ······················································72

3.2 宕江摄 ································································· 88
　　3.3 曾梗通摄 ····························································· 93

4 古阳声韵韵尾演变的形式、途径和条件、动因 ················ 110
　　4.1 鼻音韵尾演变的形式和途径 ································· 112
　　4.2 鼻音韵尾演变的条件 ············································ 133
　　4.3 鼻音韵尾演变的动因 ············································ 148
　　4.4 结语 ······································································ 164

5 余论　古阴声韵在现代汉语方言中读鼻音韵尾的条件 ······· 167
　　5.1 中古阴声韵今读鼻音韵尾的分布 ·························· 167
　　5.2 鼻音韵尾产生的条件 ············································ 170
　　5.3 鼻音韵尾产生和消变的规律 ································· 173

参考文献 ··············································································· 175
附录1　数据库930个方言点所调查的178个常用字 ············ 182
附录2　930个方言点的古阳声韵今读韵尾 ························· 184
附录3　中古阳声韵韵尾在现代汉语方言中读音种类的分布
　　　　地图 ········································································ 220
附录4　补充调查的8个方言点发音人简况 ························ 227

后　记 ··················································································· 228

# 1 绪论

## 1.1 研究的意义

阳声韵是古音韵尾系统的一个大类，以鼻辅音为韵尾。中古阳声韵韵尾的格局是咸深摄收 [-m]，山臻摄收 [-n]，宕江曾梗通摄收 [-ŋ]。这一格局随着历史的发展而有所改变，《中原音韵》中闭口韵的唇音字已经出现了首尾异化的现象[①]，而现代汉语方言中中古阳声韵韵尾的读音是多种多样的。研究中古阳声韵韵尾在现代汉语方言中的读音类型具有重要意义：

（1）是构建汉语语音史不可或缺的部分。

利用汉语方言材料是构建汉语语音史的重要手段。语音转瞬即逝，文献材料所展示的是一个个静止的切面，像韵书所记录的只是大致的类别，音值如何没有体现。例如古人所提到的"闭口韵"，到底是一种什么样的音，这是让人费解的，但是，通过现代南方闽、客、粤等方言，可以清楚地知道正是收 [m] 韵尾的韵母。现代汉语方言从古代发展而来，由于地理环境、经济、文化等原因，各个方言所处的发展阶段不尽相同，保留古代语言成分的多少也有差异。把空间分布的现代汉语方言的

---

① 王力：《汉语史稿（重排本）》，北京：中华书局，2004年，159页。

◇ 中古阳声韵韵尾在现代汉语方言中的读音类型

不同类型立起来，可以得出鼻辅音韵尾发展演变的规律，并由此推测古代韵书类别的具体音值、探讨汉语鼻音韵母系统的发展演变规律。时间的不可捕捉也就可以由空间的方言类型来重现了。

阳声韵是语音系统的重要部分，阳声韵韵尾在现代汉语方言中的今读局面纷繁复杂，其发展演变不是孤立进行的，它与阴声韵和入声韵的发展有着整齐的对应关系。例如，南方方言[-m] 和 [-p]，[-n] 和 [-t]，[-ŋ] 和 [-k] 两两之间韵腹元音的一致性，可以推测北方地区塞音韵尾未变之前的读音局面。阳声韵韵尾从中古到现代的演变，对于入声韵以及整个汉语语音系统的发展研究具有重要意义。通过对汉语声韵调发展演变的全面研究，构建汉语语音发展史便水到渠成，而阳声韵韵尾的研究正是构建工作不可或缺的部分。

（2）有助于全面认识汉语结构格局和语音系统。

阳声韵韵尾的发展实际就是鼻音韵尾的发展。鼻音在汉语中可以处于声母的位置，也可以处于韵尾的位置，二者的性质不尽相同，研究韵尾鼻音有助于全面研究鼻音的性质。当鼻音处于声母位置时，鼻辅音的性质是完整的，而当鼻音处于韵尾的位置时，鼻辅音的性质常常是不完整的。汉语方言鼻音韵尾由中古到现代的消变，与其韵尾的特殊位置有关，这是汉语的重要特点，与英语等印欧语系的语言不同。例如英语中的鼻音，无论处于音节的起首还是结尾，性质一样，都是完整的鼻辅音，常常与紧跟的音节连读。

阳声韵的发展演变，同时也涉及元音和鼻音的关系。元音韵腹在韵尾鼻音的发展演变中起着重要作用，元音舌位的高低、唇形的圆展等都对鼻音韵尾的消变有着重要的影响。另一方面，鼻音韵尾在演变的过程中鼻音的音色也作用于韵腹元音，使其带上鼻音色彩。当鼻辅音韵尾弱化后，鼻音作为一种区别意义的因素常常由元音韵腹来承担，这就是鼻化元音。音素间的相互作用处处存在，这种作用使语音系统不断向前发展。鼻音韵尾的发展演变从某种程度上说是音节内部、音节之间各音素相互影响、相互制约的结果，对其发展演变的研究实际上也是对各音素之间相互作用的研究，这样的研究有助于全面认识汉语的语音系统。

（3）有助于普通语言学和历史比较语言学的研究。

方言是现代汉语在不同分布地区的实际存在形式，方言的不同面貌是现代汉语的不同侧面。古阳声韵尾与现代汉语方言里的今读类型对应复杂。有统一的一面，大的方言区都有主流的韵尾类型，不同的方言区也可能有相同的韵尾类型；有分歧的一面，同一方言区下属的方言有不同的韵尾类型。阳声韵尾的今读局面有区域性的特征，如 [m] 韵尾在闽、客、粤等南方方言的保留，也有非区域性的特征，如鼻化元音在所有方言区的出现。汉语方言所呈现出的多姿多彩的韵尾局面，为普通语言学和历史比较语言学提供不可多得的参考材料。

汉语方言纷繁复杂，各种方言有着不同的发展类型，类型的背后体现了不同的制约关系。这些关系或为个性或为共性，将为普通语言学和历史比较语言学的研究提供重要的参考资料，从而丰富语音演变理论的研究。

（4）有助于人们学习普通话，更好地进行交流。

普通话中与古阳声韵相对应的是鼻音韵母，这是普通话语音系统的重要组成部分。各方言区的人们由于受到各自方言语音系统的干扰，说普通话时难免带上方音色彩，像西南官话及客、赣方言区的人 [-in]、[-iŋ] 容易相混，山东冀鲁官话区的人 [-n] 韵母容易发成鼻化元音。研究古阳声韵的演变，探讨各方言的不同类型，可以明确鼻音韵母在方言和普通话之间的差异，并进一步弄清楚差异形成的原因。全面正确地认识自己方言的鼻音韵母系统，可以将其和普通话的系统对应起来，找出经常出错的部分，加以训练，必定可以更快、更好地掌握普通话的发音。

## 1.2　前人的研究

讨论古阳声韵在现代汉语方言中的读音情况，一直是汉语方言研究的重要课题之一，成果众多。

王力先生在《汉语史稿》[①]中归纳咸深山臻在现代汉语方言里有九种不同的类型：第一个类型是完整保存中古的 -n 和 -m，并且不和 -ŋ 尾相混，如粤方言、闽南方言。第二个类型也是完整保存中古的 -n 和 -m，但是臻摄和梗曾两摄相混，如客家方言。第三个类型是 -m 变了 -n，但是不和 -ŋ 尾相混，如北方话。第四个类型是除了 -m 变 -n 之外，臻摄还和梗曾两摄相混，如西南官话。第五个类型是 -m、-n、-ŋ 合流为 -ŋ，如闽北方言。第六个类型是 -m、-n、-ŋ 合流为 -n，如湖北和湖南某些方言（江陵、长沙县）。第七个类型是 -m、-n、-ŋ 韵尾失落而变为鼻化元音，如西北方言。第八个类型是韵尾失落而变为单纯的开口音节，如西南某些方言（昆明）。第九个类型是山咸两摄韵尾失落，和江宕两摄不混，臻深两摄念 -n 和 -ŋ 随意，和梗曾两摄相混，这是吴方言的一般情况。

王先生说的虽然是"山咸臻深四摄"[②]的类型，但由上述可

---

[①] 王力：《汉语史稿（重排本）》，北京：中华书局，2004年，219页。
[②] 王力：《汉语史稿（重排本）》，北京：中华书局，2004年，219页。

见，实际上九类的区分是通过古 [-m]、[-n]、[-ŋ] 的分混来确定的，九种类型也包括宕江曾梗通等摄的现代韵尾类型。

较早把现代汉语方言的中古阳声韵韵尾作为专题进行研究的学者是陈渊泉和张琨。

陈渊泉先生应该是最早系统地研究汉语方言鼻音韵尾演变的学者。陈先生的博士学位论文（加州大学伯克利分校，1972）选题"汉语中的鼻音和元音鼻化——音系学普遍性探讨"（Nasals and Nasalization in Chinese: Exploration in Phonological Universals），主要讨论鼻音声母和鼻音韵尾从中古到现代汉语方言的演变情况。这篇学位论文最主要的研究对象是DOC[①]（即Dictionary On Computer，根据1962年《汉语方音字汇》的材料做成的数据库）的18个方言点[②]，此外还有《现代吴语的研究》《湖北方言调查报告》《云南方言调查报告》等，据论文的介绍，共有多于600个方言点的材料。论文中讨论了阳声韵韵尾演变的几个类型，从鼻音归并到元音鼻化再到鼻化消失，并将阳声韵尾的演变与入声韵尾的演变做了比较。在鼻音韵尾的归并方面，陈先生提出了"由前往后"（front-to-back direction）的主流趋势，指出 [-m]、[-n]、[-ŋ] 三个韵尾合并的最终方向是 [-ŋ]。在鼻音韵尾转化为鼻化元音方面，陈先生提出的次序与归并的顺序一致，即 [-m]、[-n] 到 [-ŋ]。此外，陈先生提出另一个影响元音鼻化的因素是元音发音部位的高低前后，低元音比高元音容易产生鼻化，前元音比后元音容易产生鼻化。在鼻音韵尾向口元音演变方面，陈先生提出了元音高化的理论，认为鼻音韵尾在向口元

---

[①] 冉启斌在《汉语鼻音韵尾的消变及相关问题》中把DOC译为"计算机语音汇典"。

[②] 1962年版的《汉语方音字汇》只有17个方言点，陈文列18点，疑误。

音发展的过程中，元音会逐渐高化，这与鼻音韵尾由古至今一直不变而韵腹元音低化的趋势正好相反。文章在指出鼻音韵尾演变大方向的同时，也分析了一些与主流趋势相反的非主流的演变。像高元音先发生鼻化以及 [-ŋ] 向 [-n] 转变等现象，陈先生认为两者都是有条件的演变，而主流趋势的演变则往往是无条件的。

陈先生的博士学位论文开始了汉语方言阳声韵韵尾演变的研究，文中所提出的鼻音韵尾演变的规律和方向是开创性的，是后来的研究者需要参考和借鉴的。不过，由于这篇论文是用英文写作，后来也没有出版，国内能见到的人不多，因而提及这篇论文时缺少详细的介绍，多与陈渊泉1973年和1975年的两篇文章一起讨论。

陈渊泉（1973）Cross Dialectal Comparison: A Case Study and Some Theoretical Considerations（《跨方言的比较——个案研究及理论思考》）发表在 *Journal of Chinese Linguistics*（《中国语言学报》）第1卷第1期上（38—63页）；陈渊泉（1975）An Areal Study of Nasalization in Chinese（《汉语鼻音化地域研究》）发表在同一期刊的第3卷第1期上（16—59页）。前者侧重于将汉语方言鼻音韵尾的演变与塞音韵尾的演变联系起来讨论，更多的内容是对这种平行性演变进行理论的探讨。后者是一篇专门讨论从鼻音韵尾到元音鼻化的文章，内容实际上是陈渊泉（1972）的一部分，不过，使用的材料有所增加。全文共分析了1364个方言点，其中西南官话和吴方言的材料尤为丰富。文章主要分析了鼻音韵尾到鼻化元音的演变模式，明确指出元音鼻化产生的次序是低元音到高元音，前鼻韵尾到后鼻韵尾（"The modified principle states that the scope of nasalization is defined by two parameters: from low to high vowels, on the one hand, and from the anterior (-n) to the posterior (-ŋ) nasal endings on the other." 33页）。元音舌位的高低和鼻音部位的前后是鼻音韵尾演变的重要条件，这一点虽然在陈渊泉（1972）就已经提出，在公开发表的刊物上则是首次出现，后来的研究者研究阳声韵演变时大多谈到了这一观点。

张琨的《汉语方言中鼻音韵尾的消失》是国内学者研究鼻音韵尾时经常引用的文章。尽管这一文章发表在陈渊泉（1975）之后，其影响却不亚于前者，这也许与其用汉语写作而国内学者多能参见有关系。张先生的文章讨论了官话方言和吴方言的鼻音韵尾情况，其中官话方言选取169个方言点，吴方言选取37个方言点①。文中分析官话方言和吴方言中鼻音韵尾消失的次序，哪些韵尾先消失，哪些元音后的韵尾容易转为鼻化元音，进而丢失所有的鼻音成分。张先生最后的结论是："最保存的一组韵母是后高（圆唇）元音后附舌根鼻音韵尾（*oŋ），其次是前高（不圆唇）元音后附舌根鼻音韵尾（*eŋ），最前进的一组韵母是低元音后附舌头鼻音韵尾（*a/ɑn）。在吴语方言中，低元音后附舌根鼻音韵尾这一组韵母（*a/ɑŋ）在受鼻化作用的可能性上仅次于 *a/ɑn组。在官话方言中，前高（不圆唇）元音后附舌头鼻音韵尾这一组韵母（*en）在受鼻化作用的可能性上仅次于 *a/ɑn组。"②

张先生的结论是吴语中鼻音韵尾消失的重要条件是元音的高低，而官话方言中最重要的条件则是鼻音韵尾发音部位的前后。这一结论与之前陈先生所提出的鼻音韵尾演变的两个重要

---

① 文章中的方言点数前后有出入，此为附录1所列的方言点数目，正文所列方言数目官话119，吴语37。

② 张琨：《汉语方言中鼻音韵尾的消失》，《中国语文丛刊·汉语方言》，1983年，60页。

条件是一致的。不过，从研究的对象来说，张先生使用的方言材料只有二百多个方言点，而且未包括所有的汉语方言，其系统性和完整性有所欠缺。

继张、陈两位先生之后，不少学者通过方言材料分析中古阳声韵韵尾的演变，有丁邦新、王洪君、潘家懿、陈晓锦、张维佳、张燕来、陈立中等。这些学者的文章都从某种或某个地区的方言出发，描述这些方言阳声韵尾的演变类型和演变途径。

丁邦新（1987）《论官话方言研究中的几个问题》中的第四个问题讨论了官话方言中韵尾的合并、消失和产生。

王洪君（1991、1992）《阳声韵在山西方言中的演变》（上、下）选取了山西方言中的26个方言点，从文白两个层次进行分析，认为"文读阳声韵鼻尾的消变以山（咸）摄为最快，与其它汉语方言的规律相符。……白读层阳声韵鼻尾的消变以梗、宕（江）摄为最快，与唐宋西北方音的特点相同"[①]。

潘家懿（1998）《鼻/塞韵尾的消失及其粤东闽语模式》指出了粤东闽语鼻韵尾演变的4种模式（塞音韵尾的演变与鼻韵尾的演变基本平行）：惠东型，有 -m、-n、-ŋ；海陆型，有 -m、-n、-ŋ，但 -n 只出现在高元音 [i]、[u] 之后，其余并入 -ŋ；潮汕型，有 -m、-ŋ 和鼻化韵；澄海型，仅有 -ŋ 和鼻化韵。

陈晓锦（2001）《广东粤语的鼻音韵尾和入声韵尾》分析了广东境内44个粤语点，指出珠江三角洲、粤北、粤西三大片粤方言中鼻音韵尾和塞音韵尾出现了程度不等、多寡不一的变化，粤西片比其他两片保留得更完整。就韵摄而言，变化主要集中在咸摄合口三等。

---

[①] 王洪君：《阳声韵在山西方言中的演变》（上），《语文研究》1991年第4期，40页。

张维佳（2001）《关中方言鼻尾韵的音变模式》描述中古阳声韵韵尾在关中方言的演变情况，指出演变十分复杂，"有合流、弱化和分流三种音变模式，演变出鼻音型、元音鼻化音型、元音型等三种类型"①。

张燕来（2006）《兰银官话鼻尾韵的演化》考察了兰银官话鼻尾韵的演变，主要从鼻音韵尾的音值变化和鼻尾韵类的分合关系两个方面进行分析：兰银官话的鼻尾韵根据中古阳声韵韵摄的不同产生不同程度的鼻尾弱化、脱落现象；中古的阳声韵韵类和阴声韵韵类之间存在合并现象。

陈立中（2004）《湘语与吴语音韵比较研究》一书用一章的篇幅比较中古鼻音韵尾在吴语和湘语中的演变情况。陈先生的著作选取77个吴语点和25个湘语点，从中古的三类阳声韵尾出发，对比吴语和湘语的韵尾类型，并指出二者阳声韵尾不同的演变方向。

除了这些文章，还有以阳声韵（和入声韵）为论题的硕士学位论文，如北京语言大学于晶（2004）《中古阳声韵和入声韵在晋语中的演变》、福建师范大学吴文文（2006）《近代汉语阳声韵尾和入声韵尾的演变研究》。于晶的论文涉及98个县市的晋语，也从文白两个方面来讨论中古阳声韵尾的演变。吴文文的文章题目没指明所用的方言材料，但其正文是以赣方言为基础来分析韵尾演变的。

郑林丽的《汉语鼻音韵尾的演变》（兰州大学硕士学位论文，2001）分析了1093个方言点的材料，把阳声韵韵尾的演变归纳为四个大类：三元对立格局、二元对立格局、一个鼻音

---

① 张维佳：《关中方言鼻尾韵的音变模式》，《语言研究》2001年第4期，52页。

◈ 中古阳声韵韵尾在现代汉语方言中的读音类型

韵尾格局和无韵尾格局。论文中也提到了影响鼻音韵尾演变类型与演变速度的因素,在陈、张两位先生的两个重要条件之外,指出了声母发音部位的重要影响。郑文涉及许多方言材料,从现有的材料中对现代汉语方言的阳声韵今读类型进行总结和分类,这样的分类比较系统、全面。但是,由于所据材料的质量和详略参差不齐,文章中的分类比较粗疏,且缺少具体的叙述,此外,分类只侧重于鼻音韵尾的数目,对鼻化元音和口元音关注得不够。

以上论著立足于方言材料,分析中古阳声韵韵尾的演变类型和演变途径,展现中古阳声韵韵尾在各大方言中的不同面貌。不过,从整体来看,这些文章大多侧重于韵尾演变类型的分析和阐述,对演变的动因缺少进一步的研究。近年来,有些学者开始利用各方面的理论来解释阳声韵尾的演变动因,主要有张吉生和周磊。

张吉生(2007)《汉语韵尾辅音演变的音系理据》[①] 运用当代音系学的理论,通过阐述汉语韵尾辅音的有标记和无标记性值,揭示汉语韵尾辅音(包括阳声韵和入声韵)历时演变的音系理据及其音系变化规则;文章同时指出,现代汉语各方言不同的韵尾辅音多数是中古汉语韵尾辅音由于历时磨损而引起的非口腔化的结果。张先生的文章是有益的尝试,其结论的正确与否还有待学界运用更丰富的语料进行考察。

---

① 文章主要使用了非口腔化和标记理论来解释汉语塞音韵尾和鼻音韵尾的演变。"所谓非口腔化(debuccalization 或 deoralization)是指辅音音段失去口腔发音机制的音系过程"。"如果一个辅音音段失去口腔发音机制,即失去发音部位,就失去了辅音性。"标记理论是"试图确定有标记形式和无标记形式之间成系统的、原则性的和(经常是)带普遍性的差异的几种理论。……往往越具标记性的越是不自然的;越是自然的,越是无标记的。根据标记理论,有标记值就是区别特征在某种语境里不太自然的取值"。

周磊（2007）《非音节性词尾和汉语方言的阳声韵》考察了汉语方言中非音节性词尾对阳声韵的影响，认为"儿"的语法化是阳声韵尾发展变化的主要动因之一。从理论上说，儿化往往使韵尾脱落，儿化促使阳声韵韵尾消变是可能的。然而，从丰富的方言语料来看，鼻音韵尾的弱化和脱落并不限于有儿化的方言，而有儿化的方言也并不一定伴随鼻音韵尾的弱化和脱落。

张、周两位先生的研究都是很有启发的，而二人的研究主要还是理论上的探讨，近20年来，还有不少学者从实验语音学的角度研究汉语的鼻音韵尾。吴宗济、林茂灿（1989）《实验语音学概要》，林茂灿、颜景助（1994）《普通话带鼻尾零声母音节中的协同发音》，王志洁（1997）《英汉音节鼻韵尾的不同性质》等都从实验语音的角度研究了汉语音节的韵尾鼻音，认为韵尾鼻音与声母鼻音的性质不同，是一个不完整的鼻音。这一实验结果对于解释鼻音韵尾的消变有一定的作用。

随着方言语料的日益增多，将会有更多的学者从不同的角度研究汉语鼻音韵尾的演变，并进一步探讨内在和外在的演变动因。

最后，有两篇综述性的文章值得一提，分别是冉启斌的《汉语鼻音韵尾的消变及相关问题》和《汉语鼻音韵尾的实验研究》。两篇文章各有分工，前者主要叙述鼻音韵尾演变的历时研究成果，包括鼻尾消变的情况、规律和原因等等；后者主要梳理了鼻音韵尾实验研究的情况，包括单音节和语流两个方面的不同声学表现，叙述鼻音弱化的规律，简要讨论共时实验研究与历时演化现象之间的关系。冉先生的文章涉及的文献很多，对各类文章的内容叙述翔实，对于研究鼻音韵尾的演变具有很高的参考价值。

如上所述，王力先生对现代汉语方言的古阳声韵韵尾做了大概的分类，后来的学者运用更为丰富的方言语料，范围遍及官话、吴语、湘语、粤语以及闽语等区域，在此基础上探讨古阳声韵韵尾的演变类型、途径，描述比较细致、深刻。这些研究启发着后来的学者，为阳声韵韵尾的进一步研究打下了坚实的基础。

## 1.3 研究的目的

从上述研究现状可见，目前学界对于阳声韵韵尾的研究成果较多，但仍有不足：

（1）缺乏对中古阳声韵韵尾在现代汉语方言中读音的系统分类。

全面、系统地研究中古阳声韵韵尾演变的论著并不多，更多的论著局限于某一个方言区。王力先生的研究涉及了所有的汉语方言，但因时代局限，不能反映现代汉语方言的全貌。陈渊泉（1972、1975）侧重于演变规律的探讨，只是列举代表性的方言，没有系统的分类；而郑林丽（2001）虽然对鼻音韵尾的今读进行了分类，但使用的材料比较分散，尽管有1093个方言点，但材料所属的年代并不一致，分类也比较粗疏。因此，在方言材料较为丰富的今天，对整个汉语方言的阳声韵韵尾做整体、细致的比较和分类研究是很有必要的。

（2）研究范围有所局限，缺乏大批量的同一年代的调查材料作为研究的对象来描述同一共时层面的鼻音韵尾演变类型。

上述前人的研究中，对象多数是某种方言或某个地区的方言，像丁邦新、王洪君、潘家懿、张维佳、张燕来等先生的研究都是如此。范围较大的也就是在两个方言之间进行比较，如张琨先生对比了官话和吴语，陈立中先生对比了湘语和吴语。因为缺乏一批同一年代的方言材料作为研究对象，像陈渊泉、郑林丽等先生的研究只能依赖各家在不同时期所做的调查成果，而使用不同年代归纳的鼻音韵尾演变类型有可能与实际的语言面貌存在差异。以大批量的同一调查年代的材料作为研究对象是研究的大势所趋。

（3）描述性成果占绝大多数，解释性研究刚刚起步。

王洪君、潘家懿、陈晓锦、张维佳、张燕来等先生的研究都以描述类型和途径为主，王力先生提出了九种类型，也属于描述性的成果。张吉生、周磊两位先生开始探讨阳声韵韵尾演变的动因，他们的研究是很有启发的，但仍需运用更详尽的方言语料对他们的结论进行考察。影响语言演变的因素是多样的，随着汉语方言研究的深入，应该从更多的角度探讨阳声韵韵尾演变的动因。

本文选题阳声韵韵尾的演变，正是希望在前人研究的基础上进一步深入，以期弥补前人的不足。论文主要希望达到以下几个目的：

（1）通过各大方言语料的排列、比较，归纳古阳声韵韵尾在现代汉语方言中的读音类型。

930个方言点分布在全国除西藏以外的所有地区，八大方言区都有分布，绝大多数方言点的调查都在2001年和2005年之间，时间跨度较小。通过研究这些同一共时层面的方言点的阳声韵韵尾，展示中古阳声韵韵尾在现代汉语方言中的读音类型面貌，为方言学的研究提供一份扎实的材料。

（2）比较各大方言的古阳声韵韵尾读音类型，分析其中的异同。

现代汉语的各大方言都有自己的特点，古阳声韵韵尾的读音类型也应各具特色。不同的方言可能存在相同的演变类型，而同一个大方言区的方言点也可能存在不同的演变类型。

（3）从各种读音类型出发，进而探讨阳声韵韵尾的演变途径。

阳声韵韵尾演变类型丰富多样，每一种类型都有其发展的内在机制，这就必须对其做进一步的解释、分析，从中发现演变的途径和方向，并进一步构建汉语阳声韵韵尾发展的历史。

（4）在阳声韵韵尾演变途径研究的基础上，进一步探讨阳声韵韵尾演变的动因。

这种动因应该包括两个方面：内在的和外在的。内在动因是语言内部各因素的互相影响、互相作用，外在动因是语言外部各因素的影响，主要是语言（方言）接触所带来的影响。通过对演变动因的分析、探讨，展示影响语言演变因素的多样性，丰富语言演变理论的研究。

## 1.4 研究的对象、理论和方法

### 1.4.1 研究的对象

本文研究的主体是汉语方言中的古阳声韵字的今韵尾。中古时期的汉语应该也存在方言的区别，不过，因为年代久远、缺乏文献记载，难以理清中古时期的方言面貌，在此以《切韵》音系代表中古音系统，并以《方言调查字表》为参照，观照中古时期的阳声韵韵尾系统。共选取178个常用阳声韵字在930个方言点中的读音进行比较分析，选字兼顾韵、摄、等及声母的情况，具有较强的代表性，字目及音韵地位见附录1。

930个方言点分布于现代汉语的所有方言区，共有官话（包括晋语）、吴、闽、湘、徽、粤、客家和赣八大方言[①]。此外，平

---

[①] 方言分区参考《汉语方言地图集》和《汉语官话方言研究》。晋语是否归属官话尚有争议，第二章第八节与官话方言一起叙述，其他章节仍单列。

话、乡话、畲语、儋州话等区属未定，暂不归入某一大的方言区，分类中仍单列。930个调查点见附录2。

178字在各摄的分布如下：咸摄21，深摄6，山摄47，臻摄24，宕摄20，江摄4，曾摄5，梗摄23，通摄28。930个方言点共调查了165540个阳声韵字，各摄总的调查字数如下：咸摄19530，深摄5580，山摄43710，臻摄22320，宕摄18600，江摄3720，曾摄4650，梗摄21390，通摄26040。

相对于《切韵》音系阳声韵字的总数而言，178字只是一个很小的数目，不过，这些代表字兼顾"等"和声母的分布，大多能代表古摄的韵尾面貌。其中，深摄未选取双唇音声母代表字，因而南方地区深摄收 [-m] 的方言，有些异化特征可能未能体现；第二章的分类仍按本文的材料划分，第三章第一节讨论咸深摄的演变时补充论述这一不足。

### 1.4.2 研究的理论

本文主要运用描写语言学、历史比较语言学、音系学、实验语音学和语言接触等方面的理论对材料进行比较、分析，并解释韵尾演变的途径和动因。

### 1.4.3 研究的方法

（1）数据库。文章的分析建立在数据库的基础之上，主要的数据库包括930个方言点的178个古阳声韵字。

（2）对比和分析。对比不同的方言语料，分析异同。

（3）归纳和概括。归纳各个方言的特点，概括古阳声韵韵尾的演变类型、途径。

（4）图表描写法。通过方言地图的方式展示阳声韵韵尾今读的不同类型，通过表格的方式展示各类信息。

## 1.5 材料来源及符号说明

### 1.5.1 材料来源

本文涉及930个方言点的阳声韵韵尾今读类型。930个方言点的178个阳声韵字的材料来自北京语言大学语言研究所"汉语方言地图集数据库"[①]，其中博罗、衡南、衡阳县、揭东、婺源、阳朔、永安、中山8个方言点，笔者在数据库的基础上进行了补充调查。

文中概括及分析的材料皆以这930个方言点为基础，如有其他材料与此不同，以此为准。少数章节因进一步论述的需要，适当补充一些数据库以外的材料，具体来源随文说明。

### 1.5.2 符号说明

本文使用国际音标记音，一般加 [] 表示，音值罗列或表格中出于简洁明了的需要，省去 [] 直接标写国际音标。

鼻辅音韵尾文中简称"鼻音韵尾"，记音在分类中折合为三类，即 [m]、[n]、[ŋ]。不区别意义的鼻音韵尾前的元音鼻化在分类中不体现；西北地区的 [-ỹ] 与 [-ŋ] 不对立，不少方言只记 [ỹ] 一类韵尾，第二章的分类 [ỹ] 归入 [ŋ] 韵尾。

[-ã] 代表鼻化元音，[-a] 代表口元音。严格地说，二者都不是韵尾，为称说方便，文中仍将其作为韵尾的类别，部分章节称为"韵尾类型"。

韵摄有多种韵尾音值类型时，直接罗列，不用其他符号或

---

[①] 本文简称"数据库"，特此声明并致谢忱。

空格隔开，如"咸 mnã"表示咸摄有 [-m]、[-n]、[-ã] 三种音值。

地名后面的下标字体代表地点的方言区属或新旧派读音，广东龙门粤语有两个调查点，分别用 1 和 2 标示。

为方便统计，两读或多音的字取音 1，一般为白读音。

文中的地图仅涉及 930 个汉语方言点的分布区域，在自然资源部发布的标准地图上标示类型分布信息。

# 2 中古阳声韵韵尾在现代汉语方言中的读音类型

《切韵》系统所代表的中古音阳声韵有咸、深、山、臻、宕、江、曾、梗、通九个摄，共有 [m]、[n]、[ŋ] 三种韵尾，咸深摄收 [-m]，山臻摄收 [-n]，宕江曾梗通摄收 [-ŋ]。阳声韵韵尾发展到现代，读音类型有很大的变化。中古三种都是鼻音韵尾，现代汉语方言在鼻音韵尾之外还有鼻化元音和口元音等类型。中古三种鼻音韵尾与咸深、山臻、宕江曾梗通的对应比较整齐，每摄只有一种鼻音韵尾；现代汉语各种方言的情况比较复杂，有像中古那样对应整齐的，但更多的是不整齐的，不但有一对一的对应关系，还有一对多、多对一的对应关系。

本章分类的出发点是古摄和今韵尾的对应关系。分类共四个层次：第一个层次，依据是古阳声韵韵尾在现代汉语方言中的读音种类，三个鼻音韵尾及鼻化元音、口元音共五类读音组合成八个大类：[-m]、[-n]、[-ŋ] 三分型，[-n]、[-ŋ] 二分型，[-n] 或 [-ŋ] 一个韵尾型，鼻音韵尾与鼻化元音共存型，鼻音韵尾与口元音共存型，鼻音韵尾与鼻化元音、口元音共存型，鼻化元音与口元音共存型，口元音型。第二个层次，是针对第四、五、六大类进行的，根据咸深摄是否保留 [-m] 分为"咸深摄收

[-m]"和"咸深摄不收 [-m]"两个次大类。第三个层次，大类（或次大类）下面根据古摄分合的不同情况分出小类。第四个层次，根据第三个层次分合后不同的读音分出次小类。

下文分节叙述，前六节每节为一个大类，第七节包括第七和第八两个大类。各大类的分布地图见附录3。

## 2.1 [-m]、[-n]、[-ŋ] 三分型

属于这一大类型的方言点有135个，都是南方方言。除湖南衡山是宕江梗摄收 [-m] 外，其他的都是咸深摄（部分只是咸摄或只是深摄）收 [-m]。这一大类虽然是 [-m]、[-n]、[-ŋ] 三分，但并不一定像中古的三分那样整齐对应，有与中古一致的，也有与中古不一致的。

古摄的分合类型可以分为16个小类，分七部分叙述，前六个部分各叙述一个小类，第七部分为杂类，包含除前6个小类外的10个小类，这些小类所分布的方言点都在3个（含3个）以内。

### 2.1.1 咸深—山臻—宕江曾梗通

本类韵尾音值与古阳声韵尾一致：

| 咸深 | 山臻 | 宕江曾梗通 |
|---|---|---|
| m | n | ŋ |

共21个方言点，分布如下：

表2.1 咸深—山臻—宕江曾梗通 ①

| 省区 | 方言区属 | 地点 |
|---|---|---|
| 广西16 | 平话11 | 宾阳、扶绥、来宾、柳城、罗城、蒙山、融水、三江、上林、宜州、邕宁 |
| | 粤语4 | 桂平、灵山、钦州、昭平 |
| | 客家话1 | 博白 |
| 广东2 | 客家话1 | 博罗 |
| | 粤语1 | 龙门₂ |
| 江西2 | 赣语 | 黎川、资溪 |
| 台湾1 | 客家话 | 新竹县 |

## 2.1.2 咸—深—山臻—宕江曾梗通

本类韵尾音值与古摄的对应情况有四种：

|   | 咸 | 深 | 山臻 | 宕江曾梗通 |
|---|---|---|---|---|
| 1 | mn | m | n | ŋ |
| 2 | mn | m | nŋ | ŋ |
| 3 | mŋ | m | nŋ | ŋ |
| 4 | m | mn | n | ŋ |

这一小类的方言点48个，第一种音值类型有45个方言点，占了绝大多数，除咸摄外其他的摄与中古韵尾音值一致。咸摄有[-m]、[-n]两种音值，[-n]是变异的部分，主要出现在咸摄合口三等。分布如下：

---

① 表中数字为方言点数目。下同。

2 中古阳声韵韵尾在现代汉语方言中的读音类型

表2.2 咸一深一山臻一宕江曾梗通

| 组① | 省区 | 方言区属 | 地点 |
|---|---|---|---|
| 1 | 广东25 | 粤语 | 德庆、电白粤、斗门、恩平、封开、佛冈、高明、高要、高州、广宁、广州、花都、化州、怀集、龙门₁、南海、三水、顺德、四会、新兴、阳春、阳东、阳山、阳西、郁南 |
|  | 广西11 | 粤语8 | 北海、北流、苍梧、岑溪、南宁粤、容县、藤县、梧州 |
|  |  | 平话3 | 横县、平南、青秀平 |
|  | 江西4 | 赣语 | 崇仁、东乡、南丰、宜黄 |
|  | 澳门1 | 粤语 | 澳门 |
|  | 香港1 | 粤语 | 香港 |
|  | 福建1 | 闽语 | 建宁 |
|  | 海南1 | 儋州话 | 儋州 |
|  | 浙江1 | 畲语 | 景宁畲 |
| 2 | 广东1 | 粤语 | 鹤山 |
| 3 | 广东1 | 粤语 | 遂溪粤 |
| 4 | 江西1 | 客家话 | 全南 |

## 2.1.3 咸深一山臻一宕江通一曾梗

本类韵尾音值与古摄的对应情况只有一种：

| 咸深 | 山臻 | 宕江通 | 曾梗 |
|---|---|---|---|
| m | n | ŋ | nŋ |

这一小类的方言点有10个，全是广西平话。分布如下：

---

① 指上文第四层次按音值分出的类型。下同。

### 中古阳声韵韵尾在现代汉语方言中的读音类型

表 2.3 咸深—山臻—宕江通—曾梗

| 省区 | 方言区属 | 地点 |
|---|---|---|
| 广西 10 | 平话 | 巴马、崇左、龙州、隆安、马山、宁明、平果、田东、田阳、武鸣 |

#### 2.1.4 咸深—山臻曾—宕江通—梗

本类韵尾音值与古摄的对应有两种情况：

|   | 咸深 | 山臻曾 | 宕江通 | 梗 |
|---|---|---|---|---|
| 1 | m | n | ŋ | nŋ |
| 2 | mn | n | ŋ | nŋ |

这一小类的方言点有 22 个，第一种是主要的音值类型，有 20 个方言点。分布如下：

表 2.4 咸深—山臻曾—宕江通—梗

| 组 | 省区 | 方言区属 | 地点 |
|---|---|---|---|
| 1 | 广东 11 | 客家话 | 东源、丰顺、惠东、惠阳、揭西、连平、陆河、梅州、五华、新丰、紫金 |
|   | 广西 5 | 客家话 | 防城港、贵港、合浦、柳江、陆川 |
|   | 台湾 2 | 客家话 | 桃园、苗栗 |
|   | 福建 1 | 闽语 | 光泽 |
|   | 香港 1 | 客家话 | 新界 |
| 2 | 江西 2 | 赣语 | 抚州、高安 |

#### 2.1.5 咸—深—山臻曾—宕江通—梗

本类韵尾音值与古摄的对应情况只有一种：

| 咸 | 深 | 山臻曾 | 宕江通 | 梗 |
|---|---|---|---|---|
| mn | m | n | ŋ | nŋ |

共10个方言点，分布如下：

表2.5 咸—深—山臻曾—宕江通—梗

| 省区 | 方言区属 | 地点 |
|---|---|---|
| 广东6 | 客家话 | 大埔、和平、廉江、清新、信宜、英德 |
| 江西2 | 客家话1 | 定南 |
|  | 赣语1 | 奉新 |
| 福建1 | 畲语 | 宁德畲 |
| 广西1 | 客家话 | 象州 |

## 2.1.6 咸—深—山臻—宕江通—曾梗

本类韵尾音值与古摄的对应情况有两种：

|  | 咸 | 深 | 山臻 | 宕江通 | 曾梗 |
|---|---|---|---|---|---|
| 1 | mn | m | n | ŋ | nŋ |
| 2 | m | mn | n | ŋ | nŋ |

共9个方言点。第一种情况分布较广，有8个方言点。分布如下：

表2.6 咸—深—山臻—宕江通—曾梗

| 组 | 省区 | 方言区属 | 地点 |
|---|---|---|---|
| 1 | 广东5 | 粤语3 | 开平、台山、新会 |
|  |  | 客家话2 | 惠州、龙川 |
|  | 广西2 | 平话 | 百色、贺州 |
|  | 福建1 | 畲语 | 宁德闽 |
| 2 | 广西1 | 平话 | 都安 |

23

### 2.1.7 其他

除以上所述6个小类外，属于这一大类的还有10个小类，共15个方言点。分布这些小类的方言点较少，而古摄的分合情况相对以上几个小类来说比较复杂。10个小类里，9个小类收[-m]的也都是咸深摄，例外的只有湖南衡山。韵尾音值与古摄的对应情况和方言分布见表2.7。

**表2.7 第一大类的其他分合类型**[①]

| 类 | 组 | 对应关系 | 省区 | 方言 | 地点 |
|---|---|---|---|---|---|
| 1 | 1 | 咸 m 深山臻曾 n 宕江通 ŋ 梗 nŋ | 广东 | 客家话 | 蕉岭、平远 |
| | 2 | 咸 mn 深山臻曾 n 宕江通 ŋ 梗 nŋ | 广西 | | 荔浦 |
| 2 | 1 | 咸 mŋ 深 m 山臻曾梗 nŋ 宕江通 ŋ | 广东 | 粤语 | 吴川、湛江[粤] |
| | 2 | 咸 mn 山臻曾梗 nŋ 宕江通 ŋ | 福建 | 闽语 | 周宁 |
| 3 | 1 | 咸 mn 深 m 山 n 臻 nŋ 宕江曾梗通 ŋ | 广东 | 粤语 | 云安 |
| | 2 | 咸 mŋ 深 m 山臻 n 宕江曾梗通 ŋ | | | 从化 |
| 4 | | 咸 mŋ 深 m 山梗 nŋ 臻曾 n 宕江通 ŋ | 福建 | 闽语 | 邵武 |
| 5 | | 咸 mŋ 深 m 山曾梗 n 臻 宕江通 ŋ | | | 番禺 |
| 6 | | 咸 mn 深 m 山臻 n 宕江梗通 ŋ 曾 nŋ | 广东 | 粤语 | 茂名 |
| 7 | | 咸 mŋ 深 m 山 nŋ 臻宕江曾梗通 ŋ | | | 增城 |
| 8 | | 咸 mnŋ 深 m 山 臻 n 宕江通 ŋ 曾梗 nŋ | | | 中山 |
| 9 | | 咸深 m 山臻 n 宕曾 nŋ 江梗通 ŋ | 广西 | 平话 | 兴业 |
| 10 | | 咸山 n 深通 ŋ 臻曾 nŋ 宕江 m 梗 mnŋ | 湖南 | 湘语 | 衡山 |

衡山方言属湘语区，古摄的分合情况及具体的韵尾音值是：

---

① "其他"下所列古摄分合类型的方言点数比较少，仅列类型和方言点，分布点数不再一一罗列。下同。

| 咸山 | 深通 | 臻曾 | 宕江 | 梗 |
|---|---|---|---|---|
| n | ŋ | nŋ | m | mnŋ |

衡山的类型与上述几类有很大的不同，宕江摄等的 [-m] 应该是后起的，从 [-ŋ] 演变而来。从共时的音值类型看，衡山方言也是同时存在 [m]、[n]、[ŋ] 三种鼻音韵尾，在此将其归入第一大类。

## 2.2　[-n]、[-ŋ] 二分型

属于这一大类的方言点有 265 个，分布区域广阔，以官话方言居多。与第一大类相比，这一大类最主要的特点是只有 [n] 和 [ŋ] 两类鼻音韵尾，[-m] 并入了 [-n]、[-ŋ]。按古摄分合类型可以分为 24 个小类，分 6 个部分叙述。和第一节的情况相似，前五个部分叙述单一的小类，各方言点的古摄分合类型一致；第六部分是一个杂类，共有 19 个小类。

### 2.2.1　咸深山臻—宕江曾梗通

本类韵尾音值与古摄的对应比较单纯，只有一种：

| 咸深山臻 | 宕江曾梗通 |
|---|---|
| n | ŋ |

中古咸深摄 [m] 韵尾消失，今读韵尾音值是 [n]，与山臻摄韵尾合并，宕江曾梗通摄与中古一致，收 [-ŋ]。

分布区域较广，方言点共 102 个，如下：

◆ 中古阳声韵韵尾在现代汉语方言中的读音类型

表 2.8 咸深山臻—宕江曾梗通

| 省区 | 方言区属 | 地点 |
|---|---|---|
| 河南 22 | 官话 | 扶沟、滑县、开封县、灵宝、鲁山、洛阳、民权、清丰、确山、社旗、嵩县、西平、西峡、夏邑、项城、新蔡、禹州、柘城、镇平、郑州 |
| | 晋语 | 获嘉、沁阳 |
| 山东 14 | 官话 | 苍山、成武、东明、肥城、莱阳、聊城、蓬莱、青岛、荣成、乳山、滕州、兖州、沂南、郓城 |
| 河北 13 | | 安国、霸州、昌黎、承德县、丰宁、丰润、河间、青龙、唐海、唐县、围场、香河、徐水 |
| 黑龙江 13 | | 勃利、富锦、哈尔滨、海伦、呼玛、佳木斯、克山、漠河、牡丹江、齐齐哈尔、孙吴、延寿、伊春 |
| 辽宁 12 | 官话 | 北镇、朝阳县、大连、宽甸、辽阳县、凌源、清原、沈阳、瓦房店、兴城、岫岩、彰武 |
| 吉林 10 | | 安图、白城、长春、东辽、桦甸、吉林、集安、靖宇、双辽、松原 |
| 江西 9 | 赣语 8 | 安义、都昌、广昌、金溪、进贤、乐安、修水、余干 |
| | 客家话 1 | 宁都 |
| 内蒙古 3 | | 通辽、乌兰浩特、扎兰屯 |
| 北京 3 | 官话 | 北京、平谷、延庆 |
| 天津 1 | | 天津 |
| 江苏 1 | | 宿迁 |
| 广东 1 | 粤语 | 连山 |

以上方言点中，官话所占比例最大。从分布的地区可知，这些官话主要是东北官话、北京官话、中原官话和冀鲁官话。

## 2.2.2 咸深山臻曾—宕江通—梗

这一小类韵尾音值与古摄的对应情况也只有一种：

| 咸深山臻曾 | 宕江通 | 梗 |
|---|---|---|
| n | ŋ | nŋ |

26

## 2 中古阳声韵韵尾在现代汉语方言中的读音类型

与第一小类相比，这一小类的特点在于曾梗摄的韵尾音值，曾摄韵尾与咸深山臻摄合并，梗摄兼有 [n]、[ŋ] 两个鼻音韵尾而自成一类。

分布区域和第一小类一样，比较广阔，方言点有 111 个，如下：

表 2.9　咸深山臻曾—宕江通—梗

| 省区 | 方言区属 | 地点 |
|---|---|---|
| 江西 27 | 赣语 22 | 德安、分宜、湖口、吉安县、吉水、乐平、南昌县、南昌市、南城、彭泽、上高、万年、万载、武宁、峡江、新干、新建、新余、星子、永修、余江、樟树 |
|  | 客家话 5 | 靖安、龙南、瑞金、遂川、铜鼓 |
| 湖北 19 | 官话 | 鄂州、恩施、房县、广水、鹤峰、红安、洪湖、黄梅、老河口、蕲春、石首、武汉、宜都、应城、英山、远安、枣阳、钟祥、秭归 |
| 贵州 13 |  | 安龙、大方、德江、贵阳、黎平、荔波、晴隆、天柱、铜仁、威宁、镇远、正安、遵义县 |
| 湖南 13 | 官话 7 | 安乡、常德、汉寿、靖州、临澧、桃源、新晃 |
|  | 湘语 3 | 祁阳、武冈、新宁 |
|  | 赣语 1 | 临湘 |
|  | 客家话 1 | 炎陵 |
|  | 土话 1 | 桂阳 |
| 四川 13 | 官话 | 北川、成都、富顺、华蓥、汉源、泸定、米易、平昌、遂宁、旺苍、盐亭、资中、西昌 |
| 安徽 9 | 赣语 6 | 东至、潜山、宿松、太湖、望江、岳西 |
|  | 官话 3 | 广德、宁国、安庆 |
| 重庆 6 | 官话 | 大足、綦江、武隆、云阳、忠县、重庆 |
| 陕西 4 |  | 佛坪、平利、镇安、镇巴 |
| 广西 3 |  | 河池、柳州、鹿寨 |
| 广东 3 | 土话 2 | 乐昌、韶关 |
|  | 客家话 1 | 乳源 |
| 河南 1 | 官话 | 信阳 |

27

官话在这一小类中也占了很大的比例，不过这里的官话和第一小类不同，主要是西南官话。

### 2.2.3 咸山—深臻宕江曾梗通

这一小类韵尾音值与古摄的对应情况同样只有一种：

咸山　　　　　　　　　深臻宕江曾梗通
n　　　　　　　　　　　ŋ

属于这一小类的方言都是西北地区的兰银官话和中原官话，共19个方言点，分布如下：

表2.10　咸深—深臻宕江曾梗通

| 省区 | 方言区属 | 地点 |
| --- | --- | --- |
| 新疆10 | 官话 | 阿克苏、哈密、和田、吉木萨尔、喀什、沙湾、吐鲁番、乌鲁木齐、焉耆、伊宁市 |
| 宁夏5 | | 海原、陶乐旧、吴忠、盐池、银川 |
| 甘肃3 | | 高台、瓜州、嘉峪关 |
| 内蒙古1 | | 阿拉善左 |

### 2.2.4 咸梗—深山臻曾—宕江通

这一小类韵尾音值与古摄的对应关系只有一种：

咸梗　　　　　　深山臻曾　　　　　　宕江通
nŋ　　　　　　　　n　　　　　　　　　ŋ

方言点6个，主要是客家话和赣语，分布在南方三个省份，如下：

**表 2.11　咸梗—深山臻曾—宕江通**

| 省区 | 方言区属 | 地点 |
|---|---|---|
| 江西 4 | 赣语 2 | 丰城、宜春 |
|  | 客家话 2 | 石城、寻乌 |
| 福建 1 | 闽语 | 泰宁 |
| 广东 1 | 客家话 | 翁源 |

### 2.2.5　咸深山臻宕江曾—梗—通

这一小类韵尾音值与古摄的对应只有一种：

| 咸深山臻宕江曾 | 梗 | 通 |
|---|---|---|
| n | nŋ | ŋ |

方言点共 5 个，分布如下：

**表 2.12　咸深山臻宕江曾—梗—通**

| 省区 | 方言区属 | 地点 |
|---|---|---|
| 安徽 2 | 赣语 1 | 怀宁 |
|  | 吴语 1 | 池州 |
| 湖南 1 | 官话 | 郴州 |
| 江西 1 | 赣语 | 景德镇 |
| 四川 1 | 官话 | 屏山 |

### 2.2.6　其他

除以上 5 个小类外，属于第二大类的还有 19 个小类，共 22 个方言点。这些小类在中古咸深摄 [-m] 变异的同时，还有其他韵摄韵尾的变异，或山臻摄为 [-ŋ]，或宕江曾梗通摄为 [-n]。韵尾音值与古摄的对应情况和方言分布见表 2.13。

◆ 中古阳声韵韵尾在现代汉语方言中的读音类型

表2.13 第二大类的其他分合类型

| 类 | 对应关系 | 省区 | 方言 | 地点 |
|---|---|---|---|---|
| 1 | 咸深山臻曾梗通 n 宕江 ŋ | 湖北 | 官话 | 郧县 |
|  |  | 新疆 |  | 博乐 |
| 2 | 咸山梗 nŋ 深臻曾 n 宕江通 ŋ | 湖南 | 土话 | 临武 |
|  |  | 江西 | 赣语 | 安福 |
| 3 | 咸深山臻 n 宕江通 ŋ 曾梗 ŋ |  | 客家话 | 上犹 |
|  |  | 广西 | 平话 | 龙胜 |
| 4 | 咸深宕江通 ŋ 山臻曾 n 梗 ŋ | 广东 | 客家话 | 兴宁 |
| 5 | 咸深宕江曾梗通 ŋ 山臻 nŋ |  | 粤语 | 东莞 |
| 6 | 咸山 n 深宕江曾梗通 ŋ 臻 ŋ |  |  | 富川 |
| 7 | 咸山 n 深宕江曾通 ŋ 臻梗 ŋ | 广西 | 平话 | 临桂 |
| 8 | 咸 n 深山臻 nŋ 宕江曾梗通 ŋ |  |  | 钟山 |
| 9 | 咸深山臻曾 n 宕江梗 nŋ 通 ŋ | 湖北 | 赣语 | 监利 |
| 10 | 咸山宕江通 ŋ 深曾 n 臻梗 ŋ |  | 湘语 | 保靖 |
| 11 | 咸山宕江 n 深通 ŋ 臻曾梗 ŋ | 湖南 |  | 衡南 |
| 12 | 咸山臻宕梗 nŋ 深江曾 n 通 ŋ |  | 土话 | 江华 |
| 13 | 咸深臻曾 n 山宕梗 nŋ 江通 ŋ |  |  | 横峰 |
| 14 | 咸山宕江通 ŋ 深 n 臻曾梗 ŋ |  |  | 铅山 |
| 15 | 咸深山臻曾 n 宕江 ŋ 梗通 ŋ | 江西 | 赣语 | 上栗 |
| 16 | 咸深山臻宕江曾通 n 梗 ŋ |  |  | 宜丰 |
| 17 | 咸深山宕江曾梗 n 臻通 ŋ |  |  | 弋阳 |
| 18 | 咸深山梗 nŋ 臻曾 n 宕江通 ŋ |  |  | 鹰潭 |
| 19 | 咸山梗 nŋ 深宕江通 ŋ 臻曾 n | 四川 | 官话 | 青川 |

## 2.3 [-n] 或 [-ŋ] 一个韵尾型

属于这一大类的方言点有 33 个。中古阳声韵的三个韵尾在这些方言中只有一种鼻音韵尾，[-n] 或 [-ŋ] 或二者为自由变体。主要分布地区是南方的省份，山西和安徽有少量分布。33 个方言点古摄的分合关系一致，区别只在韵尾音值的不同，根据具体音值分三类叙述。

### 2.3.1 咸深山臻宕江曾梗通 [-ŋ]

这一小类咸深山臻宕江曾梗通全部收 [-ŋ]，是一个韵尾型的主流，共 31 个方言点，福建省的分布点最多。分布如下：

表 2.14 咸深山臻宕江曾梗通 [-ŋ]

| 省区 | 方言区属 | 地点 |
| --- | --- | --- |
| 福建25 | 闽语22 | 长乐、福安、福鼎、福清、福州、古田、建阳、连江、罗源、闽侯、闽清、南平、平潭、屏南、浦城<sub>闽</sub>、寿宁、松溪、武夷山、霞浦、永泰、柘荣、政和 |
|  | 客家话3 | 长汀、明溪、宁化 |
| 江西3 | 赣语 | 贵溪、芦溪、萍乡 |
| 广东2 | 粤语1 | 宝安 |
|  | 土话1 | 仁化 |
| 山西1 | 晋语 | 长子 |

上表可见，闽语是这一小类的主流，而这部分闽语属于闽东片和闽北片，闽南片和闽中片没有这一类型。

### 2.3.2 咸深山臻宕江曾梗通 [-n]

这一小类咸深山臻宕江曾梗通全部收 [-n]，只有安徽桐城 1 个方言点。

31

### 2.3.3 咸深山臻宕江曾梗通 [-n]/[-ŋ]

这一小类咸深山臻宕江曾梗通九摄 [-n] 和 [-ŋ] 自由变读，只有湖南衡阳县 1 个方言点。

方言使用者交谈中 [-n] 和 [-ŋ] 的替换虽然是不自觉的，但这两个韵尾在不同的元音韵腹后出现的频率不同。从字音的调查来看，以 [a]、[o]、[ə] 为韵腹的音节 [-ŋ] 出现的频率较高，而以 [i]、[e]、[y] 为韵腹的音节则是 [-n] 出现的频率较高。可见，虽然两个鼻音韵尾不区别意义，从音位归纳的角度来说，记为 [-n] 或 [-ŋ] 都可以，但是，二者在具体的使用中仍有一定的分工。[-n]、[-ŋ] 不区别意义，仍作一个韵尾型处理。

## 2.4 鼻音韵尾与鼻化元音共存型

上述三个大类韵尾音值都只有鼻音，中古阳声韵韵尾到现代汉语方言，韵尾的变异是鼻音内部的归并。在这个大类里，中古的阳声韵韵尾有了新的读音类型，除了鼻音韵尾之外，还有鼻化元音。鼻化元音的出现使韵摄的古今关系变得比较复杂，分化多于合并，同摄的字有的地方分化为三种不同的收尾。

这一大类的分布区域广阔，南北都有，共 279 个方言点。下面的叙述先分两个组，一组是咸深摄收 [-m] 的，一组是咸深摄不收 [-m] 的。

### 2.4.1 咸深摄收 [-m]

属于这一组的方言点有 45 个，共 14 个小类，都是闽语，分布在福建、广东和台湾。除三明和永安属于闽中区外，其他的都是闽南区的方言。

## 2 中古阳声韵韵尾在现代汉语方言中的读音类型

### 2.4.1.1 咸—深—山—臻—宕梗—江曾通

这一小类韵尾音值与古摄的对应关系有六种：

| | 咸 | 深 | 山 | 臻 | 宕梗 | 江曾通 |
|---|---|---|---|---|---|---|
| 1 | mnã | m | nŋã | nŋ | ŋã | ŋ |
| 2 | mnã | m | nŋã | n | ŋã | ŋ |
| 3 | mnã | m | nŋã | n | ŋã | ŋ |
| 4 | mnã | m | nã | n | ŋã | ŋ |
| 5 | mnã | mn | nŋã | n | ŋã | ŋ |
| 6 | mã | m | nŋã | nã | ŋã | ŋ |

属于这一小类的方言点有19个。前两种是主要的类型，各有7个方言点，后四种方言点较少。从分布的地区来看，前五种都是台湾和福建的方言，咸摄部分收 [-n]，第六种只分布在广东海丰，咸摄不收 [-n]，因而只有 [-m] 和 [-ã] 两种音值。分布如下：

表2.15 咸—深—山—臻—宕梗—江曾通

| 组 | 省区 | 方言区属 | 地点 |
|---|---|---|---|
| 1 | 台湾6 | 闽语 | 高雄县、花莲、台北、台南市、云林、彰化 |
| | 福建1 | | 厦门 |
| 2 | 福建4 | | 安溪、长泰、同安、永春 |
| | 台湾3 | | 嘉义市、南投、屏东 |
| 3 | 福建2 | | 东山、漳浦 |
| 4 | 福建1 | | 晋江 |
| 5 | 台湾1 | | 台东 |
| 6 | 广东1 | | 海丰 |

◇ 中古阳声韵韵尾在现代汉语方言中的读音类型

### 2.4.1.2 咸—深—山—宕曾梗—臻江通

这一小类韵尾音值与古摄的对应关系有两种：

|   | 咸 | 深 | 山 | 宕曾梗 | 臻江通 |
|---|---|---|---|---|---|
| 1 | nã | m | n | ŋã | ŋ |
| 2 | mã | m | n | ŋã | ŋ |

属于这一小类的方言点只有8个，都是粤东闽语。分布如下：

表 2.16　咸—深—山—宕曾梗—臻江通

| 组 | 省区 | 方言区属 | 地点 |
|---|---|---|---|
| 1 | 广东7 | 闽语 | 潮阳、潮州、惠来、揭东、陆丰、普宁、饶平 |
| 2 | 广东1 |  | 南澳 |

### 2.4.1.3 咸—深—山臻—宕梗—江曾通

这一韵尾音值与古摄的对应情况只有一种：

| 咸 | 深 | 山臻 | 宕梗 | 江曾通 |
|---|---|---|---|---|
| mnã | m | nã | ŋã | ŋ |

共6个方言点，分布如下：

表 2.17　咸—深—山臻—宕梗—江曾通

| 省区 | 方言区属 | 地点 |
|---|---|---|
| 福建5 | 闽语 | 华安、龙海、南靖、平和、漳州 |
| 台湾1 |  | 宜兰 |

## 2 中古阳声韵韵尾在现代汉语方言中的读音类型

### 2.4.1.4 其他

除以上 3 个小类 33 个方言点外，还有 12 个方言点属于这一大类，共有十一种韵尾音值与古摄的对应关系。这些方言点的一个共同点是咸摄部分保留 [-m]，部分出现变异，读 [-n]、[-ŋ]、[-ã] 或者兼有二者、甚至三者。其他的韵摄韵尾情况则有与中古一致的，也有出现变异的。韵尾音值与古摄的对应情况和方言分布见表 2.18。

**表 2.18　第四大类咸深摄收 [-m] 的其他分合类型**

| 类 | 对应关系 | 省区 | 方言 | 地点 |
|---|---|---|---|---|
| 1 | 咸 mnã 深 m 山梗 nŋã 臻曾 nŋ 宕 ŋã 江通 ŋ | 福建 | 闽语 | 惠安、南安 |
| 2 | 咸 mnã 深 m 山 nŋã 臻曾 nŋ 宕梗 ŋã 江通 ŋ | 福建 | 闽语 | 德化 |
| 3 | 咸 mnã 深 m 山臻 nã 宕江 ŋã 曾 n 梗 nŋã 通 ŋ | 福建 | 闽语 | 龙岩 |
| 4 | 咸 mnã 深 m 山 nã 臻 n 宕 ŋã 江通 ŋ 曾 ŋ 梗 nŋã | 福建 | 闽语 | 泉州 |
| 5 | 咸江 mnŋ 深曾 m 山臻梗通 ŋã 宕 mŋ | 福建 | 闽语 | 三明 |
| 6 | 咸山 mnã 深臻曾 ã 宕梗 mã 江通 mŋ | 福建 | 闽语 | 永安 |
| 7 | 咸 mnã 深 m 山臻梗 nã 宕 ŋã 江通 ŋ 曾 n | 福建 | 闽语 | 云霄 |
| 8 | 咸 mnã 深 m 山 nã 臻曾 n 宕 ŋã 江通 ŋ 梗 nŋã | 福建 | 闽语 | 漳平 |
| 9 | 咸 mã 深 m 山臻梗 nã 宕江 ŋã 曾 n 通 ŋ | 福建 | 闽语 | 诏安 |
| 10 | 咸 mnã 深 m 山宕曾梗 nŋã 臻江通 ŋ | 广东 | 闽语 | 汕头 |
| 11 | 咸 mnã 深 m 山臻梗 nŋã 宕 ŋã 江曾 ŋ 通 nŋ | 台湾 | 闽语 | 台中县 |

这些小类中，值得一提的是福建的三明和永安。两地的韵尾音值与古摄的对应情况是：

| 三明 | 咸江 | 深曾 | 山臻梗通 | 宕 |
|---|---|---|---|---|
|  | mŋ | ã | ŋã | mŋ |
| 永安 | 咸山 | 深臻曾 | 宕梗 | 江通 |
|  | mnã | ã | mã | mŋ |

35

两地闽语在咸摄之外有其他的摄收 [-m]，三明宕江摄部分收 [-m]，永安则山宕江梗通摄都有部分字收 [-m]，[m] 韵尾应该是后起的。两地咸摄读 [-m]、[-ŋ]、[-ã]，深摄读 [-ã]，与中古的类型不一致，咸摄的 [-m] 是存古还是后起，不好判断，暂且存疑。

### 2.4.2 咸深摄不收 [-m]

这一组的方言咸深摄都不收 [-m]，但宕江梗通摄有收 [-m] 的，分别是安徽铜陵县、福建清流、江西婺源、云南华宁、浙江淳安和遂安旧等 6 个方言点。第四章将详细讨论这些方言点宕江梗通摄从 [-ŋ] 到 [-m] 的演变。

属于这一组的方言点有 234 个，分布在全国 21 个省区。与上组只分布在闽语区相比，这组的分布地域广阔、方言点数多，古摄的分合类型也很多（83 个小类），不像第二大类那样有一些分布在大量方言点的小类。下面主要讨论分布点相对比较多的 7 个小类。

#### 2.4.2.1 咸山—深臻曾—宕江通—梗

这一小类韵尾音值与古摄的对应关系有五种：

|   | 咸山 | 深臻曾 | 宕江通 | 梗 |
|---|---|---|---|---|
| 1 | ã | n | ŋ | nŋ |
| 2 | ŋã | n | ŋ | nŋ |
| 3 | nã | n | ŋ | nŋ |
| 4 | ã | nã | ŋ | nŋã |
| 5 | nã | ã | ŋ | ŋã |

方言点共 22 个。以上第一种是最主要的类，有 16 个方言点，第二、三种各有两个方言点，第四、五种都只有 1 个方言点。分布如下：

## 2 中古阳声韵韵尾在现代汉语方言中的读音类型

表2.19 咸山—深臻曾—宕江通—梗

| 组 | 省区 | 方言区属 | 地点 |
|---|---|---|---|
| 1 | 湖南5 | 湘语2 | 洪江、邵东 |
| | | 官话3 | 通道、张家界、芷江 |
| | 安徽2 | 官话 | 滁州、合肥 |
| | 贵州3 | | 安顺、都匀、余庆 |
| | 湖北1 | | 黄石 |
| | 云南2 | | 盐津、昭通 |
| | 四川2 | | 古蔺、乐山 |
| | 江苏1 | | 扬中 |
| 2 | 湖南1 | 湘语 | 麻阳 |
| | 云南1 | 官话 | 保山 |
| 3 | 安徽1 | | 郎溪 |
| | 湖北1 | 赣语 | 通城 |
| 4 | 湖南1 | | 安仁 |
| 5 | 湖北1 | 官话 | 潜江 |

### 2.4.2.2 咸深山臻—宕江曾梗通

这一小类阳声韵九摄合并成了两组，韵尾音值与古摄的对应关系相对简单，只有一种：

咸深山臻　　　　　　　　宕江曾梗通
ã　　　　　　　　　　　　ŋ

方言点共19个，都是官话方言。分布如下：

37

◆ 中古阳声韵韵尾在现代汉语方言中的读音类型

表2.20 咸深山臻—宕江曾梗通

| 省区 | 方言区属 | 地点 |
|---|---|---|
| 山东14 | 官话 | 单县、桓台、济南、利津、临朐、临邑、平度、平邑、日照、潍坊、夏津、新泰、章丘、诸城 |
| 陕西5 | | 城固、大荔、户县、西安、永寿 |

### 2.4.2.3 咸山—深臻—宕江曾梗通

这一小类中古阳声韵九摄合并成了三组，韵尾音值与古摄的对应有三种情况：

|   | 咸山 | 深臻 | 宕江曾梗通 |
|---|---|---|---|
| 1 | ã | n | ŋ |
| 2 | n | ã | ŋ |
| 3 | ã | nã | ŋ |

三类读音可见，宕江曾梗通的韵尾相对稳定，仍和中古一致，变化主要出现在咸深山臻。

方言点共16个，除官话外，有少数晋语。第一种是最常见的类别，有13个方言点。分布如下：

表2.21 咸山—深臻—宕江曾梗通

| 组 | 省区 | 方言区属 | 地点 |
|---|---|---|---|
| 1 | 河北9 | 官话7 | 故城、黄骅、冀州、隆尧、南皮、石家庄、武强 |
|   |      | 晋语2 | 磁县、永年 |
|   | 江苏3 | 官话 | 丰县、赣榆、邳州 |
|   | 安徽1 |      | 亳州 |
| 2 | 内蒙古1 | 官话 | 赤峰 |
|   | 山东1 |      | 淄博 |
| 3 | 山东1 |      | 无棣 |

## 2.4.2.4 咸山宕江—深臻曾梗通

这一小类和上述第二小类一样古阳声韵九摄合并为两组，但是具体合并的情况并不相同，第二小类是"咸深山臻"合并、"宕江曾梗通"合并，这里是"咸山宕江"合并、"深臻曾梗通"合并。合并的条件前者是古鼻音韵尾，后者是元音的高低。这一小类韵尾音值与古摄的对应关系有三种：

|   | 咸山宕江 | 深臻曾梗通 |
|---|---|---|
| 1 | ã | ŋ |
| 2 | ã | n |
| 3 | ã | ŋã |

三种类别的音值"咸山宕江"四摄整齐一致，都是鼻化元音，"深臻曾梗通"有差异。第一种有12个方言点，第二种两个方言点，第三种只有一个方言点。

方言点共15个，包括官话和晋语。分布如下：

表 2.22 咸山宕江—深臻曾梗通

| 组 | 省区 | 方言区属 | 地点 |
|---|---|---|---|
| 1 | 甘肃5 | 官话 | 定西、岷县、武威、西和、张掖 |
|   | 青海3 |  | 湟源、乐都、西宁 |
|   | 河北2 | 晋语 | 平山、张北 |
|   | 陕西1 |  | 志丹 |
|   | 江苏1 |  | 泰兴 |
| 2 | 甘肃2 | 官话 | 兰州、永登 |
| 3 | 青海1 |  | 门源 |

### 2.4.2.5 咸深山臻宕江曾—梗—通

这一小类韵尾音值与古摄的对应关系只有一种：

| 咸深山臻宕江曾 | 梗 | 通 |
|---|---|---|
| ã | ŋã | ŋ |

方言点共 14 个，分布如下：

表 2.23　咸深山臻宕江曾—梗—通

| 省区 | 方言区属 | 地点 |
|---|---|---|
| 江西 6 | 赣语 3 | 泰和、永丰、永新 |
| | 徽语 1 | 德兴 |
| | 吴语 1 | 上饶县 |
| | 客家话 1 | 万安 |
| 云南 4 | 官话 | 大理、富源、会泽、马龙 |
| 安徽 2 | | 淮南、霍邱 |
| 湖南 2 | | 龙山、永顺 |

### 2.4.2.6 咸山—深臻宕江曾梗通

这一小类韵尾音值与古摄的对应关系有三种：

| | 咸山 | 深臻宕江曾梗通 |
|---|---|---|
| 1 | ã | ŋ |
| 2 | nã | n |
| 3 | nã | ŋ |

属于这一小类的方言点也是 14 个，第一种有 11 个方言点，主要分布在西北地区。分布如下：

## 2 中古阳声韵韵尾在现代汉语方言中的读音类型

表2.24 咸山—深臻宕江曾梗通

| 组 | 省区 | 方言区属 | 地点 |
|---|---|---|---|
| 1 | 山西4 | 晋语 | 大同、代县、平定、右玉 |
|   | 江苏2 | 官话 | 靖江₂、盱眙 |
|   | 陕西2 |  | 富县、延安 |
|   | 甘肃1 |  | 临夏县 |
|   | 河北1 |  | 涞源 |
|   | 河南1 | 晋语 | 鹤壁 |
| 2 | 安徽1 | 官话 | 芜湖市 |
|   | 湖南1 | 湘语 | 长沙市 |
| 3 | 江苏1 | 官话 | 泗洪 |

### 2.4.2.7 咸山宕江—深臻曾—梗—通

这一小类韵尾音值与古摄的对应关系有四种：

|   | 咸山宕江 | 深臻曾 | 梗 | 通 |
|---|---|---|---|---|
| 1 | ã | n | nŋ | ŋ |
| 2 | ã | n | nŋã | ŋ |
| 3 | ã | nã | nŋã | ŋ |
| 4 | nã | n | nŋ | ŋ |

共有方言点12个，分布如下：

表2.25 咸山宕江—深臻曾—梗—通

| 组 | 省区 | 方言区属 | 地点 |
|---|---|---|---|
| 1 | 江苏3 | 官话 | 如东、如皋、射阳 |
|   | 河南1 |  | 商城 |
|   | 湖南1 | 湘语 | 邵阳市 |

41

◇ 中古阳声韵韵尾在现代汉语方言中的读音类型

续表

| 组 | 省区 | 方言区属 | 地点 |
|---|---|---|---|
| 2 | 安徽2 | 官话1 | 巢湖 |
|   |      | 吴语1 | 青阳 |
|   | 四川1 | 官话 | 长宁 |
|   | 浙江1 | 吴语 | 萧山 |
| 3 | 湖南1 | 湘语 | 汨罗 |
|   | 江西1 | 官话 | 瑞昌 |
| 4 | 湖南1 | 湘语 | 望城 |

#### 2.4.2.8 其他

以上7个小类并未涵盖大多数的方言点，在此之外仍有122个方言点属于这一大类。介绍其中4个（含4个）方言点以上的七种类型：韵尾音值与古摄的对应情况和方言分布一起罗列，如下：

表2.26 其他分合类型（4个方言点以上）

| 类 | 组 | 对应关系 | 省区 | 方言 | 地点 |
|---|---|---|---|---|---|
| 1 | 1 | 咸山宕江 ã 深臻曾梗 nã 通 n | 湖南 | 湘语 | 冷水江、益阳、沅江 |
|   | 2 | 咸山宕江 ã 深臻曾梗 ŋã 通 ŋ | 江西 | 客家话 | 大余 |
|   |   |   | 江苏 |      | 南通 |
|   | 3 | 咸山宕江 ã 深臻曾梗 nŋ 通 ŋ | 甘肃 | 官话 | 秦安 |
|   |   |   | 江苏 |      | 南京 |
|   | 4 | 咸山宕江 ã 深臻曾梗 nã 通 ŋ | 湖南 | 赣语 | 茶陵 |
| 2 | 1 | 咸山 ã 深臻曾梗 ŋã 宕江通 ŋ | 福建 | 客家话 | 上杭、武平 |
|   |   |   | 广东 |      | 始兴 |
|   |   |   | 江西 |      | 南康 |
|   | 2 | 咸山 nã 深臻曾梗 nŋ 宕江通 ŋ | 湖南 | 湘语 | 衡东 |
|   | 3 | 咸山 ã 深臻曾梗 nã 宕江通 ŋ |      |      | 会同 |
|   | 4 | 咸山ã 深臻曾梗 nŋ 宕江通 ŋ | 江苏 | 官话 | 江都 |

42

## 2 中古阳声韵韵尾在现代汉语方言中的读音类型

续表

| 类 | 组 | 对应关系 | 省区 | 方言 | 地点 |
|---|---|---|---|---|---|
| 3 | 1 | 咸宕江 ã 深臻曾 n 山 nã 梗 nŋ 通 ŋ | 江苏 | 官话 | 丹徒 |
| | | | 江西 | | 九江县 |
| | | | 云南 | | 昆明 |
| | 2 | 咸宕江 ã 深臻曾 n 山 nã 梗 ŋ 通 ŋ | 安徽 | | 霍山 |
| | 3 | 咸宕江 ã 深臻曾 n 山 ŋ 梗 nŋ 通 ŋ | | | 舒城 |
| 4 | 1 | 咸山 nã 深臻宕江曾 n 梗 nŋ 通 ŋ | 吴语 | | 繁昌、芜湖县 |
| | | | 湖南 | 湘语 | 长沙县 |
| | 2 | 咸山 nã 深臻宕江曾 n 梗 nŋã 通 ŋ | | 赣语 | 华容、岳阳市 |
| 5 | | 咸深山臻宕江曾梗通 ŋ | 安徽 | | 利辛、灵璧、濉溪、五河 |
| 6 | 1 | 咸山 ã 深臻曾 n 宕江 ŋã 梗 nŋ 通 ŋ | 江苏 | 官话 | 涟水 |
| | | | 云南 | | 文山 |
| | 2 | 咸山 nã 深臻曾 n 宕江 ã 梗 nŋ 通 ŋ | 湖北 | 赣语 | 阳新 |
| | | | 江苏 | 官话 | 东台 |
| 7 | 1 | 咸深山臻曾 n 宕江 ŋ 梗 nã 通 ŋ | 客家话 | | 桂东 |
| | | | 湖南 | 湘语 | 祁东 |
| | 2 | 咸深山臻 n 宕江 ã 梗 nŋã 通 ŋ | | 赣语 | 常宁、耒阳 |

除了这 37 个方言点，仍有 69 个小类共 85 个方言点属于这一大类，每一小类方言点都在 3 个以下（含 3 个），韵尾音值与古摄的对应情况和方言分布见表 2.27。

表 2.27 第四大类咸深摄不收 [-m] 的其他分合类型（3 个方言点以下）

| 类 | 组 | 对应关系 | 省区 | 方言 | 地点 |
|---|---|---|---|---|---|
| 1 | | 咸深山臻曾 ã 宕江通 ŋ 梗 ŋã | 湖南 | 湘语 | 花垣、吉首 |
| | | | 云南 | 官话 | 楚雄 |

43

◆ 中古阳声韵韵尾在现代汉语方言中的读音类型

续表

| 类 | 组 | 对应关系 | 省区 | 方言 | 地点 |
|---|---|---|---|---|---|
| 2 | | 咸山宕江 ã 深臻曾通 ŋ 梗 ŋ̃ | 安徽 | 吴语 | 黄山区 |
| | | | 福建 | | 浦城吴 |
| | | | 江西 | 客家话 | 赣县 |
| 3 | | 咸宕江 ã 深山臻曾梗通 ŋ | 浙江 | 吴语 | 江山、开化 |
| | | | 江西 | | 玉山 |
| 4 | 1 | 咸山 ã 深 n 臻曾 nã 宕江通 ŋ 梗 nŋ̃ | 湖北 | 赣语 | 大冶 |
| | 2 | 咸山 ã 深 n 臻曾 nã 宕江通 ŋ 梗 nŋ | 湖南 | 湘语 | 湘潭县 |
| | 3 | 咸山 nã 深 ã 臻曾 n 宕江通 ŋ 梗 nŋ | 四川 | 官话 | 宝兴 |
| 5 | | 咸深山臻宕江曾梗 ã 通 ŋ | 江西 | 赣语 | 井冈山、莲花 |
| 6 | | 咸山 ã 深臻江曾梗通 ŋ 宕 ã | 江苏 | 吴语 | 靖江吴、通州 |
| 7 | | 咸山宕 ã 深臻曾 n 江 ŋã 梗 nŋ̃ 通 ŋ | 浙江 | | 富阳、新登旧 |
| 8 | | 咸山宕江 ã 深臻曾 n 臻 nã 梗 nŋ̃ 通 ŋ | | | 上虞 |
| | | | 安徽 | 赣语 | 石台 |
| 9 | | 咸 ã 深臻曾 n 山 nã 宕江通 ŋ 梗 | 浙江 | 吴语 | 杭州、嵊州 |
| 10 | 1 | 咸山 nã 深臻曾梗 nŋ̃ 宕 ã 江 ŋã 通 ŋ | 湖南 | 赣语 | 醴陵 |
| | 2 | 咸山 深臻曾梗 nã 宕 ã 江 ŋã 通 n | | 湘语 | 湘乡 |
| 11 | 1 | 咸 ã 深臻曾 nã 山 ŋã 宕江 ŋ 梗 nŋ̃ 通 n | | | 宁乡 |
| | 2 | 咸 ã 深臻曾 n 山宕江 ŋã 梗 nŋ 通 ŋ | 江苏 | | 宝应 |
| 12 | 1 | 咸山 ã 深臻曾梗通 n 宕江 ŋ | | 官话 | 和县 |
| | 2 | 咸山 深臻曾梗通 n 宕江 ã | | | 马鞍山 |
| 13 | | 咸山 nã 深曾梗通 n 臻 ã 宕江 ŋ | 安徽 | 徽语 | 旌德 |
| 14 | | 咸山宕江 ã 深 n 臻曾 nã 梗 nŋ̃ 通 ŋ | | | 祁门 |
| 15 | | 咸江 ã 深臻曾 n 山宕 nã 梗 mn 通 m | | 吴语 | 铜陵县 |

44

## 2 中古阳声韵韵尾在现代汉语方言中的读音类型

续表

| 类 | 组 | 对应关系 | 省区 | 方言 | 地点 |
|---|---|---|---|---|---|
| 16 | | 咸山江梗 ŋã 深臻宕曾通 ŋ | 福建 | 闽语 | 大田 |
| 17 | | 咸深山臻曾 ã 宕江梗通 ŋ | | | 将乐 |
| 18 | | 咸深曾梗通 ŋ 山臻宕 ŋã | | | 莆田 |
| 19 | | 咸深臻宕江曾梗 ŋã 山 ã 通 ŋ | | | 沙县 |
| 20 | | 咸深山臻江曾梗 ŋã 宕 ã 通 ŋ | | | 顺昌 |
| 21 | | 咸山臻宕梗通 ŋã 深江曾 ŋ | | | 仙游 |
| 22 | | 咸深臻曾 ŋã 山 ã 宕 ŋ 江梗 mŋã 通 m | | 客家话 | 清流 |
| 23 | | 咸深臻宕江曾梗通 ŋ 山 ã | | | 永定 |
| 24 | | 咸山宕曾梗 ŋã 深臻江通 ŋ | 广东 | 闽语 | 澄海 |
| 25 | | 咸曾梗 ŋã 深宕江通 ŋ 山臻 nŋã | | 土话 | 连州 |
| 26 | | 咸深山臻宕曾 ã 江梗 ŋã 通 ŋ | | | 南雄 |
| 27 | | 咸宕 ã 深江曾梗通 ŋã 山臻 nŋã | 广西 | | 全州 |
| 28 | | 咸 ã 深臻 nã 山梗 ŋã 宕江曾通 ŋ | | 平话 | 永福 |
| 29 | | 咸山宕 ã 深臻 n 江 ŋã 曾梗通 ŋ | 河北 | 晋语 | 广平 |
| 30 | | 咸山宕江 ã 深臻 n 曾梗通 ŋ | | 官话 | 威县 |
| 31 | | 咸深曾梗通 ŋ 山臻 nã 宕江 ã | 湖北 | 赣语 | 通山 |
| 32 | | 咸山 nã 深臻 n 宕江 ã 曾梗通 ŋ | | | 咸宁 |
| 33 | | 咸深山江曾 ã 臻 nã 梗通 ŋ | 湖南 | | 洞口 |
| 34 | | 咸山臻曾 ŋã 深 n 宕江通 ŋ 梗 nŋã | | | 浏阳 |
| 35 | | 咸深臻宕江曾 ã 梗通 ŋ | | | 隆回 |
| 36 | | 咸山曾 n 臻 nã 宕江通 ŋ 梗 nŋã | | 赣语 | 平江 |
| 37 | | 咸山臻曾 ŋã 宕江通 ŋ | | | 攸县 |
| 38 | | 咸山臻梗 nã 深曾通 n 宕江 ã | 湖南 | | 南县 |
| 39 | | 咸山 ã 深臻曾梗 nã 宕江 ŋ 通 n | | | 桃江 |
| 40 | | 咸深山臻曾梗 nã 宕江 ŋã 通 ŋ | | 湘语 | 湘阴 |
| 41 | | 咸臻曾 nã 深 n 山宕江 ã 梗 nŋã 通 ŋ | | | 岳阳县 |
| 42 | | 咸山臻 nã 宕江通 ŋ 曾 n 梗 nŋã | | | 株洲 |

45

◇ 中古阳声韵韵尾在现代汉语方言中的读音类型

续表

| 类 | 组 | 对应关系 | 省区 | 方言 | 地点 |
|---|---|---|---|---|---|
| 43 | | 咸山宕江 ã 深曾梗通 ŋ 臻 ŋ̃ | 江苏 | 官话 | 灌云 |
| 44 | | 咸深山 ã 臻曾通 n 宕江 ŋ 梗 nŋ | | | 安远 |
| 45 | | 咸山宕江 ã 深 nã 臻 nŋã 曾梗 ŋã 通 ŋ | | | 崇义 |
| 46 | | 咸山 ã 深臻 n 宕江通 ŋ 曾梗 nŋ | | 客家话 | 会昌 |
| 47 | | 咸深宕江梗 ã 山 nã 臻 nŋã 曾 ŋã 通 ŋ | | | 信丰 |
| 48 | | 咸深山 n 臻 nã 宕曾 ã 江梗 ŋã 通 ŋ | 江西 | | 兴国 |
| 49 | | 咸深臻宕曾 ã 山宕梗 ŋã 通 ŋ | | | 于都 |
| 50 | | 咸 nã 深臻曾 n 山宕江 ã 梗 nŋã 通 ŋ | | 赣语 | 鄱阳 |
| 51 | | 咸宕江 ã 深山臻曾梗 ŋ 通 ŋ | | 吴语 | 广丰 |
| 52 | | 咸宕 nã 深臻江 n 山曾 ã 梗 ŋã 通 ŋ | | 徽语 | 浮梁 |
| 53 | | 咸宕江曾梗 ã 深臻 n 山 ŋã 通 mn | | | 婺源 |
| 54 | | 咸深山宕江 ã 臻曾梗通 ŋã | 青海 | 官话 | 同仁 |
| 55 | | 咸山宕江 ã 深曾通 nã 臻梗 mnã | | | 华宁 |
| 56 | | 咸山宕江 ã 深曾 nã 臻 nŋã 梗通 ŋ | 云南 | 官话 | 建水 |
| 57 | | 咸深山 nã 臻宕江曾 n 梗 nŋ 通 ŋ | | | 临沧 |
| 58 | | 咸山宕 ã 深曾 nã 臻梗 nŋã 江 ŋ 通 ŋ | | | 永胜 |
| 59 | | 咸山 ã 深曾通 ŋ 臻宕江梗 ŋã | | | 昌化旧 |
| 60 | | 咸宕江 ã 深山臻梗通 ŋã 曾 ŋ | | | 常山 |
| 61 | | 咸宕江 ã 深曾通 n 山臻梗 nã | 浙江 | 吴语 | 浦江 |
| 62 | | 咸宕江 ã 深通 ŋ 山 ŋã 臻梗 nŋã 曾 nŋ | | | 衢江 |
| 63 | | 咸山 ã 深曾梗 nŋ 臻 nŋã 宕江通 ŋ | | | 绍兴县 |
| 64 | | 咸 ã 深山臻宕曾通 ŋã 江梗 ŋ | | 吴语 | 松阳 |
| 65 | | 咸深山臻宕曾梗通 ŋã 江 ŋ | | | 遂昌 |
| 66 | | 咸江 ã 深曾 n 山梗 nŋã 臻 nŋ 宕 ã 通 ŋ | 浙江 | | 新昌 |
| 67 | | 咸 ã 深臻 nã 宕 mã 江通 m 曾 n 梗 mnã | | 徽语 | 淳安 |
| 68 | | 咸深山 nã 臻曾通 n 宕梗 mnã 江 m | | | 遂安旧 |
| 69 | | 咸 ã 深山臻宕曾梗 ŋã 通 ŋ | | 闽语 | 苍南闽 |

46

这一大类古摄分合类型种类繁多，相应的韵尾音值类型也很多，反映了古鼻音韵尾中的一部分转变为鼻化元音后的混乱局面。出现这样的局面，是由于古阳声韵在不同方言中转变为鼻化元音的程度不同、先后顺序也很难完全一致，因而出现了多种多样的组合。

## 2.5 鼻音韵尾与口元音共存型

属于这一大类的方言点有 96 个，分布区域主要在东南和西北，其中有 17 个方言点咸深摄依然保留 [-m]。和上一节的叙述一样，本节根据咸深摄 [-m] 的保留与否先分两组，组下再按小类讨论。

### 2.5.1 咸深摄收 [-m]

这一类的方言点有 17 个，共 9 个小类，除广西玉林和湖南嘉禾外，都是闽语，分布在粤西南和海南。介绍两个主要的古摄分合小类。

#### 2.5.1.1 咸—深—山臻—宕梗—江曾通

这一小类韵尾音值与古摄的对应关系有三种：

|   | 咸 | 深 | 山臻 | 宕梗 | 江曾通 |
|---|---|---|---|---|---|
| 1 | mna | m | na | ŋa | ŋ |
| 2 | ma | m | na | ŋa | ŋ |
| 3 | mŋa | m | nŋa | ŋa | ŋ |

属于这一小类的方言点有 6 个，都是闽语，分布如下：

◆ 中古阳声韵韵尾在现代汉语方言中的读音类型

表 2.28 咸—深—山臻—宕梗—江曾通

| 组 | 省区 | 方言区属 | 地点 |
|---|---|---|---|
| 1 | 海南 4 | 闽语 | 澄迈、定安、琼中、屯昌 |
| 2 | 海南 1 | | 琼海 |
| 3 | 广东 1 | | 电白[闽] |

#### 2.5.1.2 咸—深—山臻—宕江梗—曾通

这一小类韵尾音值与古摄的对应关系有两种：

|   | 咸 | 深 | 山臻 | 宕江梗 | 曾通 |
|---|---|---|---|---|---|
| 1 | mŋa | m | nŋa | ŋa | ŋ |
| 2 | mŋa | mŋ | nŋa | ŋa | ŋ |

共 4 个方言点，分布如下：

表 2.29 咸—深—山臻—宕江梗—曾通

| 组 | 省区 | 方言区属 | 地点 |
|---|---|---|---|
| 1 | 广东 3 | 闽语 | 雷州、徐闻、湛江[闽] |
| 2 | 广东 1 | | 遂溪[闽] |

#### 2.5.1.3 其他

上述两个小类外还有七种类型，都只有 1 个方言点，韵尾音值与古摄的对应情况和方言分布见表 2.30。

## 2 中古阳声韵韵尾在现代汉语方言中的读音类型

表 2.30 第五大类咸深摄收 [–m] 的其他分合类型

| 类 | 对应关系 | 省区 | 方言 | 地点 |
|---|---|---|---|---|
| 1 | 咸山臻 mna 深 mnŋ 宕梗 ŋa 江曾通 ŋ | 海南 | 闽语 | 昌江 |
| 2 | 咸 mna 深 mn 山 nŋa 臻 na 宕梗 ŋa 江曾通 ŋ | | | 海口 |
| 3 | 咸山 mna 深 mn 臻 na 宕梗 ŋa 江曾通 ŋ | | | 陵水 |
| 4 | 咸 ma 深 m 山臻 na 宕梗 ŋa 江通 ŋ 曾 nŋ | | | 文昌 |
| 5 | 咸 mn 深 m 山臻 n 宕江 ŋa 曾梗通 ŋ | 广东 | 粤语 | 罗定 |
| 6 | 咸深 m 山臻 n 宕梗 ŋa 江曾通 ŋ | 广西 | | 玉林 |
| 7 | 咸 mŋa 深 na 山 ma 臻曾 nŋ 宕江 mŋ 梗 nŋa 通 nŋ | 湖南 | 土话 | 嘉禾 |

### 2.5.2 咸深摄不收 [-m]

属于这一类的方言点有 79 个，占这一大类的大部分，分布区域比较广阔，南北的省区都有，类型比较多，共 47 类，下面介绍 6 类，其余的归入"其他"一类。

#### 2.5.2.1 咸山宕江—深曾—臻梗通

这一小类韵尾音值与古摄的对应关系只有一种：

| 咸山宕江 | 深曾 | 臻梗通 |
|---|---|---|
| a | ŋ | ŋa |

方言点共 10 个，都是浙江的吴语，如下：

表 2.31 咸山宕江—深曾—臻梗通

| 省区 | 方言区属 | 地点 |
|---|---|---|
| 浙江 10 | 吴语 | 苍南吴、洞头、缙云、乐清瓯、平阳、青田、瑞安、温州、文成、永嘉 |

### 2.5.2.2 咸山—深臻宕江曾梗通

这一小类韵尾音值与古摄的对应关系只有一种：

| 咸山 | 深臻宕江曾梗通 |
|---|---|
| a | ŋ |

方言点共 5 个，都是官话方言，分布如下：

表 2.32 咸山—深臻宕江曾梗通

| 省区 | 方言区属 | 地点 |
|---|---|---|
| 甘肃 3 | 官话 | 华亭、环县、西峰 |
| 陕西 2 | | 宝鸡、略阳 |

### 2.5.2.3 咸山—深臻曾—宕江通—梗

这一小类韵尾音值与古摄的对应关系有两种，区别只在梗摄：

| | 咸山 | 深臻曾 | 宕江通 | 梗 |
|---|---|---|---|---|
| 1 | a | n | ŋ | nŋ |
| 2 | a | n | ŋ | nŋa |

属于这一小类的方言点也有 5 个，分布如下：

表 2.33 咸山—深臻曾—宕江通—梗

| 组 | 省区 | 方言区属 | 地点 |
|---|---|---|---|
| 1 | 江苏 2 | 吴语 | 常州、宜兴 |
| | 湖南 1 | 湘语 | 城步 |
| | 重庆 1 | 官话 | 秀山 |
| 2 | 浙江 1 | 徽语 | 建德 |

## 2 中古阳声韵韵尾在现代汉语方言中的读音类型

### 2.5.2.4 咸山宕江—深臻曾梗通

这一小类韵尾音值与古摄的对应关系只有一种：

| 咸山宕江 | 深臻曾梗通 |
|---|---|
| a | ŋ |

共有4个方言点，都是晋语，分布如下：

**表2.34 咸山宕江—深臻曾梗通**

| 省区 | 方言区属 | 地点 |
|---|---|---|
| 河北2 | 晋语 | 宣化、阳原 |
| 内蒙古1 |  | 太仆寺 |
| 山西1 |  | 偏关 |

### 2.5.2.5 咸山宕江—深臻曾—梗—通

这一小类韵尾音值与古摄的对应关系有两种：

| | 咸山宕江 | 深臻曾 | 梗 | 通 |
|---|---|---|---|---|
| 1 | a | n | nŋa | ŋ |
| 2 | a | n | nŋ | ŋ |

属于这一小类的方言点有3个，分布如下：

**表2.35 咸山宕江—深臻曾—梗—通**

| 省区 | 方言区属 | 地点 |
|---|---|---|
| 湖南2 | 官话1 | 凤凰 |
|  | 赣语1 | 永兴 |
| 安徽1 | 吴语 | 当涂 |

### 2.5.2.6 咸山—深臻曾—宕江—梗—通

这一小类韵尾音值与古摄的对应关系也有两种：

|   | 咸山 | 深臻曾 | 宕江 | 梗 | 通 |
|---|---|---|---|---|---|
| 1 | a | na | ŋ | nŋa | n |
| 2 | na | n | a | nŋa | ŋ |

属于这一小类的方言点也是3个，分布如下：

**表2.36 咸山—深臻曾—宕江—梗—通**

| 组 | 省区 | 方言区属 | 地点 |
|---|---|---|---|
| 1 | 湖北1 | 赣语 | 崇阳 |
| 1 | 湖南1 | 湘语 | 安化 |
| 2 | 安徽1 | 吴语 | 泾县 |

### 2.5.2.7 其他

除上述6小类30个方言点外，还有41个小类共49个方言点，韵尾音值与古摄的对应情况和方言分布见表2.37。

**表2.37 第五大类咸深摄不收 [-m] 的其他分合类型**

| 类 | 组 | 对应关系 | 省区 | 方言 | 地点 |
|---|---|---|---|---|---|
| 1 | | 咸山 a 深臻曾 n 宕 ŋa 江通 ŋ 梗 nŋ | 江苏 | 吴语 | 金坛、溧阳 |
| 2 | | 咸宕江 a 深曾 n 山臻 na 梗 mna 通 m | 浙江 | | 东阳、磐安 |
| 3 | | 咸山梗 nŋa 深 n 臻曾 nŋ 宕江通 ŋ | 广西 | 土话 | 灌阳、兴安 |
| 4 | | 咸山臻 na 深 n 梗 ŋa 江曾通 ŋ | 海南 | 闽语 | 东方、万宁 |
| 5 | | 咸山 na 深臻宕江曾 n 梗 nŋ 通 ŋ | 湖南 | 赣语 | 资兴 |
| 5 | | | 安徽 | 吴语 | 南陵 |
| 6 | 1 | 咸山臻梗通 ŋa 深曾 a 宕江 ŋ | 湖南 | 土话 | 江永 |
| 6 | 2 | 咸山臻梗通 nŋa 深曾 a 宕江 na | | | 宁远 |

## 2 中古阳声韵韵尾在现代汉语方言中的读音类型

续表

| 类 | 组 | 对应关系 | 省区 | 方言 | 地点 |
|---|---|---|---|---|---|
| 7 | 1 | 咸山梗 nŋa 深 n 臻曾 na 宕江 ŋa 通 ŋ | 广西 | 平话 | 阳朔 |
|   | 2 | 咸山梗 nŋa 深 na 臻曾 n 宕江 ŋ 通 ŋ | 湖南 | 土话 | 新田 |
| 8 | 1 | 咸山 na 深曾 n 臻梗 nŋa 宕江通 ŋ |  |  | 宜章 |
|   | 2 | 咸山 a 深曾 n 臻梗 nŋ 宕江通 ŋ | 江苏 | 吴语 | 江阴 |
| 9 |  | 咸山宕江 a 深通 n 臻曾梗 na | 安徽 | 徽语 | 屯溪 |
| 10 |  | 咸曾梗 na 深臻通 n 山 a 宕江 ŋ |  |  | 休宁 |
| 11 |  | 咸臻梗 nŋa 深曾 山宕江通 ŋ |  |  | 黟县 |
| 12 |  | 咸深臻宕曾梗 ŋa 山江通 ŋ | 福建 | 闽语 | 建瓯 |
| 13 |  | 咸梗 ŋa 山臻宕江曾通 ŋ |  |  | 尤溪 |
| 14 |  | 咸深山臻 n 宕曾通 ŋa 江 a 通 ŋ | 广东 | 客家话 | 连南 |
| 15 |  | 咸山 ŋa 深臻宕梗 nŋ 江 ŋ 曾通 n |  | 土话 | 曲江 |
| 16 |  | 咸山通 ŋa 深臻宕梗 a 宕江 ŋ |  |  | 恭城 |
| 17 |  | 咸山臻曾梗通 ŋa 深宕江 ŋ | 广西 | 平话 | 桂林 |
| 18 |  | 咸山 a 深臻宕梗 ŋa 宕江通 ŋ |  |  | 灵川 |
| 19 | 咸山臻 na 深 n 宕 ŋa 江通 ŋ 曾 ŋŋ 梗 nŋa | 海南 | 闽语 | 乐东 |
| 20 |  | 咸山臻梗 nŋa 深曾 ŋŋ 宕 ŋa 江通 ŋ |  |  | 三亚 |
| 21 |  | 咸深山臻 a 宕江曾梗通 ŋ | 河南 | 官话 | 渑池 |
| 22 |  | 咸深山臻曾梗 na 宕江 a 通 n | 湖北 | 赣语 | 赤壁 |
| 23 |  | 咸深臻 n 山 na 宕江通 ŋ 曾 ŋa 梗 ŋ |  |  | 嘉鱼 |
| 24 |  | 咸山宕江梗 na 深臻曾通 a |  | 乡话 | 辰溪乡 |
| 25 |  | 咸山通 nŋa 深臻 a 臻梗 na 宕 nŋ 江 ŋa |  |  | 道县 |
| 26 |  | 咸山 na 深曾 n 臻宕江 nŋ 梗 ŋa 通 ŋ | 湖南 | 土话 | 东安 |
| 27 |  | 咸山 na 深臻曾通 nŋ 宕江 a 梗 nŋa |  |  | 蓝山 |
| 28 |  | 咸山宕江 na 深 n 臻通 nŋ 梗 nŋa |  |  | 永州 |
| 29 |  | 咸 ŋa 深曾梗 nŋ 山 a 臻 nŋa 宕江通 ŋ |  | 客家话 | 汝城 |
| 30 |  | 咸山 a 深曾 n 臻 na 宕江通 ŋ 梗 nŋ |  | 湘语 | 溆浦 |
| 31 |  | 咸山宕 ŋa 深臻江曾梗通 ŋ | 江苏 | 吴语 | 丹阳 |

53

续表

| 类组 | 对应关系 | 省区 | 方言 | 地点 |
|---|---|---|---|---|
| 32 | 咸深江曾通 ŋ 山臻宕梗 ŋa | 山西 | 官话 | 霍州 |
| 33 | 咸深山臻 a 宕曾梗通 ŋa 江 ŋ | 山西 | 官话 | 襄汾 |
| 34 | 咸山宕梗 ŋa 深臻江曾通 ŋ | | 晋语 | 平遥 |
| 35 | 咸 nŋ 深山臻 n 宕江梗 ŋa 曾通 ŋ | 陕西 | 官话 | 黄龙 |
| 36 | 咸 a 深臻宕江曾梗通 ŋ 山 ŋa | | | 金华 |
| 37 | 咸山宕江 a 深臻曾通 ŋ 梗 ŋa | | | 天台 |
| 38 | 咸山臻 na 深曾 n 宕江通 ŋ 梗 nŋa | 浙江 | 吴语 | 武义 |
| 39 | 咸 a 深曾 n 山臻 na 宕 ŋa 江通 ŋ 梗 nŋa | | | 义乌 |
| 40 | 咸 a 深宕江曾通 ŋ 山臻梗 ŋa | | | 永康 |
| 41 | 咸深山臻宕江曾梗 ŋa 通 ŋ | | 闽语 | 泰顺[日] |

这一大类的类型及韵尾音值与上一大类的情况相似，都比较繁多，体现了鼻音韵尾脱落、转变为鼻化元音，进而变为口元音时，各方言一致性较低，因而呈现复杂的局面。

## 2.6 鼻音韵尾与鼻化元音、口元音共存型

属于这一大类的方言点有118个，分布地域较广，南北都有。在所有的大类里，这一类的韵尾音值最多，包括了鼻音韵尾、鼻化元音和口元音，因而古摄的分合类型也比较多，共有57个小类。

从第四大类开始，古摄分合类型变得多种多样，方言之间的一致性远没有前三个大类高。这正是鼻音韵尾在弱化、脱落过程中出现的混乱局面。和上面两大类相比，这一大类的特点是咸深摄没有收 [-m] 的现象。

下面分7个部分叙述，前6个部分是单一的小类，只包括一种古摄分合类型，第七类是杂类，包括51个古摄分合类型的59

## 2.6.1 咸山—深臻曾—宕江—梗—通

这一小类韵尾音值与古摄的对应关系类别比较多,有五种:

|   | 咸山 | 深臻曾 | 宕江 | 梗 | 通 |
| --- | --- | --- | --- | --- | --- |
| 1 | a | n | ã | nŋã | ŋ |
| 2 | ãa | n | ŋã | nŋã | ŋ |
| 3 | na | n | ã | nŋã | ŋ |
| 4 | a | n | ãa | nŋ | ŋ |
| 5 | ãa | n | ã | nŋ | ŋ |

第一种是主要的类别,有 15 个方言点,其他四类都只有 1 个方言点。属于这一小类的方言点有 19 个,除湖南邵阳县属湘语外都是吴语。分布如下:

**表 2.38 咸山—深臻曾—宕江—梗—通**

| 组 | 省区 | 方言区属 | 地点 |
| --- | --- | --- | --- |
| 1 | 江苏 6 | 吴语 | 海门、昆山、启东、苏州、太仓、吴江 |
|  | 上海 6 |  | 宝山、崇明、奉贤、嘉定、闵行、浦东 |
|  | 浙江 3 |  | 安吉、平湖、孝丰旧 |
| 2 | 浙江 1 | 吴语 | 长兴 |
| 3 | 江苏 1 |  | 张家港 |
| 4 | 江苏 1 |  | 溧水 |
| 5 | 湖南 1 | 湘语 | 邵阳县 |

### 2.6.2 咸山—深臻曾梗通—宕江

这一小类韵尾音值与古摄的对应关系有四种：

|   | 咸山 | 深臻曾梗通 | 宕江 |
|---|---|---|---|
| 1 | ãa | ŋ | ã |
| 2 | ã | ŋ | a |
| 3 | a | ŋ | ã |
| 4 | ãa | n | ã |

方言点共有 12 个，主要分布在西北地区，如下：

表 2.39 咸山—深臻曾梗通—宕江

| 组 | 省区 | 方言区属 | 地点 |
|---|---|---|---|
| 1 | 内蒙古 4 | 晋语 | 包头、呼和浩特、集宁、临河 |
|   | 山西 1 |  | 襄垣 |
| 2 | 山西 2 |  | 灵丘、左权 |
|   | 宁夏 1 | 官话 | 隆德 |
| 3 | 陕西 3 | 晋语 | 靖边、米脂、神木 |
| 4 | 安徽 1 | 官话 | 枞阳 |

### 2.6.3 咸山—深臻曾通—宕江—梗

这一小类韵尾音值与古摄的对应关系有四种：

|   | 咸山 | 深臻曾通 | 宕江 | 梗 |
|---|---|---|---|---|
| 1 | a | ŋ | ã | ŋã |
| 2 | ãa | ŋ | a | ŋa |
| 3 | ãa | ŋ | ã | ŋã |
| 4 | a | nã | ã | nãa |

方言点共有9个，分布在山西和江浙一带，如下：

表 2.40　咸山—深臻曾通—宕江—梗

| 组 | 省区 | 方言区属 | 地点 |
|---|---|---|---|
| 1 | 浙江 4 | 吴语 | 乐清台、临海、鄞州、镇海 |
|   | 上海 1 |  | 金山 |
| 2 | 山西 2 | 晋语 | 临县、中阳 |
| 3 | 浙江 1 | 吴语 | 余姚 |
| 4 | 江苏 1 |  | 高淳 |

### 2.6.4　咸—深臻曾通—山—宕江—梗

这一小类韵尾音值与古摄的对应关系有两种：

|   | 咸 | 深臻曾通 | 山 | 宕江 | 梗 |
|---|---|---|---|---|---|
| 1 | a | ŋ | ãa | ã | ŋ̃ |
| 2 | ŋa | ŋ | a | ã | ŋ̃ |

属于这一小类的方言点有7个，都是浙江的吴语，分布如下：

表 2.41　咸—深臻曾通—山—宕江—梗

| 组 | 省区 | 方言区属 | 地点 |
|---|---|---|---|
| 1 | 浙江 4 | 吴语 | 慈溪、奉化、象山、舟山 |
| 2 | 浙江 3 |  | 黄岩、温岭、玉环 |

### 2.6.5　咸山—深臻曾—宕—江—梗—通

这一小类韵尾音值与古摄的对应关系只有一种：

57

| 咸山 | 深臻曾 | 宕 | 江 | 梗 | 通 |
|---|---|---|---|---|---|
| a | n | ã | ŋã | nŋã | ŋ |

属于这一小类的方言点有 6 个,分布如下:

表 2.42 咸山—深臻曾—宕—江—梗—通

| 省区 | 方言区属 | 地点 |
|---|---|---|
| 浙江 6 | 吴语 | 崇德[旧]、海宁、海盐、嘉善、嘉兴、桐乡 |

### 2.6.6 咸山—深曾—臻—宕江—梗—通

这一小类韵尾音值与古摄的对应关系有三种:

| | 咸山 | 深曾 | 臻 | 宕江 | 梗 | 通 |
|---|---|---|---|---|---|---|
| 1 | a | n | nŋ | ã | nŋã | ŋ |
| 2 | a | nã | nãa | ã | nŋã | ŋ |
| 3 | ãa | na | nãa | ŋ | nŋãa | n |

属于这一小类的方言点也是 6 个,分布如下:

表 2.43 咸山—深曾—臻—宕江—梗—通

| 组 | 省区 | 方言区属 | 地点 |
|---|---|---|---|
| 1 | 上海 4 | 吴语 | 南汇、青浦、上海、松江 |
| 2 | 浙江 1 | | 于潜[旧] |
| 3 | 湖南 1 | 湘语 | 娄底 |

### 2.6.7 其他

除上述 6 个小类外,属于这一大类的古摄分合小类还有 51

个，共59个方言点。分布的区域与上述6个小类基本一致，西北地区和江浙地带仍是主要的分布地。不过，由于韵尾音值种类的增加，相应的古摄分合类型也复杂了，大量方言点出现同一种古摄分合类型的现象也就随之减少了。韵尾音值与古摄的对应情况和方言分布见表2.44。

表2.44 第六大类的其他分合类型

| 类 | 组 | 对应关系 | 省区 | 方言 | 地点 |
|---|---|---|---|---|---|
| 1 | 1 | 咸山 ãa 深臻曾 n 宕江通 ŋ 梗 nŋ | 湖南 | 湘语 | 泸溪湘 |
|   |   |   |   | 赣语 | 绥宁 |
|   | 2 | 咸山 ãa 深臻曾 ã 宕江通 ŋ 梗 nã | 贵州 | 官话 | 习水 |
|   |   |   | 浙江 | 吴语 | 分水旧 |
| 2 | 1 | 咸山 ã 深臻 ãa 宕江曾梗通 ŋ | 陕西 | 官话 | 商洛 |
|   | 2 | 咸山 ã 深臻 a 宕江曾梗通 ŋ |   |   | 铜川 |
|   | 3 | 咸山 ã 深臻 a 宕江曾梗通 ŋ | 宁夏 |   | 中卫 |
| 3 |   | 咸山 ãa 深臻宕江梗通 ŋ | 山西 | 晋语 | 岢岚、太原 |
| 4 | 1 | 咸山 ã 深臻曾通 ŋ 宕江梗 ŋa |   |   | 娄烦 |
|   | 2 | 咸山 ŋã 深臻曾通 ŋ 宕江梗 ŋa |   |   | 忻州 |
| 5 |   | 咸山 a 深臻曾通 ŋ 宕 ã 江梗 ŋã | 浙江 | 吴语 | 德清、湖州 |
| 6 |   | 咸宕江 ã 深臻曾 n 山 ãa 梗 nŋa 通 ŋ | 安徽 | 官话 | 无为 |
| 7 |   | 咸 a 深 n 山 ŋa 臻曾梗 nŋ 宕江 ŋã 通 ŋ |   | 吴语 | 宣城 |
| 8 |   | 咸 ŋãa 深臻曾 ŋ 山 a 宕江通 ŋ 梗 ŋã | 福建 | 客家话 | 连城 |
| 9 |   | 咸 ã 深山臻宕通 ŋã 江 ŋ 曾 ŋa 梗 ŋãa | 广西 | 平话 | 平乐 |
| 10 |   | 咸梗 ŋãa 深 ã 山 ãa 臻宕江曾 ŋã 通 ŋ |   | 土话 | 资源 |
| 11 |   | 咸山宕江 ã 深臻 a 曾梗通 ŋ | 河北 | 官话 | 晋州 |
| 12 |   | 咸山 a 深臻 n 宕江 ã 曾梗通 ŋ |   | 晋语 | 赞皇 |
| 13 |   | 咸曾 n 深臻 nã 山 na 宕江通 ŋ 梗 nŋa | 湖北 | 官话 | 武穴 |

◆ 中古阳声韵韵尾在现代汉语方言中的读音类型

续表

| 类组 | 对应关系 | 省区 | 方言 | 地点 |
|---|---|---|---|---|
| 14 | 咸山 ãa 深臻江曾梗 nã 宕 ã 通 n | 湖南 | 湘语 | 涟源 |
| 15 | 咸山 ãa 深宕江曾梗 ŋã 臻 ŋãa 通 ŋ | | | 双峰 |
| 16 | 咸江 ã 深 ŋ 山宕 ãa 臻 nŋã 曾 ŋã 梗 ŋãa 通 nŋ | | | 新化 |
| 17 | 咸山 ãa 深 nã 臻曾 n 宕江 ã 梗 nŋ 通 ŋ | | | 新邵 |
| 18 | 咸山梗通 ŋa 深臻 a 宕 ŋã 江曾 ∅ | | 乡话 | 古丈 |
| 19 | 咸山江梗通 ŋa 深臻曾 a 宕 ŋ | | | 泸溪乡 |
| 20 | 咸山 ŋãa 深梗 ãa 臻通 a 宕江 nŋã 曾 ã | | | 沅陵 |
| 21 | 咸深山臻曾 ã 宕江 a 梗 ŋãa 通 ŋ | | 官话 | 中方 |
| 22 | 咸 na 深曾 n 臻 nŋ 山 a 宕江 ã 梗 nŋã | 江苏 | 吴语 | 常熟 |
| 23 | 咸山 a 深臻曾 n 宕 ŋã 江通 ã 梗 nŋã | | | 无锡 |
| 24 | 咸山宕 ãa 深曾 n 臻通 nŋ 江 ã 梗 nŋa | | 官话 | 句容 |
| 25 | 咸山宕江 ãa 深臻曾梗通 ŋ | 内蒙古 | 晋语 | 鄂尔多斯 |
| 26 | 咸山江 ã 深臻曾通 ŋã 宕 ãa 梗 ŋãa | 山西 | 晋语 | 大宁 |
| 27 | 咸山臻 ãa 深 ã 宕江曾梗通 ŋ | | | 陵川 |
| 28 | 咸山 ãa 深宕江通 ŋ 臻曾梗 ŋa | | | 阳城 |
| 29 | 咸深山臻 ã 宕梗 ŋa 江曾通 ŋ | | 官话 | 临猗 |
| 30 | 咸山 ã 宕 a 宕江曾 ŋ 梗通 ŋa | | | 平陆 |
| 31 | 咸深山臻 ã 宕江梗 ŋa 曾 ŋã 通 ŋ | | | 万荣 |
| 32 | 咸山 a 深臻通 ŋ 宕 ãa 江曾梗 ŋa | 陕西 | 晋语 | 清涧 |
| 33 | 咸 ã 深臻曾 nã 山 ãa 宕江 ŋã 梗 nŋã 通 ŋ | 云南 | 官话 | 思茅 |
| 34 | 咸山臻 ŋa 深曾梗 ŋ 宕通 ŋã 江 ã | 浙江 | 吴语 | 景宁吴 |
| 35 | 咸 a 深臻曾梗 ŋã 山 ãa 宕江通 ŋ | | | 兰溪 |
| 36 | 咸山 ŋãa 深 ŋ 臻 ŋa 宕江 ã 曾梗通 ŋã | 浙江 | 吴语 | 丽水 |
| 37 | 咸山 ãa 深 n 臻曾通 ŋ 宕 ã 江梗 ŋã | | | 临安 |
| 38 | 咸山宕曾梗 ŋãa 深臻 ŋa 江通 ŋ | | | 龙泉 |

## 2 中古阳声韵韵尾在现代汉语方言中的读音类型

续表

| 类组 | 对应关系 | 省区 | 方言 | 地点 |
|---|---|---|---|---|
| 39 | 咸江 ãa 深曾通 ŋ 山 ŋãa 臻梗 ŋa 宕 ã | | | 龙游 |
| 40 | 咸山 ãa 深曾通 ŋ 臻 nŋ 宕江 ŋã 梗 ŋã | | | 宁海 |
| 41 | 咸山 ŋãa 深臻曾梗 ŋa 宕 ãa 江 ã 通 ŋã | | | 庆元 |
| 42 | 咸山 a 深臻宕江曾 ã 梗 ŋã 通 ŋ | | | 三门 |
| 43 | 咸 ãa 深臻 ŋ 山 ŋãa 臻梗通 ŋã 宕江 ã | | | 泰顺旧 |
| 44 | 咸 a 深臻曾 n 山 ãa 宕 ã 江 ŋã 梗 nŋã 通 ŋ | 浙江 | 吴语 | 桐庐 |
| 45 | 咸山 a 深臻宕 ã 江梗 ŋã 通 ŋ | | | 武康旧 |
| 46 | 咸山 a 深臻江曾通 ŋ 宕 ŋa 梗 ŋã | | | 仙居 |
| 47 | 咸山 ŋãa 深曾 ŋ 臻 ŋa 宕江 ã 梗通 ŋã | | | 宣平旧 |
| 48 | 咸宕江 ãa 深臻 n 山 ãa 曾 nŋ 梗 nŋã 通 ŋ | | | 余杭 |
| 49 | 咸 ãa 深 ŋ 山曾 ŋãa 臻 ŋa 宕江 ã 梗通 ŋã | | | 云和 |
| 50 | 咸山 ãa 深臻 n 臻 nŋ 宕 ã 江 ŋã 梗 nŋã 通 ŋ | | | 诸暨 |
| 51 | 咸 a 深曾 n 山 nãa 臻 nã 宕江 ã 梗 mnã 通 m | | 徽语 | 寿昌旧 |

在这些方言中，浙江寿昌的韵尾音值与古摄的对应关系是：

| 咸 | 深曾 | 山 | 臻 | 宕江 | 梗 | 通 |
|---|---|---|---|---|---|---|
| a | n | nãa | nã | ã | mnã | m |

鼻音韵尾有 [n] 和 [m] 两个，[-m] 出现在梗摄和通摄而不是咸深摄。寿昌是本大类唯一有 [-m] 的方言，但因为出现的韵摄是通摄和梗合三，且本音系没有 [-ŋ]，不妨推测，这应该是一个后起的鼻音韵尾，从 [-ŋ] 变异而来。

## 2.7 鼻化元音与口元音共存型及口元音型

鼻化元音与口元音共存型及单独的口元音型是两个不同的大类，由于分布的点数都不多，因此放在一起叙述。和中古的鼻音韵尾音值相比，这两个大类的变异是很大的。鼻音韵尾到此完全丢失，或变鼻化元音，或变口元音。

### 2.7.1 鼻化元音与口元音共存型

这一大类韵尾音值与古摄的对应关系有二：

| 绩溪 | 咸山梗 | 深臻宕江曾通 | |
| --- | --- | --- | --- |
| | ã a | ã | |
| 歙县 | 咸山梗 | 深臻曾通 | 宕江 |
| | ã a | ã | a |

属于这一大类的方言点只有绩溪和歙县两个，都是安徽的徽语。

将两地韵尾音值和古摄合并类型连成一线来看，歙县宕江摄演变最快，绩溪读鼻化元音的这里都读口元音。此外，两地咸山梗摄都处于鼻化元音向口元音过渡的阶段，有可能彻底地转变为口元音。

### 2.7.2 口元音型

中古阳声韵九摄合并为一类，都是口元音。属于这一大类的也只有2个方言点，分布在湖南的辰溪和浙江的汤溪[旧]，前者是湘语，后者是吴语。

韵尾音值在这两个大类中大大减少了，今读的鼻化元音和口元音与中古的鼻音韵尾相去甚远。这两个大类各自都只有两个方言点，不是阳声韵韵尾今读的主要类型。

## 2.8 古阳声韵今读八大类型在汉语各大方言区的分布

上文可见，各大方言区的鼻音韵尾消变类型存在着交叉的现象，但是，从整体上看，不同方言区的主流类型还是不一样的。官话方言以外的七大方言区，主要分布在东南地区，区域比较小，使用人口也远没有官话方言多。不过，由于东南一带的方言特征比较多、之前的研究材料又有所欠缺，数据库非官话方言的选点较为稠密，数量较多。

### 2.8.1 官话方言

官话方言在汉语方言中分布最广，使用人口最多。数据库共有364个官话方言调查点，各大区调查数目如下：

表2.45 官话方言各区调查点数目[①]

| 方言区 | 数目 | 方言区 | 数目 |
| --- | --- | --- | --- |
| 北京官话 | 41 | 兰银官话 | 18 |
| 胶辽官话 | 12 | 西南官话 | 93 |
| 冀鲁官话 | 35 | 江淮官话 | 42 |
| 中原官话 | 82 | 晋语 | 41 |

这些方言点阳声韵韵尾今读类型的结构比例如下：

---

① 采用《汉语官话方言研究》（6—8页）的区片划分，将晋语划归官话。此外，北京官话包括《汉语方言地图集》中的8个北京官话方言点和33个东北官话方言点。

◆ 中古阳声韵韵尾在现代汉语方言中的读音类型

表2.46　官话方言的古阳声韵韵尾今读类型结构比例

| 大类 | | 数目 | 比例（%） |
| --- | --- | --- | --- |
| 二 | [-n]、[-ŋ]二分型 | 185 | 50.82 |
| 三 | [-n]或[-ŋ]一个韵尾型 | 2 | 0.55 |
| 四 | 鼻音韵尾与鼻化元音共存型 | 124 | 34.07 |
| 五 | 鼻音韵尾与口元音共存型 | 16 | 4.40 |
| 六 | 鼻音韵尾与鼻化元音、口元音共存型 | 37 | 10.16 |
| | 共计 | 364 | 100 |

表2.46可见，中古阳声韵韵尾在官话方言中的读音类型主要是第二大类和第四大类，第一、七、八三个大类没有出现在官话方言中。结合第二章的分类可以看出，第二大类中的第1小类"咸深山臻—宕江曾梗通"和第2小类"咸深山臻曾—宕江通—梗"是最主要的韵摄合并类型，各有92个和69个官话方言点。其中，西南官话是第2小类的主体，江淮官话和中原官话也分别有8个和4个方言点属于这一小类。第二大类是"[-n]、[-ŋ]二分型"，官话方言50.82%的大比例说明多数的官话方言在阳声韵韵尾演变的道路上以韵尾的归并为主流趋势，这种归并是[-m]并入[-n]和[-ŋ]，以并入前者居多。第四大类是"鼻音韵尾与鼻化元音共存型"，所占比例也有34.07%，表明官话方言在主流趋势鼻音韵尾归并的同时，部分方言出现了向鼻化元音转化的现象，冀鲁、中原、西南、江淮和晋语是其中主要的区片。

第五、第六大类涉及鼻音韵尾今读口元音的现象，多分布在西北地区，涉及晋语的有27个，此外的26个为非晋语的方言点。就阳声韵韵尾的演变来说，晋语所表现出来的特征与同区域的其他官话方言类似。

## 2.8.2 吴语

吴语的分布比较广,除江浙地区外,安徽、江西和福建也有所分布。数据库所调查的吴语有121个方言点,阳声韵韵尾今读类型的结构比例如下:

**表2.47 吴语的古阳声韵尾今读类型结构比例**

| 大类 | | 数目 | 比例(%) |
|---|---|---|---|
| 二 | [-n]、[-ŋ]二分型 | 1 | 0.83 |
| 四 | 鼻音韵尾与鼻化元音共存型 | 27 | 22.31 |
| 五 | 鼻音韵尾与口元音共存型 | 26 | 21.49 |
| 六 | 鼻音韵尾与鼻化元音、口元音共存型 | 66 | 54.54 |
| 八 | 口元音型 | 1 | 0.83 |
| | 共计 | 121 | 100 |

表2.47可见,第四、五、六个大类是吴语阳声韵韵尾今读的主流类型,其中第六个大类又是最主要的类别。第四、五大类分别是"鼻音韵尾与鼻化元音共存型"和"鼻音韵尾与口元音共存型",第六大类是"鼻音韵尾与鼻化元音、口元音共存型",可见,这几个大类主要涉及鼻音韵尾的弱化和脱落。吴语和官话方言不同,鼻音韵尾的归并在吴语中已经很少见,绝大多数吴语都出现了鼻音韵尾向鼻化元音转化的现象,而且有不少已经演变为口元音。说明在吴语中,阳声韵韵尾的演变发展比较快,就目前的局面来看,吴语处于鼻化元音逐渐向口元音发展的阶段,个别方言已经出现了完全读为口元音的格局。

## 2.8.3 徽语

徽语分布在安徽、江西、浙江三省,分布范围较小,数据

◈ 中古阳声韵韵尾在现代汉语方言中的读音类型

库共有 15 个调查点，阳声韵韵尾今读类型的结构比例如下：

表2.48 徽语的古阳声韵韵尾今读类型结构比例

| 大类 | | 数目 | 比例（%） |
| --- | --- | --- | --- |
| 四 | 鼻音韵尾与鼻化元音共存型 | 8 | 53.33 |
| 五 | 鼻音韵尾与口元音共存型 | 4 | 26.67 |
| 六 | 鼻音韵尾与鼻化元音、口元音共存型 | 1 | 6.67 |
| 七 | 鼻化元音与口元音共存型 | 2 | 13.33 |
| 共计 | | 15 | 100 |

表 2.48 显示，第四大类"鼻音韵尾与鼻化元音共存型"在徽语中占了比较大的比例。从整体来看，徽语的主流类型和吴语类似，方言多出现了元音鼻化的现象，甚至进一步向口元音发展。属于第七大类的虽然只有 2 个方言点，却是这一大类（"鼻化元音与口元音共存型"）的所有方言点，所调查的其他方言区都不存在这一今读类型。第一、二、三小类是鼻音韵尾的归并，徽语中不存在这些类型。

### 2.8.4 湘语

湘语分布在湖南地区，共有 42 个调查点，阳声韵韵尾今读类型的结构比例如下：

表2.49 湘语的古阳声韵韵尾今读类型结构比例

| 大类 | | 数目 | 比例（%） |
| --- | --- | --- | --- |
| 一 | [-m]、[-n]、[-ŋ] 三分型 | 1 | 2.38 |
| 二 | [-n]、[-ŋ] 二分型 | 5 | 11.91 |
| 三 | [-n] 或 [-ŋ] 一个韵尾型 | 1 | 2.38 |

续表

| | 大类 | 数目 | 比例（%） |
|---|---|---|---|
| 四 | 鼻音韵尾与鼻化元音共存型 | 24 | 57.14 |
| 五 | 鼻音韵尾与口元音共存型 | 3 | 7.14 |
| 六 | 鼻音韵尾与鼻化元音、口元音共存型 | 7 | 16.67 |
| 八 | 口元音型 | 1 | 2.38 |
| | 共计 | 42 | 100 |

湘语的调查点不算多，但是所显示出来的今读类型却是最多的，除了第七大类外，其他的类型都有。其中，占比例最大的是第四个大类，第二、六大类也占了一定的比例。表明阳声韵韵尾在部分湘语中处于鼻音韵尾归并的阶段，而更多的已经向鼻化元音转化，一些更为前进的方言鼻化元音已经进一步向口元音转变。

### 2.8.5 闽语

闽语分布在福建、广东、海南、台湾、浙江等地区，共102个方言点，阳声韵韵尾今读类型的结构比例如下：

表2.50 闽语的古阳声韵尾今读类型结构比例

| | 大类 | 数目 | 比例（%） |
|---|---|---|---|
| 一 | [-m]、[-n]、[-ŋ]三分型 | 5 | 4.90 |
| 二 | [-n]、[-ŋ]二分型 | 1 | 0.98 |
| 三 | [-n]或[-ŋ]一个韵尾型 | 22 | 21.57 |
| 四 | 鼻音韵尾与鼻化元音共存型 | 53 | 51.96 |
| 五 | 鼻音韵尾与口元音共存型 | 21 | 20.59 |
| | 共计 | 102 | 100 |

◆ 中古阳声韵韵尾在现代汉语方言中的读音类型

闽语的今读结构类型以三、四、五大类为主，第四大类"鼻音韵尾与鼻化元音共存型"所占比例最大。闽语下属的各区片今读的类型有差异，闽北和闽东主要是第一、三大类，以保留鼻音韵尾为主；闽南主要是第四大类，在保留鼻音韵尾的同时，出现了元音鼻化的现象；海南和粤西的闽语则是第五大类，闽南的鼻化元音在这些方言中向前演变为口元音。可见，在阳声韵韵尾的演变上，闽语各区片有着自己的主流类型，彼此之间的差别比较明显，不像声母演变等方面的特征那样具有较多的共性。

### 2.8.6 粤语

粤语主要分布在两广地区，共调查了 59 个方言点，阳声韵韵尾今读类型的结构比例如下：

表 2.51 粤语的古阳声韵尾今读类型结构比例

| 大类 | | 数目 | 比例（%） |
| --- | --- | --- | --- |
| 一 | [-m]、[-n]、[-ŋ] 三分型 | 54 | 91.53 |
| 二 | [-n]、[-ŋ] 二分型 | 2 | 3.39 |
| 三 | [-n] 或 [-ŋ] 一个韵尾型 | 1 | 1.69 |
| 五 | 鼻音韵尾与口元音共存型 | 2 | 3.39 |
| | 共计 | 59 | 100 |

表 2.51 展示了粤语阳声韵韵尾今读的重要特征，就是绝大多数的方言点都与中古的鼻音韵尾一致，仍是 [-m]、[-n]、[-ŋ] 三分的格局，尽管咸合三出现了变异，但大多数韵摄的韵尾都没有改变。粤语内部的今读类型一致性很高，且与中古一致，这正是粤语区别于其他方言的重要方面。

## 2.8.7 客家话

客家话的分布区域也比较广，两广、福建、湖南、江西以及台湾都有分布，共有71个调查点，阳声韵韵尾今读类型的结构比例如下：

**表 2.52 客家话的古阳声韵尾今读类型结构比例**

| 大类 | | 数目 | 比例（%） |
|---|---|---|---|
| 一 | [-m]、[-n]、[-ŋ] 三分型 | 36 | 50.70 |
| 二 | [-n]、[-ŋ] 二分型 | 13 | 18.31 |
| 三 | [-n] 或 [-ŋ] 一个韵尾型 | 3 | 4.23 |
| 四 | 鼻音韵尾与鼻化元音共存型 | 16 | 22.53 |
| 五 | 鼻音韵尾与口元音共存型 | 2 | 2.82 |
| 六 | 鼻音韵尾与鼻化元音、口元音共存型 | 1 | 1.41 |
| 共计 | | 71 | 100 |

上表可见，鼻音韵尾三分的格局也是客家话的主流类型，但除此之外，第二、四大类仍占了不小的比例。客家话这些结构类型的分布具有区域性，第一大类主要是两广和台湾地区的客家话，鼻音韵尾依然三分，与同一地区的粤语、闽语等类似；第二大类主要是江西和粤北的客家话；第四大类主要是江西、福建的客家话。

## 2.8.8 赣语

赣语分布在江西、安徽、湖北和湖南，共有90个调查点，阳声韵韵尾今读类型的结构比例如下：

◆ 中古阳声韵韵尾在现代汉语方言中的读音类型

表2.53 赣语的古阳声韵尾今读类型结构比例

| 大类 | | 数目 | 比例（%） |
|---|---|---|---|
| 一 | [-m]、[-n]、[-ŋ] 三分型 | 9 | 10.00 |
| 二 | [-n]、[-ŋ] 二分型 | 49 | 54.44 |
| 三 | [-n] 或 [-ŋ] 一个韵尾型 | 3 | 3.33 |
| 四 | 鼻音韵尾与鼻化元音共存型 | 23 | 25.56 |
| 五 | 鼻音韵尾与口元音共存型 | 5 | 5.56 |
| 六 | 鼻音韵尾与鼻化元音、口元音共存型 | 1 | 1.11 |
| | 共计 | 90 | 100 |

赣语的今读类型与客家话一样，都是6个，不过内部的结构比例有所不同，客家话以鼻音韵尾三分的格局为主流，赣语则以二分的格局为主流。此外，二者今读韵尾为第四大类的比例相近。

### 2.8.9 古阳声韵今读八大类型分布对照表

除以上八大方言区864个方言点外，还有66个方言点区属未定，如下：平话37、土话22、乡话4、畲话2、儋州话1。古阳声韵今读八大类型在各大方言区的具体方言点数如下：

表2.54 古阳声韵今读八大类型分布对照表[①]

| | 官话 | 吴语 | 徽语 | 湘语 | 闽语 | 粤语 | 客家 | 赣语 | 其他 |
|---|---|---|---|---|---|---|---|---|---|
| 一 | ○ | ○ | ○ | 1 | 5 | 54 | 36 | 9 | 30 |

---

① 表中八大类用大写数码表示，具体类名如下：一、[-m]、[-n]、[-ŋ] 三分型。二、[-n]、[-ŋ] 二分型。三、[-n] 或 [-ŋ] 一个韵尾型。四、鼻音韵尾与鼻化元音共存型。五、鼻音韵尾与口元音共存型。六、鼻音韵尾与鼻化元音、口元音共存型。七、鼻化元音与口元音共存型。八、口元音型。

## 2 中古阳声韵韵尾在现代汉语方言中的读音类型

续表

| | 官话 | 吴语 | 徽语 | 湘语 | 闽语 | 粤语 | 客家 | 赣语 | 其他 |
|---|---|---|---|---|---|---|---|---|---|
| 二 | 185 | 1 | ○ | 5 | 1 | 2 | 13 | 49 | 9 |
| 三 | 2 | ○ | ○ | 1 | 22 | 1 | 3 | 3 | 1 |
| 四 | 124 | 27 | 8 | 24 | 53 | ○ | 16 | 23 | 4 |
| 五 | 16 | 26 | 4 | 3 | 21 | 2 | 2 | 5 | 17 |
| 六 | 37 | 66 | 1 | 7 | ○ | ○ | 1 | 1 | 5 |
| 七 | ○ | ○ | 2 | ○ | ○ | ○ | ○ | ○ | ○ |
| 八 | ○ | 1 | ○ | 1 | ○ | ○ | ○ | ○ | ○ |
| 930 | 364 | 121 | 15 | 42 | 102 | 59 | 71 | 90 | 66 |

# 3 韵尾演变分摄讨论

从第二章的分类可见，中古阳声韵九摄的 [-m]、[-n]、[-ŋ] 到了现代汉语方言出现了纷繁复杂的局面。不同的摄在不同的方言里，韵尾的变化情况不一样，与中古完全一致的方言只占少数，只有 21 个方言点，大多数方言中古阳声韵韵尾都出现了不同程度的变化。古摄的主要分合类型与对应的韵尾音值见本章末表 3.22。

下面讨论各摄的演变情况，其中，山臻摄仅涉及韵尾的音值，内容不多，与咸深摄一起讨论。

## 3.1 咸深（山臻）摄

### 3.1.1 咸深山臻摄韵尾的音值

表 3.1 咸深山臻摄韵尾的音值[①]

| 韵尾音值 | 咸摄 | 深摄 | 山摄 | 臻摄 |
|---|---|---|---|---|
| m | 57 | 182 | — | — |
| mn | 72 | 7 | — | — |
| mnã | 32 | — | — | 1 |

---

[①] "—" 表示没有这类韵尾音值。下同。

续表

| 韵尾音值 | 咸摄 | 深摄 | 山摄 | 臻摄 |
|---|---|---|---|---|
| mna | 7 | — | 2 | 1 |
| mŋ | 7 | 1 | — | — |
| mŋã | 4 | — | 1 | — |
| mŋa | 6 | — | — | — |
| mã | 9 | — | — | — |
| ma | 2 | — | 1 | — |
| n | 266 | 412 | 395 | 515 |
| nŋ | 12 | 12 | 18 | 49 |
| nŋã | — | — | 26 | 10 |
| nŋa | 7 | — | 13 | 9 |
| nã | 28 | 28 | 48 | 46 |
| nãa | — | — | 1 | 2 |
| na | 16 | 6 | 25 | 22 |
| ŋ | 38 | 166 | 36 | 142 |
| ŋã | 12 | 24 | 35 | 30 |
| ŋãa | 7 | — | 8 | 1 |
| ŋa | 17 | 5 | 14 | 26 |
| ã | 200 | 69 | 174 | 62 |
| ãa | 33 | 2 | 41 | 2 |
| a | 98 | 16 | 92 | 12 |
| 总计 | 930 | 930 | 930 | 930 |

上表可见，咸摄的韵尾音值类型显然要比其他摄多，说明咸摄阳声韵韵尾今读局面比较复杂。从具体音值来看，深摄的情况与臻摄类似，读鼻音韵尾的数目较多，读鼻化元音和口元音的数目不多；咸摄的情况与山摄类似，读鼻化元音、口元音的数目不在少数，占三分之一左右。

### 3.1.2 [–m] 的保留与双唇音声母字 [–m] 的异化

#### 3.1.2.1 [-m] 的保留

咸深两摄中古的韵尾是 [m]，从中古到现代，这两个摄的韵尾变化应该是最大的。因为大多数的现代汉语方言咸深摄的韵尾都与中古的 [m] 不同。数据显示，[-m] 的保留在咸摄和深摄的情况是不同的，具体情况如下表：

**表 3.2 咸深摄 [-m] 的保留情况**

| 保留情况 | 咸摄 数目 | 咸摄 百分比（%） | 深摄 数目 | 深摄 百分比（%） |
| --- | --- | --- | --- | --- |
| 全部保留 | 57 | 6.13 | 182 | 19.57 |
| 部分保留 | 139 | 14.95 | 8 | 0.86 |
| 不保留 | 734 | 78.92 | 740 | 79.57 |
| 总计 | 930 | 100 | 930 | 100 |

上表数据显示咸摄部分保留占多数，深摄完全保留占绝大多数，但由于深摄未选双唇音声母代表字（参看下文），因而"全部保留"中应该有不少应划归"部分保留"。咸深两摄收 [-m] 的情况应该是相似的，全部保留数目较少，部分保留数目较多。不过，与双唇音声母字 [m] 韵尾异化的深摄相比，咸摄 [m] 韵尾异化的程度更深，除了双唇音声母合口的字外，开口的字也有不少方言存在不收 [-m] 的现象。由此可以推测，中古 [-m] 的变异更多地从咸摄开始，然后逐渐影响到深摄，进而两摄的 [-m] 都丢失。

咸深摄保留 [-m] 的方言，如第二章所述都是南部方言，粤语、闽语、客家话是其中的主体。以"三""心"为例，保留 [-m] 的地区主要是两广和福建：

## 3 韵尾演变分摄讨论

表3.3 "三""心" [-m] 的保留

|  | 广州粤 | 南宁粤 | 梅州客 | 博罗客 | 厦门闽 | 潮州闽 |
|---|---|---|---|---|---|---|
| 三咸开一 | sam | ɬam | sam | sam | sã/sam | sã/sam |
| 心深开三 | sɐm | ɬɐm | sim | sim | sim | sim |

"三""心"二字的读音从某种程度反映了咸深摄的韵尾情况。从表3.3可见，尽管粤语、客家话和闽语都保留了[-m]，但三种方言的情况不尽相同。粤客方言除双唇音声母字异化外，咸深摄完整保留[-m]，闽语（主要是闽南方言）深摄多保留[-m]，咸摄则有两个层次，鼻化元音和[-m]，前者是白读，后者是文读。这两种韵尾读音类型共存于闽南方言中，从这一角度来说，闽南方言属于部分保留[-m]。

3.1.2.2 双唇音声母字 [-m] 的异化

绪论第四节中提到，数据库深摄的代表字只有6个，未选取双唇音声母代表字，因而南方闽、客、粤等深摄收[-m]的方言，有些异化特征可能会被忽略。在此以《汉语方音字汇》[①]的厦门、梅县、广州、阳江以及补充调查的揭东、博罗等6个方言点为例，对选字的不足做一些补充论述。

现代汉语咸深摄存在收[-m]的方言中，深摄双唇音声母字往往不读[m]韵尾，《汉语方音字汇》里收了"禀、品"二字，以厦门等6个方言点为例，看看闽、客、粤方言中，深摄双唇音声母字[m]韵尾的变异。

---

① 北京大学中国语言文学系语言学教研室编：《汉语方音字汇（第二版重排本）》，北京：语文出版社，2003年。表格中简称"《字汇》"。

◇ 中古阳声韵韵尾在现代汉语方言中的读音类型

表3.4 厦门等6个方言点深摄双唇音声母字的韵尾

| 字目 | 厦门闽 | 揭东闽 | 梅县客 | 博罗客 | 广州粤 | 阳江粤 |
|---|---|---|---|---|---|---|
| 禀深开三，帮母 | pin | peŋ | pin | pin | pɐn | pɐn |
| 品深开三，滂母 | pʰin | peŋ | pʰin | pʰin | pʰɐn | pʰɐn |

数据库930个方言点中，深摄存在[m]韵尾的方言有190个，具体分布及方言区属如下：

表3.5 深摄收[-m]的方言

| 省区 | 方言区属 | 地点 |
|---|---|---|
| 澳门1 | 粤语 | 澳门 |
| 福建27 | 闽语26 | 安溪、长泰、德化、东山、光泽、华安、惠安、建宁、晋江、龙海、龙岩、南安、南靖、宁德闽、平和、泉州、邵武、同安、厦门、永春、云霄、漳平、漳浦、漳州、诏安、周宁 |
| | 畲话1 | 宁德畲 |
| 广东75 | 闽语15 | 潮阳、潮州、电白闽、海丰、惠来、揭东、雷州、陆丰、南澳、普宁、饶平、汕头、遂溪闽、徐闻、湛江闽 |
| | 客家话20 | 博罗、大埔、东源、丰顺、和平、惠东、惠阳、惠州、揭西、连平、廉江、龙川、陆河、梅州、清新、五华、新丰、信宜、英德、紫金 |
| | 粤语40 | 从化、德庆、电白粤、斗门、恩平、番禺、封开、佛冈、高明、高要、高州、广宁、广州、鹤山、花都、化州、怀集、开平、龙门₁、龙门₂、罗定、茂名、南海、三水、顺德、四会、遂溪粤、台山、吴川、新会、新兴、阳春、阳东、阳山、阳西、郁南、云安、增城、湛江粤、中山 |
| 广西48 | 客家话7 | 博白、防城港、贵港、合浦、柳江、陆川、象州 |
| | 粤语14 | 北海、北流、苍梧、岑溪、桂平、灵山、南宁粤、钦州、容县、藤县、梧州、兴业、玉林、昭平 |
| | 平话27 | 巴马、百色、宾阳、崇左、都安、扶绥、贺州、横县、来宾、柳城、龙州、隆安、罗城、马山、蒙山、南宁平、宁明、平果、平南、融水、三江、上林、田东、田阳、武鸣、宜州、邕宁 |

续表

| 省区 | 方言区属 | 地点 |
|---|---|---|
| 海南 10 | 闽语 9 | 昌江、澄迈、定安、海口、陵水、琼海、琼中、屯昌、文昌 |
| | 儋州话 1 | 儋州 |
| 江西 11 | 客家话 2 | 定南、全南 |
| | 赣语 9 | 崇仁、东乡、奉新、抚州、高安、黎川、南丰、宜黄、资溪 |
| 台湾 15 | 闽语 12 | 高雄县、花莲、嘉义市、南投、屏东、台北、台东、台南市、台中县、宜兰、云林、彰化 |
| | 客家话 3 | 苗栗、桃园、新竹县 |
| 香港 2 | 客家话 1 | 新界 |
| | 粤语 1 | 香港 |
| 浙江 1 | 畲语 | 景宁畲 |

这些方言点深摄双唇音声母字的韵尾是否异化未能体现，根据上文补充的 6 个方言点的读音来看，双唇音声母字 [-m] 的异化恐怕是比较普遍的现象。这一点，同样反映在咸摄双唇音声母字中。

从表 3.1 可知，咸摄部分收 [-n] 的方言有 174 个，这里的"部分"有 65 个方言点咸合口三等收 [-n]，开口收 [-m]。咸合三的声母多是双唇音，从语音演变来看，咸合三首先向 [-n] 转变正是学者们研究所指出的"首尾异化"现象。声母的发音部位与韵尾相同，因而出现了异化。因此，声母促使韵尾异化在咸摄和深摄表现一致。

### 3.1.3 [-m] 与 [-n]、[-ŋ] 的分混

咸深摄保留 [-m] 的方言不占多数，更多的方言出现了变异，其中，[-m] 向 [-n] 和 [-ŋ] 转变是两种重要的类别。

◈ 中古阳声韵韵尾在现代汉语方言中的读音类型

### 3.1.3.1 收 [-n]

中古咸深摄的 [-m] 在现代汉语方言中存在收 [-n] 的情况，与山臻摄的相同。这一现象几乎遍布汉语几大方言区，官话是其中的主体，其下属的各个小区都有分布。以"三""山"和"心""新"的读音为例，可以大致看出咸山、深臻的合并情况：

表 3.6 "三""山"，"心""新"的相混①

| 地点 | 三<sub>咸开一</sub> | 山<sub>山开二</sub> | 心<sub>深开三</sub> | 新<sub>臻开三</sub> |
| --- | --- | --- | --- | --- |
| 北京<sub>北京</sub> | san | ʂan | ɕin | |
| 青岛<sub>胶辽</sub> | θan | ʂan | sin | |
| 河间<sub>冀鲁</sub> | san | ʂan | siən | |
| 郑州<sub>中原</sub> | san | ʂan | sin | |
| 吉木萨尔<sub>兰银</sub> | san | | | ɕiŋ |
| 武汉<sub>西南</sub> | | | ɕin | |
| 红安<sub>江淮</sub> | | | | |
| 获嘉<sub>晋</sub> | | | | |
| 长沙市<sub>湘</sub> | | | | |
| 南昌市<sub>赣</sub> | | | | |

表 3.6 中，官话方言、晋语、湘语和赣语都有咸摄和山摄、深摄和臻摄合并的现象，不过，吉木萨尔所代表的兰银官话合并后咸山收 [-n] 而深臻收 [-ŋ]，咸山和深臻不同。本表未见的粤、客、闽等方言则如前所述，咸深摄大多保留 [-m] 而不与山臻摄合并。此外吴语咸和山、深和臻合并的现象也比较常见，不过读音类型主要是鼻化元音。

---

① 官话方言的点用小字标注下属的区。有阴影的表格作为参考项列出，不是本表所述的特征。下同。

咸深两摄收 [-n] 的情况也是不平衡的，主要差异在于全部收 [-n] 和部分收 [-n] 的数目，如下：

表 3.7 咸深摄收 [-n] 的情况

| 收 [-n] 的情况 | 咸摄 数目 | 咸摄 百分比（%） | 深摄 数目 | 深摄 百分比（%） |
| --- | --- | --- | --- | --- |
| 全部收 [-n] | 266 | 28.60 | 412 | 44.30 |
| 部分收 [-n] | 174 | 18.71 | 53 | 5.70 |
| 不收 [-n] | 490 | 52.69 | 465 | 50.00 |
| 总计 | 930 | 100 | 930 | 100 |

上表数据结合表 3.2 可见，咸深摄收 [-n] 的方言远比收 [-m] 的方言多。从"全部"和"部分"来看，收 [-n] 与收 [-m] 的情况不一样，收 [-m] 的内在结构比例是"全部"少而"部分"多，收 [-n] 则是"全部"多而"部分"少。在咸深摄收 [-n] 的方言里，韵尾往往比较整齐，双唇音声母字不再像收 [-m] 的方言那样出现变异。

表 3.7 咸深摄"全部收 [-n]"的方言数目相差较大，在深摄收 [-n] 而咸摄不收 [-n] 的一百多个方言里，咸摄的韵尾读音类型主要是 [-ã] 和 [-a]。

3.1.3.2 收 [-ŋ]

中古咸深摄在现代汉语方言中也存在收 [-ŋ] 的情况，往往与宕江曾梗通摄相同。这一类的方言不算多数，但分布区域比较广，几个大方言区都有，官话、晋语、闽语和吴语是其中的主体，以"潭""糖"和"深""升"的读音为例：

◆ 中古阳声韵韵尾在现代汉语方言中的读音类型

表3.8 "潭""糖","深""升"的分混

| 地点 | 潭咸开一 | 糖宕开一 | 深深开三 | 升曾开三 |
|---|---|---|---|---|
| 吐鲁番中原 | tʰan | tʰan | ʂʏŋ | |
| 银川兰银 | | | ʂəŋ | |
| 青川西南 | tʰaŋ | | sən | |
| 泗洪江淮 | tʰan | tʰan | sen | |
| 平遥晋 | tʰaŋ | | ʂəŋ | |
| 南平闽 | touŋ | tʰouŋ | tsʰeiŋ | seiŋ |
| 金华吴 | dɤ | dɑn | ɕiəŋ | |

从上表相混的情况来看，同一个方言点咸宕和深曾的合并情况是不平行的，借鉴下文表3.9的统计数据，不难发现，深摄收 [-ŋ] 的现象较常见，咸摄则相对较少，官话、闽语、吴语都是如此。此外，西南官话中两组字相混的现象分布较窄，只有四川青川、云南保山、湖南临武和道县4个方言点。

咸深摄收 [-ŋ] 的情况并不平衡，如下：

表3.9 咸深摄收 [-ŋ] 的情况

| 收 [-ŋ] 的情况 | 咸摄 | | 深摄 | |
|---|---|---|---|---|
| | 数目 | 百分比（%） | 数目 | 百分比（%） |
| 全部收 [-ŋ] | 38 | 4.09 | 166 | 17.85 |
| 部分收 [-ŋ] | 72 | 7.74 | 42 | 4.52 |
| 不收 [-ŋ] | 820 | 88.17 | 722 | 77.63 |
| 总计 | 930 | 100 | 930 | 100 |

和 [-n] 的情况类似，深摄收 [-ŋ] 比咸摄的数目多，而且，在深摄收 [-ŋ] 而咸摄不收 [-ŋ] 的方言里，咸摄的韵尾读音类型主要也是 [-ã] 和 [-a]。

80

## 3.1.4 [-m] 的消变

中古咸深摄收 [-m] 自成一类，不与其他的摄相混，而现代汉语方言中，咸深摄字收 [-m] 的方言已经不占多数了，主要是南方的闽、客、粤等方言，北方的方言绝大多数不存在 [m] 韵尾。对于北方方言 [m] 韵尾的消变，前辈学者有很多的研究，这些研究主要从韵书和诗文押韵两方面进行。下文结合前人的研究，讨论北方方言 [m] 韵尾的演变。

### 3.1.4.1 韵书所反映的 [-m]

中古收 [m] 韵尾的韵称闭口韵。不同时期的韵书对闭口韵的记载体现了 [-m] 的消变情况。

《广韵》里闭口韵主要有以下九组 27 个韵：覃感勘、谈敢阚、咸豏陷、衔槛鉴、盐琰艳、严俨酽、添忝㮇、凡范梵、侵寝沁。

《中原音韵》（1324）中闭口韵的数目成了 3 组：侵寻、监咸、廉纤。《广韵》的九组 27 个闭口韵到此重新组合为三个韵部。杨耐思《近代汉语 -m 的转化》分析了闭口韵在《广韵》和《中原音韵》的对应关系，如下：

表 3.10 《中原音韵》闭口韵表

| 广韵 | 例字 | 中原音韵 | | |
|---|---|---|---|---|
| | | 韵部 | 韵类 | 拟音 |
| 侵 | 簪森岑 | 侵寻 | 簪类 | əm |
| | 音金针侵林壬沉 | | 金类 | iəm |
| 覃谈衔咸 | 甘庵谙担覃南含 | 监咸 | 甘类 | am |
| 咸衔 | 监嵌咸渐岩 | | 监类 | iam |
| 盐严添凡 | 兼瞻尖添廉潜盐 | 廉纤 | 兼类 | iɛm |

◆ 中古阳声韵韵尾在现代汉语方言中的读音类型

虽然《中原音韵》仍有闭口韵，但这些闭口韵中没有帮组（双唇声母）字，《广韵》中的这部分闭口韵字并入了收 [n] 韵尾的韵部。《广韵》帮系闭口韵共有"姏談砭砒㒻衔凡帆仉舩氾颿柉芝欠凡稟品㾛媅𩜠敢貶㝎琰妥厸㤁範范帆笵犯蠥鍐妥戤腏釩范窆砭豏醶埿涊鑑梵帆颿泛汎仉𥁕䘩氾芝奻梵"[①] 等 48 字，只有 8 字出现在《中原音韵》中，与收 [-n] 的字合并：

表 3.11 帮组闭口韵字的变异

|  | 广韵 | | 中原音韵 | | |
|---|---|---|---|---|---|
|  | 韵部 | 韵尾 | 韵部 | 韵尾 | 同音字 |
| 凡帆 | 凡 | -m | 寒山 | -n | 烦繁膰礬蠜帆樊凡 |
| 範范犯泛 | 范 |  |  |  | 饭贩畈範泛范犯 |
| 品 | 寑 |  | 真文 |  | 牝品 |
| 貶 | 琰 |  | 先天 |  | 貶扁匾艑褊 |

闭口韵的变异是从唇音声母字开始的。王力《汉语史稿》指出《中原音韵》中"声母为唇音而韵尾为 -m 的字一律变为收 -n"，"这一种音变，在语音学上称为异化作用；韵尾 -m 是唇音，如果声母也是唇音，在发音上不是十分便利的，所以起了变化"[②]。杨耐思先生在《近代汉语 -m 的转化》[③] 中也指出了《中原音韵》中 [-m] 的异化现象，并指出 [-m] 混入 [-n] 限于唇音声母，就是通常所说的"首尾异化"现象。

到了《西儒耳目资》（1626），[-m] 完全并入其他的韵。而

---

① 因特殊字体需要，此处使用繁体字。小字是前面汉字在《广韵》中所属的韵。
② 王力：《汉语史稿（重排本）》，北京：中华书局，2004 年，159 页。
③ 杨耐思：《近代汉语 -m 的转化》，《语言学论丛》1981 年第 7 期，16—27 页。

比《西儒耳目资》稍晚的《韵略汇通》(1642),也把侵寻等部并入了真寻等部。《西儒耳目资》是十七世纪初叶的作品,因而王力先生在《汉语史稿》中指出:"在北方话里,[-m] 的全部消失,不能晚于十六世纪。"①

实际上,除了《西儒耳目资》,还有不少十七世纪的韵书反映了 [-m] 的消变情况。杨耐思(1981)《近代汉语 -m 的转化》对此做了研究,指出"十七世纪的韵书分韵大多数都把'闭口韵'的韵类归并到 -n 韵尾的韵部里去,这绝不是偶然的。这只能说,这个时候,共同语音 -m 尾已经转化为 -n 尾,各种韵书才会竞相反映这种演变,证明前辈学者的论证是符合实际的"②。

不过,对于 [-m] 消变的时限,麦耘(1991)《论近代汉语 -m 韵尾消变的时限》③提出了不同的意见。麦先生分析了不同的韵书及其他文献所反映的 [-m] 的情况,认为明代的共同语应有南北两支,17 世纪前后的南支共同语仍然有 [m] 韵尾。"具有 -m 尾的共同语音南支分布在浙江、江右(江西)一带;从几种韵书、韵图作者的籍贯看,其势力还覆盖着安徽、江苏等地。"④麦先生的研究给我们一个启示,不同时期的共同语在全国各地都不一定是整齐划一的,可能仍有"口音"的差别,[-m] 的消变时限在不同的地区应该有差异。王力、杨耐思等的研究表明,[-m] 的消变在 16 世纪晚期,这一点符合北方地区的实际,而南部地区 [-m] 的消变应该更晚。

---

① 王力:《汉语史稿(重排本)》,北京:中华书局,2004 年,159 页。
② 杨耐思:《近代汉语 -m 的转化》,《语言学论丛》1981 年第 7 期,20 页。
③ 麦耘:《论近代汉语 -m 韵尾消变的时限》,《古代汉语》1991 年第 4 期,21—24 页。
④ 麦耘:《论近代汉语 -m 韵尾消变的时限》,《古代汉语》1991 年第 4 期,23 页。

◆ 中古阳声韵韵尾在现代汉语方言中的读音类型

中国地域辽阔，某一部韵书自然无法代表共同语和所有方言的语音系统。然而，《中原音韵》作为"北支"的代表，所能反映的方言地区应该还是比较广阔的。当被奉为词韵准则的《中原音韵》出现了唇音声母闭口韵与其他韵尾相混的现象，说明 [-m] 混入 [-n] 不是个别的误用，应该已经得到当时人们的普遍认可。如此，从韵书的角度来看，《中原音韵》到《西儒耳目资》是 [-m] 消变的重要阶段，北方话中 [-m] 从有到无大概就出现在这一时期。至于 [-m] 到 [-n] 的过渡过程如何，由于年代久远、缺乏详细的文献记载，且中国方言丰富，已经很难一一考证了。不过，通过各时期诗文押韵的情况，大概能对 [-m] 的消变有一个比较清楚、全面的认识。

3.1.4.2 诗文押韵所反映的闭口韵 [-m]

唐代胡曾的《戏妻族语不正》①一诗被认为是反映早期 [-m] 变为 [-n] 的现象："呼十却为石，唤针将作真。忽然云雨至，总道是天因阴如因也。""针、阴"的韵尾是 [m]，"真、因"的韵尾是 [n]。胡曾是湖南人，诗中所述说明当时湖南地区已经有 [-m]、[-n] 相混的现象，而共同语中，二者的区分是很严格的，因而才有"戏"之说。

唐时的诗文押韵有不少学者研究过，比较一致的结论是唐代 [-m]、[-n] 偶然通押，属于个别现象，[-m]、[-n]、[-ŋ] 三分格局清楚存在。

尉迟治平等先生曾发表唐、五代诗歌押韵研究的一系列文章，《盛唐诗韵系略说》《中唐诗韵系略说》《晚唐诗韵系略说》《五代诗韵系略说》等，这些文章所反映的 [-m] 和 [-n] 的韵部是各自独立、互不相混的。罗常培（1933）《唐五代西北方

---

① 《全唐诗（增订本）》第 13 册，北京：中华书局，1999 年，9929 页。

音》、邵荣芬（1963）《敦煌俗文学中的别字异文和唐五代西北方音》等对唐五代西北方音的研究表明，[-m]、[-n] 有少数相混的用例，不过，罗先生和邵先生的结论不同。罗先生认为，以"敬"注"禁"[①]说明"从五代起鼻收声的消失已然开始扩大范围了"[②]。邵先生则认为"山、咸、臻、深四摄一共才有十个例子，至少表明 -m 跟 -n 的混淆还不是当时西北方言的普遍现象"[③]。两者的不同在于 [-m] 消变的程度，应该说，邵先生的观点更让人信服。在众多的变文资料中，只有这么十个相混的用例，这些用例所在的时代和区域又不是同一的，说"不普遍"是值得认同的。此外，鲍明炜《唐代诗文韵部研究》[④]指出："侵韵古近体诗都是独用。侵部与咸摄覃韵和臻摄真韵痕韵质韵少数字通押，作者都是当时名家，且不是随意之作，不同韵尾通押，应反映一定语音实际。""侵臻摄真同用"的用例如：包融《酬忠公林亭》的"侵阴林尘心森寻深襟禽"。"侵臻摄痕同用"的用例如：王梵志《有恩》的"恩寻"。

到了宋代，[-m]、[-n] 相混的情况有所增加，已经不是个别方言的个别现象了。

冯蒸（1992）[⑤]研究了《尔雅音图》的音注，指出书中所反映的宋初四项韵母音变，其中一项就是 [-m] 尾的消变：《尔雅音

---

[①] 高田时雄认为"敬"并不是注"禁"，而是注"繁"。参见蒋绍愚《近代汉语研究概况》45 页。

[②] 罗常培：《唐五代西北方音》，北京：科学出版社，1961 年，146 页。

[③] 邵荣芬：《邵荣芬音韵学论集》，北京：首都师范大学出版社，1963 年，320 页。

[④] 鲍明炜：《唐代诗文韵部研究》，南京：江苏古籍出版社，1990 年，374、380 页。

[⑤] 冯蒸：《尔雅音图音注所反映的宋初四项韵母音变》，见程湘清主编：《宋元明汉语研究》，济南：山东教育出版社，1992 年，510—578 页。

图》中[-m]、[-n]互注共19条，其中咸山摄相混共15条，深臻摄相混共4条。同一部作品中出现十几次的混用，作者方言背景的影响应该是比较明显的。刘晓南《宋代福建诗人用韵所反映的十到十三世纪的闽方言若干特点》，刘晓南、罗雪梅《宋代四川诗人阳声韵及异调通押中的方音现象——宋代四川方音研究之一》研究宋诗的用韵，认为宋代四川籍和福建籍的诗人都存在[-m]与其他韵尾通押的现象，但自押的情况仍占多数。其中四川籍诗人[-m]、[-n]通押的较多，真青与侵寻两部之间通押共143例，寒先与监廉两部之间通押共69例。福建籍（除闽南）诗人则[-m]、[-n]和[-m]、[-ŋ]都有通押的现象，共计45例[①]。相混的用例不算少，但占宋诗韵段的比例并不大，作者认为这些都是当时方音现象的反映。联系现代方言，刘先生的推测是符合语言事实的，大多数的四川方言咸深摄都与山臻摄合流收[-n]，宋代出现[-m]、[-n]混用是合理的；而福建闽南以外的闽语，中古阳声韵字以收[-ŋ]为主，宋代出现各摄韵尾的混用正好体现了归一前的混乱局面。

宋词是宋代重要的文学形式，不少学者利用宋词的押韵研究、分析宋代的语音面貌。鲁国尧先生自六十年代起，一直研究宋词的押韵，在《论宋词韵及其与金元词韵的比较》中，鲁先生指出："监廉部与寒先部通叶"，"侵寻部与真文部、庚青部三部，或两部混叶，或三部合用"。鲁先生又指出："监廉与寒先二部的混叶与否从空间与时间似乎都还不能找出其分布的规律。我们同意仲恒、戈载的分为两部的主张"；而侵寻与真文、庚青"三部间是否通叶，叶多叶少，因人而异。总之分为三部

---

[①] 据《宋代福建诗人用韵所反映的十到十三世纪的闽方言若干特点》表3的数据统计。

是对的"。①鲁先生的观点是从宋词的整体韵部出发来谈的，少数的相混不影响整体的韵部是合理的，不过，从方言的角度来看，不妨把这种相混、互叶的现象看作是方音的体现。

魏慧斌（2005）的博士论文《宋词用韵研究》对《全宋词》的用韵进行考察，对 [-m] 在宋代的读音有比较全面的分析，魏先生认为"宋词用韵中存在许多咸、深两摄阳声韵字与其他阳声韵摄通押的情况，……宋词用韵中的这种通押现象，反映的是 -m 尾正在消变"②。根据魏文的分析数据，可以整理出如下表格：

表 3.12  宋词咸深摄与其他韵摄通押的情况

|  | 押韵情况 | 数量 | 百分比（%） |
| --- | --- | --- | --- |
| 咸摄 | 自押 | 124 | 23% |
|  | 与山摄通押 | 396 | 74% |
|  | 与臻摄通押 | 10 | 2% |
|  | 与山臻以外的摄通押 | 4 | 1% |
| 深摄 | 自押 | 270 | 42% |
|  | 与其他摄通押 | 360 | 58% |

从上表来看，咸摄与山摄通押的数量已经大大超过了自押的数量，深摄二者比例较为接近，仍是通押的占多数。咸深摄字可作诗词韵段的数目不算多，不过，自押和通押的比例还是很有说服力的，说明宋词中 [-m] 消变的程度已经比较深了。魏先生在文中还提到，如果从时间上来看 [-m] 与其他韵尾通押的

---

① 以上几处引文参见《鲁国尧语言学论文集》399—400 页。
② 魏慧斌：《宋词用韵研究》，武汉：华中科技大学博士学位论文，2005 年，98 页、101 页。

情况，则南宋多于北宋，咸深摄都是如此。从语音发展的角度来说，这是符合演变规律的。

当然，不同的学者研究文学作品的押韵情况往往有不同的结果，不过，既然学者们的研究都已经体现了宋代 [-m] 的消变，说明即使宋代的通语中 [-m] 完整保留，方言中 [-m] 的消变也已经不是偶然的现象。从北宋到南宋，方言中 [-m] 和 [-n]（或 [-ŋ]）通押的情况逐渐增加，进入元明时期，这一特点影响到共同语，最终形成 [-m] 向 [-n] 或其他韵尾转变的局面。

韵书和诗文的押韵都反映了 [-m] 的消变情况，韵书更多地反映通语的情况，相对比较保守，其体现 [-m] 向 [-n] 转变的较早作品是 1324 年（元朝）的《中原音韵》。而诗文的押韵情况因为作家作品数目比较多，分布区域相对要广阔得多，因此更能体现方言中 [-m] 的消变情况。[-m] 与 [-n]、[-ŋ] 从唐代的偶然相混到宋代的相押比例大增，诗文中传达的信息相对韵书而言更为丰富，同时也应该更符合当时的语音面貌，地方方言中 [-m] 的消变现象应该比韵书所体现的要早。

## 3.2 宕江摄

### 3.2.1 宕江摄韵尾的音值

大多数的方言宕江摄仍保留与中古一致的 [ŋ]，然而，变异也是存在的，如下表：

表 3.13 宕江摄韵尾的音值

| 韵尾音值 | 宕摄 | 江摄 |
| --- | --- | --- |
| ŋ | 566 | 642 |
| ŋ̃ | 67 | 39 |

续表

| 韵尾音值 | 宕摄 | 江摄 |
| --- | --- | --- |
| ŋãa | 1 | — |
| ŋa | 37 | 13 |
| n | 20 | 22 |
| nŋ | 8 | 2 |
| nŋã | 1 | 1 |
| nã | 3 | 2 |
| na | 3 | 3 |
| m | 1 | 3 |
| mŋ | 2 | 1 |
| mŋã | — | 2 |
| mnã | 1 | — |
| mã | 2 | 1 |
| ã | 178 | 162 |
| ãa | 7 | 3 |
| a | 33 | 34 |
| 总计 | 930 | 930 |

宕江两摄的韵尾都以读 [-ŋ] 居多，两摄同时收 [-ŋ] 的方言也有 562 个，之外的一个重要音值就是鼻化元音。宕江摄存在鼻化元音的方言都是一百多个，其中有 154 个方言点宕江摄同时读鼻化元音。可见，宕江两摄的韵尾音值往往一致。

## 3.2.2 咸山宕江摄韵尾的一致音值

中古咸、山、宕江的韵尾不同，咸摄收 [-m]、山摄收 [-n] 而宕江收 [-ŋ]。现代汉语方言中，有不少四摄韵尾音值合并的情况，如下：

◇ 中古阳声韵韵尾在现代汉语方言中的读音类型

表 3.14 咸山宕江韵尾的一致音值 [1]

| | | 咸 | 山 | 宕江 |
|---|---|---|---|---|
| ã | 各自音值 | 200 | 174 | 154 |
| | 合并音值 | | 69 | |
| a | 各自音值 | 98 | 92 | 33 |
| | 合并音值 | | 19 | |
| n | 各自音值 | 266 | 396 | 20 |
| | 合并音值 | | 8 | |
| na | 各自音值 | 16 | 25 | 3 |
| | 合并音值 | | 2 | |
| ãa | 各自音值 | 33 | 41 | 2 |
| | 合并音值 | | 1 | |
| nã | 各自音值 | 28 | 48 | 1 |
| | 合并音值 | | 1 | |
| ŋa | 各自音值 | 17 | 14 | 11 |
| | 合并音值 | | 1 | |

表 3.14 中主要有 [-ã]、[-a]、[-n] 三类，[-ã]、[-n] 两类深臻曾摄音值部分也与此相同，其中，[-ã] 有 21 个方言点深臻摄与咸山宕江摄一致、17 个方言点深臻曾摄与咸山宕江摄一致，[-n] 有 6 个方言点深臻曾摄与咸山宕江摄一致。在咸山宕江摄一致而又有别于其他摄的音值中，鼻化元音和口元音是最主要的，说明在这些方言中咸山宕江四摄的韵尾演变有着共同的方向，向 [-ã] 或 [-a] 发展。

第三章的分类中没有中古阳声韵所有古摄都读 [-ã] 的类别，元音鼻化最多的是江西的井冈山和莲花，除了通摄保留 [-ŋ] 以

---

[1] 九摄阳声韵韵尾音值一致的不再计入其中。

外，其余各摄都为鼻化元音：

咸深山臻宕江曾梗　　通
ã　　　　　　　　　ŋ

其他鼻化现象出现较多的方言，如上所述，一般都是咸深山臻宕江六摄（或加上曾摄共七摄）读鼻化元音。

"三""山""糖""撞"分属咸山宕江四摄，以这4字的读音为例，可以大致看出四摄的合并情况：

表 3.15　南京等地"三山糖撞"的读音

| 地点 | 三<sub>咸</sub> | 山<sub>山</sub> | 糖<sub>宕</sub> | 撞<sub>江</sub> |
|---|---|---|---|---|
| 南京<sub>江淮</sub> | sã | ʂã | tʰã | tʂuã |
| 威县<sub>冀鲁</sub> | sæ̃ | ʂæ̃ | tʰɑ̃ | tʂʰuɑ̃ |
| 大理<sub>西南</sub> | sɑ̃ || tʰɑ̃ | tsuɑ̃ |
| 温州<sub>吴语</sub> | sa || duɒ | dzyɔ |
| 偏关<sub>晋语</sub> | sæ || tʰɒ | tʂɒ |
| 景德镇<sub>赣语</sub> | san | ʂan | tʰan | tʂʰan |
| 郴州<sub>西南</sub> | san || tʰan | tsʰuan |

上表可见，咸山宕江的合并情况可以分为两种：一种只是类型一致，同为[n]韵尾、鼻化元音或口元音，具体音值不同，如威县、温州、偏关；一种是具体的音值也一致，如南京、大理、景德镇、郴州。

### 3.2.3　宕江摄的合并考察

在绝大多数现代汉语方言中，宕摄和江摄的韵尾音值乃至元音的音值都是一致的，然而从古代韵书"东冬钟江"的排列

91

◆ 中古阳声韵韵尾在现代汉语方言中的读音类型

可知,在这些韵书的时代,江摄的读音应该更接近"东冬钟"而与宕摄有所区别。江摄与宕摄的合并,有一个发展的过程。

根据王力《汉语语音史》的构拟,先秦的韵部共二十九个(战国时代三十个),《广韵》的"阳唐"包括在阳部 [-aŋ],"江"和"东"则都包括在东部 [-ɔŋ]。切韵系的韵书,从《切韵》到《广韵》,大多数韵摄的排列"江"都和"东冬钟"一起。元代的《韵会》《韵府群玉》,格局仍是如此。到了《中原音韵》,韵部的分合才出现了新的变化,东、冬、钟合并为"东钟部",江、阳、唐合并为"江阳部"。《中原音韵》之后的韵书,"江"就脱离了东部而与阳唐合并了①。因此,宕江摄在元代合二为一当无疑义。不过,韵摄的合并是一个渐进的过程,古代方言中宕江合并的时间应该在元代之前。

宕江摄的合并在南北朝时期就出现了,王力《汉语语音史》指出:"江韵在南北朝时代属冬韵,到了隋唐时代,脱离了冬部而独立起来,但是还没有和阳唐合流。南北朝诗人孔稚珪、徐陵、庾信有江阳唐同用的例子,那只是方言现象。"② 王先生认为尽管南北朝就有江阳唐同用的例子,但到隋唐时江仍未混入阳唐。在宋代朱熹《诗集传》和《楚辞集注》的反切研究中,王先生得出"江韵开始并入阳唐"③的结论。不过,从宋代的几部主要韵书(1007年的《广韵》、1039年的《集韵》及1252年的《壬子新刊礼部韵略》)来看,江韵仍然独立,没有和阳唐合并。按照王先生的研究结果,宕江合并的年代开始在宋代,而韵书则是到了《中原音韵》才合并,二者似乎并不一致。王先生研

---

① 具体韵书的称说不一定是"东部/东钟""江部/江阳"等。
② 王力:《汉语语音史》,北京:中国社会科学出版社,1985年,216页。
③ 王力:《汉语语音史》,北京:中国社会科学出版社,1985年,303页。

究宋代的语音，依据主要是朱熹的反切，研究结果应该代表宋代某一地域的语音系统。这种小范围的反切研究很难涵盖宋代各地的语音系统，应该说，宕江相合在南北朝时期已经开始，但到宋代还不是普遍现象，到了元代才成为主流。

## 3.3 曾梗通摄

### 3.3.1 曾梗通摄韵尾的音值

在中古收 [-ŋ] 的几个古摄中，曾摄和梗摄的韵尾相对比较复杂，通摄韵尾则相对简单，一并罗列如下：

表 3.16 曾梗通摄韵尾的音值

| 韵尾音值 | 曾摄 | 梗摄 | 通摄 |
| --- | --- | --- | --- |
| n | 318 | 14 | 32 |
| nŋ | 52 | 271 | 9 |
| nŋã | 1 | 69 | — |
| nŋãa | — | 2 | — |
| nŋa | — | 21 | 2 |
| nã | 24 | 15 | 2 |
| nãa | — | 1 | — |
| na | 7 | 5 | — |
| ŋ | 427 | 334 | 833 |
| ŋã | 40 | 118 | 21 |
| ŋãa | 2 | 5 | — |
| ŋa | 11 | 55 | 17 |
| m | — | — | 6 |
| mn | — | 1 | 1 |
| mŋ | — | — | 1 |

◆ **中古阳声韵韵尾在现代汉语方言中的读音类型**

续表

| 韵尾音值 | 曾摄 | 梗摄 | 通摄 |
| --- | --- | --- | --- |
| mnŋ | — | 1 | — |
| mnã | — | 4 | — |
| mna | — | 2 | — |
| mŋã | — | 1 | — |
| mã | — | 1 | — |
| ã | 39 | 4 | 2 |
| ãa | — | 3 | — |
| a | 9 | 3 | 4 |
| 总计 | 930 | 930 | 930 |

从上表可见，[-n] 和 [-ŋ] 是曾梗摄最重要的两个音值。曾摄完全收 [-n] 的方言较多，有 318 个，分布在除晋语以外的所有大方言区，官话（主要是西南官话和江淮官话）、吴语、赣语和客家话是其中的主体。梗摄的 [-n] 则常常与 [-ŋ] 并存，分布的地区和曾摄的 [-n] 类似，不过，吴语的数目相对比较少。曾摄单一的韵尾音值数目较多，梗摄则是多个音值的韵尾类型占优势。至于韵尾音值的组合种类，曾摄相对较少，梗摄较多。

现代汉语方言中，通摄收 [-ŋ] 的有 833 个，部分收 [-ŋ] 的也有 50 个。从中古到现代，在十六摄中，通摄韵尾的变异应该是最小的。表 3.16 中，通摄收 [-n] 的方言总共有 45 个，在这些方言中，曾梗摄的韵尾往往也是 [-n]，表明通摄向 [-n] 的转变不是孤立的，而是与其他的摄同时进行的。

梗通摄收 [-m] 是各类韵尾音值中较特别的。通摄共有 8 个方言点存在这样的现象，分别是完全收 [-m] 的安徽铜陵县、福建清流、浙江淳安、东阳、磐安、寿昌，收 [-m]、[-ŋ] 的福建永安，收 [-m]、[-n] 的江西婺源。梗摄没有只收 [-m] 的类型，[-m]

都是与其他韵尾并存的。

鼻音韵尾向 [-m] 转变不限于梗通摄,山宕江等摄也存在不同程度收 [-m] 的情况,第四章将进一步论述。

### 3.3.2 曾梗摄收 [-ŋ] 与收 [-n]

[-n]、[-ŋ] 在曾梗摄的韵尾音值中占绝对优势,但二者在曾梗摄中的分配情况是不一样的,具体数目及所占的比例如下:

表 3.17 曾梗摄收 [-ŋ] 的情况

| 收 [-ŋ] 的情况 | 曾摄 ||  梗摄 ||
|---|---|---|---|---|
| | 数目 | 百分比(%) | 数目 | 百分比(%) |
| 全部收 [-ŋ] | 427 | 45.91 | 334 | 35.91 |
| 部分收 [-ŋ] | 106 | 11.40 | 543 | 58.39 |
| 不收 [-ŋ] | 397 | 42.69 | 53 | 5.70 |
| 总计 | 930 | 100 | 930 | 100 |

表 3.18 曾梗摄收 [-n] 的情况

| 收 [-n] 的情况 | 曾摄 ||  梗摄 ||
|---|---|---|---|---|
| | 数目 | 百分比(%) | 数目 | 百分比(%) |
| 全部收 [-n] | 318 | 34.19 | 14 | 1.51 |
| 部分收 [-n] | 84 | 9.03 | 392 | 42.15 |
| 不收 [-n] | 528 | 56.78 | 524 | 56.34 |
| 总计 | 930 | 100 | 930 | 100 |

曾梗摄收 [-ŋ] 比收 [-n] 更常见,尽管如此,曾梗摄收 [-n] 的现象遍及各大方言。曾梗摄收 [-n] 往往带来与臻摄和深摄韵尾合并的局面。以"心""新""星"的读音为例,有 213 个方言点三字韵母都是 [-in],举例如下:

◇ 中古阳声韵韵尾在现代汉语方言中的读音类型

表3.19 "心""新""星"的相混

| 地点 | 心 深开三 | 新 臻开三 | 星 梗开四 |
|---|---|---|---|
| 信阳 中原 | | | |
| 永登 兰银 | ɕin | | |
| 武汉 西南 | | | |
| 红安 江淮 | | | |
| 苏州 吴语 | sin | | |
| 彭泽 赣语 | ɕin | | |
| 长沙市 湘语 | | | |

如表3.19所示，官话方言中的中原、兰银、西南、江淮以及吴语、赣语和湘语都有相混的情况。除去北部的北京官话、冀鲁官话、胶辽官话及南部的粤、客、闽等方言，这一特征正好出现在中国的中部，从西南到东南，分布在长江的南北。不过，"心""新""星"同音体现的往往只是曾梗摄收 [-n]，而两摄之外的宕江通等都有可能收 [-n]，这就是表3.19所无法反映的了。

"星"之外，曾梗摄仍有不少字收 [-n]，表3.18的数据已经体现了这一点。曾摄全部收 [-n] 和部分收 [-n] 加起来占总数的43.22%，梗摄是43.55%，说明曾梗摄收 [-n] 并不是个别现象。

从历时发展的角度来看，曾梗摄从 [-ŋ] 向 [-n] 转变出现的年代不会太晚。不过，这种 [-ŋ]、[-n] 相混的情况不具有普遍性，因而在官方颁行的韵书中往往没有反映。现代学者通过对古代文人作品的押韵分析，揭示了曾梗摄与臻摄相押所反映的 [-n]、[-ŋ] 相混的情况。根据邵荣芬先生《敦煌俗文学中的别字异文和唐五代西北方音》的研究，[-ŋ]、[-n] 代用的情况有三项：蒸、真代用；庚二等、真代用；梗三等、隐代用。邵先生说："这似乎表明当时有些方言确有曾、梗两摄二、三等的 -ŋ 尾已经变为 -n 的。不过其余的例子都不十分可靠。""所以整个说来，认为当时西北方音有 -ŋ，-n 合并的现象是没有多大根据的。"[①] 据此，西北的陕西和甘肃等地方言中曾梗收 [-n] 的现象应该出现在唐五代以后。不过，邵先生的研究是针对西北方言的，而现代汉语方言中，[-n]、[-ŋ] 相混更多地出现在南部地区的方言中，因而需要借助更多的研究来说明这一现象。

鲍明炜《唐代诗文韵部研究》指出，"臻摄字与梗摄字有较多的通押，表明[-n]、[-ŋ]韵尾有分有混"[②]。但在同书"方言现象"的叙述中又指出了"[-n] 韵尾字与 [-ŋ] 韵尾字通押"[③]一项。书中提到通押的"较多"，但没有具体的数目，而所列举的例子有王勃等诗人的作品九篇，可以推测 [-n]、[-ŋ] 相混只是唐代个别方言现象而不是主流的通语。

[-n]、[-ŋ] 相混的现象在宋代逐渐增多，但也只是方言中的现象。鲁国尧、魏慧斌等先生都对宋词做过相关的研究。魏先生的博士学位论文《宋词用韵研究》分析了《全宋词》的押韵情况，指出"南方词人用韵梗、臻摄阳声大量通押"[④]，其中江浙词人 164 次，中原 88 次，西北 11 次，两湖 26 次，广东 9 次，山东 34 次，四川 35 次，江西 120 次，福建 58 次。在"结语"中，魏先生指出梗、臻摄的合用说明了南方词人 [-ŋ] 和 [-n] 合并的趋势，同时也指出这是一种"方音入韵"的现象。《宋词阳

---

① 邵荣芬：《邵荣芬音韵学论集》，北京：首都师范大学出版社，1963年，321页。
② 鲍明炜：《唐代诗文韵部研究》，南京：江苏古籍出版社，1990年，4页。
③ 鲍明炜：《唐代诗文韵部研究》，南京：江苏古籍出版社，1990年，10页。
④ 魏慧斌：《宋词用韵研究》，武汉：华中科技大学博士学位论文，2005年，93页。

◆ 中古阳声韵韵尾在现代汉语方言中的读音类型

声韵的数理统计分析》[1]一文中,魏慧斌先生提出"ng尾阳声摄梗、曾和n尾的臻摄合用也有980个韵段,表明ng尾向n尾的转变已经到了相当深入的程度",但魏先生对这一现象的认识和学位论文一致:"宋词用韵中梗曾摄和臻摄虽然频繁通押,但仍然在我们认可的'随机'的范围内,并未达到合部的程度。这种语音现象应该看做方音现象……"

上文讲到,鲁国尧先生在《论宋词韵及其与金元词韵的比较》[2]一文中指出"侵寻部、真文部、庚青部三部,或两部混叶,或三部合用",但"三部间是否通叶,叶多叶少,因人而异",因而鲁先生主张三部分开而不合并。通叶现象的出现说明存在[-n]、[-ŋ]相混的现象,而"因人而异"说明这种现象在当时不具有普遍性,也许只是各人用韵的宽窄不同而已。而在《宋代苏轼等四川词人用韵考》一文中,鲁先生也提到了上述三部的分合问题(韵部名称为侵针、真欣、庚陵),文中将北宋苏轼的个别合用和南宋程垓、魏了翁的合用多于分用相比,认为"苏轼的创作特点之一是不受词律的约束,合韵甚多,为何在这里较拘谨呢?这种分歧是不是说明了北宋时川西话 -əm、-ən、-əng不混,而至南宋时(程、魏皆南宋人)已混同呢?这三部字在今成都方音已混成 -ən、-in、-uən、yn"[3]。鲁先生以疑问的口气提出了"川西话"(应该可以代表如今的西南官话)[-n]、[-ŋ]相混形成于南宋时期,从唐代诗文押韵的[-n]、[-ŋ]个别通押到南

---

[1] 魏慧斌:《宋词阳声韵的数理统计分析》,《语言研究》2005年第1期,82—88页。
[2] 鲁国尧:《鲁国尧语言学论文集》,南京:江苏教育出版社,2003年,400页。
[3] 鲁国尧:《宋代苏轼等四川词人用韵考》,《语言学论丛》1981年第8期,99页。

宋的经常相混，[-n]、[-ŋ] 相混有一个发展时期。

鲁、魏两位先生的研究结果都是很有说服力的，把梗、臻的相混定位为"方音"的认识符合现代汉语方言的面貌，[-ŋ] 和 [-n] 的相混虽不是少数，但并不是现代汉语方言的主流。从宋词的大量通押来看，[-ŋ]、[-n] 相混出现的年代比较早，应该在 [-m] 和 [-n] 的大量合并之前，只是后者成为方言语音演变的一种主流现象，而前者却一直局限在小范围的方言之中。

对 [-n]、[-ŋ] 相混的历时研究需要进一步说明两个问题：一是曾摄和梗摄合并的问题。二是梗摄和臻摄相混后具体的韵尾音值问题。上文的叙述一直是谈梗摄和臻摄相混的问题，至于曾摄如何，并未提及。蒋绍愚《近代汉语研究概况》一文中提到曾、梗摄合并的问题："梗摄和曾摄，在唐五代西北方音中尚未合并。曾摄多作 iŋ，梗摄或写作 eŋ，或变作 e。……但两摄的入声却已并混了。《声音图》[①]声二青静嶝同在一位，庚梗径同在一位，说明梗曾两摄的舒声已合。北宋汴洛文人用韵也是梗曾两摄无论舒声入声都有通押。"[②]北宋曾梗摄已经合并，在后来的梗臻相混的现象中，曾摄的情况应该是和梗摄一致的。

梗臻摄大量相混的现象出现在宋代是比较可靠的，不过，相混可能是梗摄向臻摄靠拢，读 [-n]，也可能是臻摄向梗摄靠拢，读 [-ŋ]。从现代汉语方言来看，两类音值都有，不过，读为 [-n] 的情况更为常见。方言中臻摄与梗摄合并收 [-ŋ] 的同时，咸、深、山等摄常常也收 [-ŋ]，当然，这一类的方言不占多数。因此，文学作品中出现的臻梗摄相混的现象更多的应该是梗摄向臻摄靠拢，合并为 [-n]。

---

① 指邵雍《皇极经世书声音图》。
② 蒋绍愚：《近代汉语研究概况》，北京：北京大学出版社，1994 年，62 页。

### 3.3.3 复杂的梗摄和稳定的通摄

表 3.13 的数据表明，梗摄韵尾音值复杂多变，通摄韵尾音值比较稳定。表中梗摄的韵尾音值类型有 21 种，通摄只有 12 种，梗摄韵尾单一音值的方言只有三分之一强，通摄则占了绝大多数。本章末表 3.22 "古摄的主要分合类型与对应的韵尾音值" 共 41 个小类、84 种音值类型，其中，梗摄有两种以上韵尾的有 27 小类、58 种音值类型，多是在 [-ŋ] 之外有其他的韵尾音值；通摄绝大多数为 [-ŋ]，有 3 小类、3 种音值类型有两个以上韵尾音值。可见，梗摄在各种类型中分化最明显，通摄则最稳定，分化的现象较少。

中古梗摄阳声韵韵尾在现代汉语方言中比较突出的现象是 [-n]、[-ŋ] 二分。如上文表 3.16 所示，梗摄 [-n]、[-ŋ] 二分的方言有 271 个，[-n]、[-ŋ] 之外有 [-ã] 或 [-a] 的 92 个，二者合计 363 个，占数据库调查点三分之一强。[-n]、[-ŋ] 二分的方言主要分布在中国的南部地区，西南官话、江淮官话、吴语、客家话、赣语是主体方言，如下：

表 3.20　梗摄存在 [n]、[ŋ] 韵尾的方言

| 方言 | nŋ | nŋã | nŋa | nŋãa |
|---|---|---|---|---|
| 西南官话 | 77 | 4 | 1 | — |
| 江淮官话 | 24 | 4 | 2 | — |
| 中原官话 | 6 | — | — | — |
| 吴语 | 16 | 40 | 3 | — |
| 徽语 | — | 2 | 1 | — |
| 湘语 | 18 | 3 | 1 | 2 |
| 闽语 | 5 | 6 | 2 | — |

续表

| 方言 | nŋ | nŋã | nŋa | nŋãa |
|---|---|---|---|---|
| 粤语 | 7 | — | — | — |
| 客家话 | 47 | — | — | — |
| 赣语 | 49 | 9 | 2 | — |
| 平话 | 15 | 1 | 2 | — |
| 土话 | 6 | — | 7 | — |
| 畲话 | 1 | — | — | — |
| 共计 | 271 | 69 | 21 | 2 |

桥本万太郎在《西北方言和中古汉语的硬软颚音韵尾——中古汉语的鼻音韵尾和塞音韵尾的不同作用》[1]一文中指出："在北方话里，梗摄并入曾摄，比如在北京话里，彭 -eng〔庚韵〕= 棚 -eng〔耕韵〕= 朋 -eng〔登韵〕≠ 庞 -ang〔江韵〕。……在南方话里，古汉语梗摄并入宕摄，比如在客家话里，彭 -aŋ〔庚韵〕= 棚 -aŋ〔耕韵〕= 庞 -aŋ〔江韵〕≠ 朋 -en〔登韵〕。"[2] 文中对照了普通话、客家话、汉越语和中古汉语宕、曾、梗的读音：

表3.21 宕、梗、曾摄在普通话、客家话和汉越语中的读音[3]

| 普通话 | ang | eng | |
|---|---|---|---|
| 客家话 | o/aŋ | | en |
| 中古汉语 | 宕 | 梗 | 曾 |
| 汉越语 | aŋ | aŋ | əŋ |

---

[1] 桥本万太郎：《西北方言和中古汉语的硬软颚音韵尾——中古汉语的鼻音韵尾和塞音韵尾的不同作用》，《语文研究》1982年第1期，19—33页。
[2] 桥本万太郎分韵采用了十四摄的分法。
[3] 表格形式与原文略有差异。

◆ 中古阳声韵韵尾在现代汉语方言中的读音类型

据此，桥本先生为梗摄构拟了两类读音：
A 组（庚二等、庚三等、青）：-*aŋ
B 组（耕、清）：-*əɲ。

尽管现代汉语方言的梗摄记音几乎没有 [-ɲ] 的记载，但这一韵尾方式确实比较能够解释梗摄韵尾分化的复杂现象，[-ɲ] 向前发展变成 [-n]，向后发展变成 [-ŋ]。

高本汉先生从另一个角度构拟了梗摄的读音。高先生对梗摄各等的拟测，侧重于主要元音的不同而不是韵尾的不同，如下：①

| | 开口 | 合口 |
|---|---|---|
| 二等 | a) 耕₈、耿，诤硬-æŋ | a) 耕宏o 诤迸-wæŋ |
| | b) 庚羹梗哽映更-ɐŋ | b) 庚横梗矿映渹-uɐŋ |
| 三四等 | a) 清征静整劲-iɛŋ | a) -ïwɛŋ |
| | b) 庚京梗景映敬-ïɐŋ | b) 庚荣梗永映詠-ïwɐŋ |
| | c) 青经迥刬径 ieŋ | c) 青莹迥颎-ïweŋ |

二三四等韵尾都是 [ŋ]，不同的是主要元音 [æ]、[ɐ]、[ɛ]、[e]。桥本先生在《西北方言和中古汉语的硬软颚音韵尾——中古汉语的鼻音韵尾和塞音韵尾的不同作用》中认为高先生的拟音过于细微，"令人难以理解"②，但是，无论从韵尾的角度还是主要元音的角度，两位先生的构拟都表明梗摄在中古收 [-ŋ] 的

---

① 〔瑞典〕高本汉：《中国音韵学研究》，北京：商务印书馆，2003 年，513 页。书中古韵母采用十三摄的分类法，梗摄包含曾摄，此处只取十六摄分类中的梗摄拟音。

② 桥本万太郎：《西北方言和中古汉语的硬软颚音韵尾——中古汉语的鼻音韵尾和塞音韵尾的不同作用》，《语文研究》1982 年第 1 期，22 页。

韵摄中是比较特别的。

王力先生的研究认为《广韵》的庚韵来自上古的阳部（中古的宕摄），耕清青来自上古的耕部[①]。梗摄在汉语方言中的复杂现象，应该与其来源有关，部分方言仍保留阳部的特征，部分方言则保留耕部的读音特征，或是二者同时保留，各自向前发展，因而带来了复杂的读音局面。对梗摄复杂现象的全面、深入解释，有待方言学和音韵学的进一步合作来进行。

通摄韵尾在所有古摄中是最为稳定的，833个方言点完全保留 [-ŋ] 韵尾，这是宕江曾梗等摄所不能相比的。这与通摄的主要元音应该有关系，王力、高本汉把通摄的主要元音拟为 [u] 或 [o]，而现代汉语方言中，后高圆唇元音在通摄的主要元音中也占了绝对的优势。后、高、圆唇这些特征使元音与硬腭辅音韵尾 [ŋ] 的结合更为和谐，因而不易弱化和脱落。第四章进一步讨论。

---

① 王力：《汉语史稿（重排本）》，北京：中华书局，2004年，75—76页。

**表 3.22　古摄的主要分合类型与对应的韵尾音值**[①]

| 大类 | 次大类 | 小类 | 组 | m | n | ŋ | ã | a |
|---|---|---|---|---|---|---|---|---|
| 一 | | 1 | | 咸深 | 山臻 | 宕江曾梗通 | | |
| | | 2 | ① | 深 **咸** | 山臻 **咸** | 宕江曾梗通 | | |
| | | | ② | 深 **咸** | **咸 山臻** | 宕江曾梗通 **山臻** | | |
| | | | ③ | 深 **咸** | **山臻** | 宕江曾梗通 **咸山臻** | | |
| | | | ④ | 咸 **深** | 山臻 **深** | 宕江曾梗通 | | |
| | | 3 | | 咸深 | 山臻 **曾梗** | 宕江通 **曾梗** | | |
| | | 4 | ① | 咸深 | 山臻曾 **梗** | 宕江通 **梗** | | |
| | | | ② | **咸深** | 山臻曾 **咸深 梗** | 宕江通 **梗** | | |
| | | 5 | | 深 **咸** | 臻曾 **咸 梗** | 宕江通 **梗** | | |
| | | 6 | ① | 深 **咸** | 山臻 **咸 曾梗** | 宕江通 **曾梗** | | |
| | | | ② | 咸 **深** | 山臻 **深 曾梗** | 宕江通 **曾梗** | | |
| 二 | | 1 | | | 咸深山臻 | 宕江曾梗通 | | |
| | | 2 | | | 咸深山臻曾 **梗** | 宕江通 **梗** | | |
| | | 3 | | | 咸山 | 深臻宕江曾梗通 | | |
| | | 4 | | | 深山臻曾 **咸 梗** | 宕江通 **咸 梗** | | |
| | | 5 | | | 咸深山臻宕江曾 **梗** | 通 **梗** | | |

① 本表根据第二章的小类（除“其他”）罗列古摄的分合类型与对应的韵尾音值，共41个小类、84种音值类型。其中，宋体字的摄只有单一韵尾音值，靠左排列，黑体字的摄有多种音值，靠右排列。

## 3 韵尾演变分摄讨论

续表

| 大类 | 次大类 | 小类 | 组 | m | n | ŋ | ã | a |
|---|---|---|---|---|---|---|---|---|
| 三 | | 1 | | | （九摄） | | | |
| | | 2 | | | （九摄） | | | |
| | | 3 | ① | 深 | 咸山臻 | 江曾通 | 咸山宕曾梗 | |
| 四 | 1 | 1 | ② | 深 | 咸山 | 江曾通 | 咸山宕曾梗 | |
| | | | ③ | 深 | 咸山臻 | 江曾通 | 咸山臻宕曾梗 | |
| | | | ④ | 深 | 咸深山 | 江曾通 | 咸山宕曾梗 | |
| | | | ⑤ | 深咸 | 山臻 | 江曾通 | 咸山宕曾梗 | |
| | | 2 | ⑥ | 深 | 咸 | 江曾通 | 咸山宕曾梗 | |
| | | 3 | ① | 深 | 山 | 臻江通 | 咸宕曾梗 | |
| | | | ② | 深 | 山 | 臻江通 | 咸宕曾梗 | |
| | 2 | 1 | ① | | 咸山臻 | 宕江通 | 宕曾梗 | 咸山 |
| | | | ② | 深臻曾 | 梗 | 宕江通 | 咸山梗 | 咸山 |
| | | | ③ | 深臻曾 | 咸山梗 | 宕江通 | 梗 | |
| | | | ④ | 深臻曾 | 梗 | 宕江通 | 深臻曾 | 咸山 |
| | | | ⑤ | 深臻曾 | 咸山梗 | 宕江通 | 咸山宕曾梗 | |

◆ **中古阳声韵韵尾在现代汉语方言中的读音类型**

续表

| 大类 | 次大类 | 小类 | 组 | m | n | ŋ | ã | a |
|---|---|---|---|---|---|---|---|---|
| 四 | 2 | 2 |  |  |  | 咎江曾梗通 | 咸山深臻 |  |
|  |  | 3 | ① | 深臻 |  | 咎江曾梗通 | 咸山 |  |
|  |  | 3 | ② | 咸山 |  | 咎江曾梗通 | 深臻 |  |
|  |  | 3 | ③ |  | 深臻 | 咎江曾梗通 | 咸山咎江 |  |
|  |  | 4 | ① | 深臻曾梗通 |  | 深臻曾梗通 | 咸山咎江 |  |
|  |  | 4 | ② |  |  | 深臻曾梗通 | 咸山深臻咎江曾梗通 |  |
|  |  | 4 | ③ |  |  | 通 | 咸山 |  |
|  |  | 5 | ① |  | 深臻咎江曾梗通 | 深臻咎江曾梗通 | 咸山 |  |
|  |  | 6 | ② | 深臻曾 |  | 深臻咎江曾梗通 | 咸山 |  |
|  |  | 6 | ③ | 深臻曾 | 梗 | 通 | 咸山咎江 |  |
|  |  | 7 | ① |  | 梗 | 通 | 咸山咎江 |  |
|  |  | 7 | ② | 深臻曾 | 深臻曾梗 | 通 | 深臻 |  |
|  |  | 7 | ③ |  |  | 通 | 咸山咎江 |  |
|  |  | 7 | ④ |  | 咸山咎江梗 |  |  |  |

3　韵尾演变分摄讨论

续表

| 大类 | 次大类 | 小类 | 组 | m | n | ŋ | ã | a |
|---|---|---|---|---|---|---|---|---|
| 五 | 1 | 1 | ① | 深 | 咸山臻 | 江曾通 宕梗 | | 咸山臻宕梗 |
| | | 1 | ② | 深 | 山臻 | 江曾通 宕梗 | | 咸山臻宕梗 |
| | | 1 | ③ | 深 | 山臻 | 江曾通 咸山臻宕梗 | | 咸山臻宕梗 |
| | | 2 | ① | 深 | 山臻 | 曾通 咸山臻宕江梗 | | 咸山臻宕江梗 |
| | | 2 | ② | 咸深 | | 曾通 咸深山臻宕江梗通 | | 咸山臻宕江梗 |
| | 2 | 1 | | | | 深臻 臻梗通 | | 咸山宕江臻梗通 |
| | | 2 | | | | 深臻曾 宕江通 | | 咸山|
| | | 3 | ① | | 深臻曾 | 宕江通 梗 | | 咸山|
| | | 3 | ② | | 深臻曾 | 宕江通 梗 | | 咸山|
| | | 4 | ① | | 深臻曾 | 深臻曾梗通 梗 | | 咸山宕江 |
| | | 4 | ② | | 深臻曾 | 通 梗 | | 咸山宕江 |
| | | 5 | ① | | 通 | 宕江 梗 | | 咸山 |
| | | 5 | ② | | 深臻曾 | 通 梗 | | 咸山 |
| | | 6 | ① | | 深臻曾梗 | 宕江 梗 | | 深臻曾梗 |
| | | 6 | ② | | 咸山臻梗 | 通 梗 | | 咸山宕江梗 |

107

### ◆ 中古阳声韵韵尾在现代汉语方言中的读音类型

续表

| 大类 | 次大类 | 小类 | 组 | m | n | ŋ | ã | a |
|---|---|---|---|---|---|---|---|---|
| 六 |  | 1 | ① |  | 深臻曾 | 通 | 宕江 | 咸山 |
|  |  |  | ② |  | 深臻曾 | 宕江 梗 | 咸山 梗 | 咸山 |
|  |  |  | ③ |  | 咸山 梗 | 通 | 梗 | 宕江 |
|  |  |  | ④ |  | 深臻曾 | 通 | 宕江 | 咸山 |
|  |  |  | ⑤ |  | 深臻曾 | 通 | 咸山 | 咸山 |
|  |  | 2 | ① |  |  | 深臻曾梗通 | 咸山 | 宕江 |
|  |  |  | ② |  |  | 深臻曾梗通 | 咸山 | 咸山 |
|  |  |  | ③ |  | 深臻曾梗通 |  | 宕江 | 宕江 |
|  |  |  | ④ |  |  | 深臻曾通 | 梗 | 咸山 |
|  |  | 3 | ① |  |  | 深臻曾通 | 梗 | 咸山 |
|  |  |  | ② |  |  | 深臻曾通 | 咸山 梗 | 宕江 |
|  |  |  | ③ |  | 深臻曾通 梗 |  | 深臻曾通 梗 | 咸山 |
|  |  |  | ④ |  |  | 深臻曾通 | 梗 | 咸 |
|  |  | 4 | ① |  |  | 深臻曾通 | 山 | 山 |
|  |  |  | ② |  |  | 通 | 江梗 | 咸梗 |
|  |  | 5 |  |  | 深臻曾 |  |  | 咸山 |

3 韵尾演变分摄讨论

续表

| 大类 | 次大类 | 小类 | 组 | m | n | ŋ | ã | a |
|---|---|---|---|---|---|---|---|---|
| 六 | | 6 | ① | | 深曾 | 臻梗 | 宕江 梗 | 咸山 臻 |
| | | | ② | | 深曾 臻梗 | 梗 | 宕江 深曾 臻梗 | 咸山 臻 |
| | | | ③ | | 深曾 臻梗 | | 咸山 宕江 深曾 臻梗 | 咸山 臻梗 |
| 七 | | 1 | | | 通 | | 深臻 宕江 曾通 咸山 梗 | 咸山 臻梗 |
| | | 2 | | | 通 宕江 | | 深臻 曾通 | 宕江 (九摄) 咸山 臻梗 |
| 八 | | | | | | | | |

109

# 4 古阳声韵韵尾演变的形式、途径和条件、动因

从前两章的叙述可见,中古阳声韵韵尾到了现代汉语方言发生了很大的变化,个别方言甚至完全丢失鼻音的成分,读为口元音。这些变异不是杂乱无章而是有规律可循的。中国地域广阔,分布着多种方言,各种方言鼻音韵尾的演变往往有着自己的途径。而在途径的背后,隐藏着发展、演变的动因,下文将通过对形式、途径的分析,探讨促使鼻音韵尾演变的各种因素。

讨论韵尾演变的途径,前提是了解演变的起点和终点。演变的起点,只是一个相对的起点,本文选取以《切韵》系韵书为代表的中古横切面;终点是现代汉语方言。《切韵》系韵书都只有类的分合没有体现具体的音值,为了便于和现代汉语方言比较,具体音值使用王力先生《汉语史稿》中的《广韵》阳声韵韵母字音拟测[①]。拟音如下:

咸开一 覃感勘 ɒm　　　山开四 先铣霰 ien
咸开一 谈敢阚 am　　　山合一 桓缓换 uɑn

---

[①] 王力:《汉语史稿(重排本)》,北京:中华书局,2004年,63—65页。

## 4 古阳声韵韵尾演变的形式、途径和条件、动因

咸开二 咸赚陷 ɐm　　　　　山合二 山○䙉 wæn
咸开二 衔槛鉴 am　　　　　山合二 删潸谏 wan
咸开三 盐琰艳 iɛm　　　　　山合三 仙狝线 iwɛn
咸开三 严俨酽 iɐm　　　　　山合三 元阮愿 iwɐn
咸开四 添忝㮇 iem　　　　　山合四 先铣霰 iwen
咸合三 凡范梵 iwɐm　　　　臻开一 痕很恨 ən
深开三 侵寝沁 iěm　　　　　臻开二 臻○○ ien
山开一 寒旱翰 ɑn　　　　　臻开三 真轸震 iěn
山开二 山产䜾 æn　　　　　臻开三 欣隐焮 iən
山开二 删潸谏 an　　　　　臻合一 魂混慁 uən
山开三 仙狝线 iɛn　　　　　臻合三 谆准稕 iuěn
山开三 元阮愿 iɐn　　　　　臻合三 文吻问 iuən
宕开一 唐荡宕 ɑŋ　　　　　梗开三 清静劲 iɛŋ
宕开三 阳养漾 iaŋ　　　　　梗开四 青迥径 ieŋ
宕合一 唐荡宕 uɑŋ　　　　　梗合二 庚梗映 wɐŋ
宕合三 阳养漾 iwaŋ　　　　梗合二 耕○诤 wæŋ
江开二 江讲绛 ɔŋ　　　　　梗合三 庚梗映 iwɐŋ
曾开一 登等嶝 əŋ　　　　　梗合三 清静○ iwɛŋ
曾开三 蒸拯证 iəŋ　　　　　梗合四 青迥○ iweŋ
曾合一 登○○ uəŋ　　　　　通合一 东董送 uŋ
梗开二 庚梗映 ɐŋ　　　　　通合一 冬○宋 uoŋ
梗开二 耕耿诤 æŋ　　　　　通合三 东○送 iuŋ
梗开三 庚梗映 iɐŋ　　　　　通合三 钟肿用 iwoŋ

中古鼻音韵尾三分的局面存在于南部的粤、客等方言，广州方言阳声韵九摄的读音是典型的代表：

111

◆ 中古阳声韵韵尾在现代汉语方言中的读音类型

| 三咸 | 心深 | 山山 | 新臻 | 糖宕 | 讲江 | 升曾 | 星梗 | 用通 |
|---|---|---|---|---|---|---|---|---|
| sam | sɐm | san | sɐn | tʰɔŋ | kɔŋ | sɐŋ | sɛŋ/sen | joŋ |

如上文所述，像广州方言这样保留中古 [m]、[n]、[ŋ] 三个鼻音韵尾的方言是少数，更多的方言鼻音韵尾发生了变化。这些变化就是鼻音韵尾到鼻化元音和口元音的演变，下文叙述演变的途径、条件和动因。

## 4.1 鼻音韵尾演变的形式和途径

中古阳声韵韵尾在现代汉语方言中的读音有鼻音韵尾、鼻化元音和口元音三类音值，鼻音韵尾又包括 [m]、[n]、[ŋ] 三个，这些具体的音值组合成了多种多样的读音类型。把这些不同的类型拼合起来，可以发现鼻音韵尾的消变规律，如下：

$$(m \to n \leftrightarrows ŋ) \to ã \to a$$

中古阳声韵的韵尾是鼻音，到了现代汉语方言，鼻音韵尾的数目减少了，除了鼻音韵尾内部的合并，部分变成鼻化元音，部分变成口元音，所体现的正是鼻音在音节中的地位逐渐减弱甚至最终消失的过程。由此可见，鼻音韵尾的演变有两种途径：一是鼻音韵尾的归并，二是鼻音韵尾的弱化和消失。

### 4.1.1 鼻音韵尾的归并

鼻音韵尾的归并是指从鼻音韵尾到鼻音韵尾的演变，包括第二章分类中的第二大类和第三大类。中古鼻音韵尾的归并可以总结如下：

## 4 古阳声韵韵尾演变的形式、途径和条件、动因

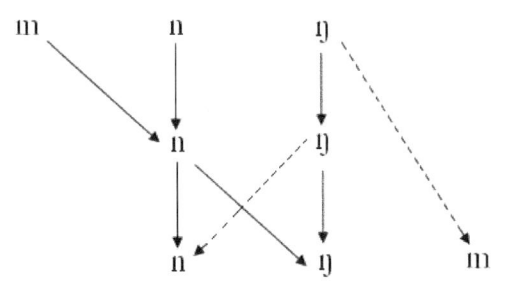

**图 4.1　鼻音韵尾归并的途径**

注：实线表示主要的演变，虚线表示次要的演变。

图 4.1 的演变可以转述如下：

**表 4.1　鼻音韵尾归并的种类**

| 类 | 演变 | 方言韵尾局面 | 代表点 |
|---|---|---|---|
| ① | m → n | n ŋ | 北京 |
| ② | m (ŋ) → n | n ŋ | 武汉 |
| ③ | m n → ŋ | ŋ | 福州 |
| ④ | m ŋ → n | n | 桐城 |
| ⑤ | n → ŋ | m ŋ | 揭东 |
| ⑥ | ŋ/n → m | m n ŋ | 婺源 |

①类 [-m] 到 [-n] 的演变，带来的是 [n]、[ŋ] 并存的鼻音韵尾局面，以北京方言为代表。这是五类演变中最主要的一种，北方地区绝大多数方言都属于这一类（部分方言进一步演变为鼻化元音或口元音）。②类是 [-m] 和部分 [-ŋ] 演变为 [-n]，带来的同样是 [-n]、[-ŋ] 并存的局面，以武汉方言为代表。③类 [-m]、[-n] 到 [-ŋ] 的演变，带来的是 [ŋ] 单一鼻音韵尾格局，以福州方言为代表。④类 [-m]、[-ŋ] 到 [-n] 的演变带来的是 [n] 单一韵尾格局，这一类演变数目较少，仅有桐城 1 个方言点。

113

### ◆ 中古阳声韵韵尾在现代汉语方言中的读音类型

⑤⑥类的演变往往不是单纯的鼻音韵尾归并，而是同时存在鼻音韵尾的弱化和消失，韵尾类型比较复杂。在此将韵尾的归并与其他四类一并讨论，鼻音韵尾的弱化、消失暂不分析。

六类演变中，①③④⑤类归并是无条件的，是完全合并，没有例外：①类是咸深（[-m]）与山臻合并为 [-n]；③类的演变是咸深（[-m]）山臻（[-n]）与宕江曾梗通合并为 [-ŋ]；④类的演变则是咸深（[-m]）宕江曾梗通（[-ŋ]）与山臻合并为 [-n]；⑤类的演变是山臻（[-n]）与宕江曾梗通合并为 [-ŋ]。②类的演变咸深（[-m]）与山臻合并为 [-n] 是无条件的，[-ŋ] 的并入则是有条件的，并入山臻的一般是曾梗摄，宕江通多保留 [-ŋ] 韵尾。⑥类的演变是有条件的，主要元音是重要的影响因素，方言点不多但分布比较广，下文详细讨论。

鼻音韵尾归并的方向，一般是按鼻音的发音部位从前往后。即 [-m] 最容易消失，而 [-ŋ] 最为稳固，往往最后弱化、消失。在有两个鼻音韵尾的汉语方言中，一般是 [-n]、[-ŋ] 共存，而只有一个鼻音韵尾的汉语方言则常常是 [-ŋ] 多于 [-n]，仅有 [m] 韵尾的类型未见于现代汉语方言。

从图 4.1 可见，鼻音韵尾归并为 [-ŋ] 是最主要的演变，这一方向性与陈渊泉（1972）的总结[①] 一致。这种从前往后的方向与鼻音韵尾各自的特点有关系。张吉生（2007）《汉语韵尾辅音演变的音系理据》[②] 认为"现代汉语各方言不同的韵尾辅音多数是中古汉语韵尾辅音由于历时磨损而引起的非口腔化的结果"，处

---

①Matthew Y. Chen, Nasals and Nasalization in Chinese: Exploration in Phonological Universals, Berkeley: Dissertation of Doctor of The University of California Berkeley, 1972, p.102.

②张吉生：《汉语韵尾辅音演变的音系理据》，《中国语文》2007 年第 4 期，291—297 页。

4 古阳声韵韵尾演变的形式、途径和条件、动因

于韵尾位置的塞音和鼻音都是如此。文中提到，[m] 的辅音性大于 [ŋ]，相反，[ŋ] 的元音性大于 [m]。因而，在声母的位置（更需要辅音性音段的环境）[m] 是无标记的而 [ŋ] 是有标记的，在韵尾的位置则 [ŋ] 是无标记的而 [m] 是有标记的。因而 [m] 出现在声母的位置更自然、更普遍，而 [ŋ] 出现在韵尾的位置也更自然、更普遍。[n] 则具有两面性，因而在韵尾的位置有可能最先丢失，也有可能顽固保留。张先生提到的标记理论得到了其他语言的支持，汉语方言的鼻音韵尾局面也与此相符。如此看来，[-m] 较强的辅音性使其与元音韵腹组合时粘合性较差，容易弱化、脱落。[-ŋ] 自身较强的元音性则促使其与元音韵腹组合时具有较强的粘附性，因而最不容易弱化、脱落。出于语言发展的简约性需要，韵尾鼻音出现了归并，而在 [-m]、[-n]、[-ŋ] 中，[-ŋ] 与元音组合的强粘附性使其在竞争中处于有利地位，并在大多数的方言中保留了下来。

4.1.1.1 m → n, n → ŋ, m n → ŋ

把这三类放在一起来谈，因为 n → ŋ 的演变往往也蕴含了 m → n 的演变。北京所代表的①类演变 m → n，如表 3.6 所示，咸摄无条件地与山摄合并，深摄无条件地与臻摄合并。揭东所代表的⑤类演变 n → ŋ 分布区域较小，涉及的方言数目也较少，主要是粤东地区的闽南方言。这一类方言咸深摄以保留 [-m] 为主，咸摄部分字读鼻化元音，而收 [-n] 的山臻摄除山摄部分读鼻化元音外，都与宕江曾梗通等的 [ŋ] 韵尾合并。所以，这些方言的鼻音韵尾只有 [m] 和 [ŋ]。以揭东为例，山臻摄读鼻音韵尾的字都收 [ŋ]，与宕摄等合并，如下：

| 兰山 | 聋通 | 全山 | 装宕 | 新臻 | 升曾 | 门臻 | 床宕 |
|---|---|---|---|---|---|---|---|
| laŋ | laŋ | tsʰuaŋ | tsuaŋ | sɛŋ | sɛŋ | muŋ | tsʰuŋ |

◆ 中古阳声韵韵尾在现代汉语方言中的读音类型

揭东方言山臻从 [-n] 到 [-ŋ] 的演变是一个渐进的过程，这一演变在揭东境内的大部分地区已经完成，只有与客家方言交界的新亨地区还未最终完成，山臻摄今读合口呼韵母的字有 [-n] 和 [-ŋ] 的自由变读，上述"全"和"装"的读音正是如此。

③类的演变 m、n → ŋ 是两个鼻音韵尾归并为一个鼻音韵尾，这就有一个先后还是同时的问题，到底是两个鼻音韵尾同时变化，还是一个先变另一个再变。通过这两类方言与其周边方言的比较，可以发现，这一演变是有先后顺序的，确切地说应该是：m → n → ŋ。

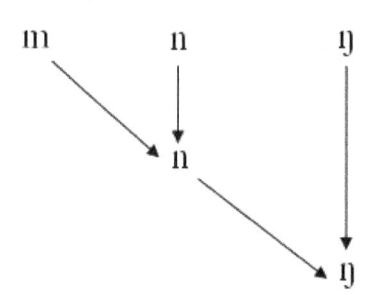

图 4.2　鼻音韵尾归并为 [-ŋ]

福州方言中，中古阳声韵九摄都是 [-ŋ]，无法看出各摄演变的先后顺序，但是，结合福建境内，尤其是同处闽北的方言来看，演变的先后顺序就清晰了。福建境内的闽南方言（文读）咸摄开口、深摄大多保留 [-m]，咸摄合口则收 [-n]，山臻摄以保留 [-n] 为主，韵尾类型与中古相差不远，与闽北地区差别较大。如果从闽南的方言直接到福州方言，[-m]、[-n] 到 [-ŋ] 的演变仍很难说清。结合闽北地区邵武的韵尾类型，中古（或闽南方言）到福州方言的演变途径便清楚了。以闽南方言（漳州）和邵武为参照，可以推测福州方言 [-m]、[-n] 与 [-ŋ] 的合并途径如下：

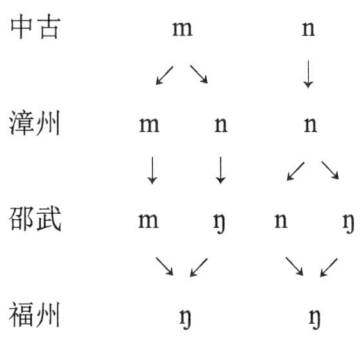

## 4 古阳声韵韵尾演变的形式、途径和条件、动因

```
中古        m        n
           ↙ ↘      ↓
漳州        m   n    n
           ↓   ↓   ↙ ↘
邵武        m   ŋ    n   ŋ
           ↘ ↙      ↘ ↙
福州           ŋ        ŋ
```

**图 4.3　福州方言鼻音韵尾的归并途径**

如上图所示，漳州和邵武的类型很好地说明了从最初的 [-m]、[-n] 到 [-ŋ]、[-ŋ] 必须经过①类演变，即 m → n 的演变。从理论上说，③类 m、n → ŋ 的演变也可能是 [-m] 和 [-n] 各自与 [-ŋ] 合并，但是，福建境内（甚至是境外）的方言，未见咸深摄 [-m] 演变为 [-ŋ] 而山臻摄完整保留 [-n] 的，咸深摄若变 [-ŋ]，山臻摄也必然出现同样的演变，不存在咸深摄收 [-ŋ]（或 [-m]、[-ŋ]）而山臻摄只收 [-n] 的鼻音韵尾类型。这也就是说，咸深摄 m → n 在前，咸深山臻摄合并为 [-n] 后出现 n → ŋ 的演变。

930 个方言点中，广东兴宁的韵尾类型是：咸深宕江通摄收 [-ŋ]，山臻曾摄收 [-n]，梗摄收 [-n]、[-ŋ]。这似乎是 [-m] 到 [-ŋ] 不一定经过 [-n] 的反例。不过，应该说明的是，兴宁方言咸深摄所调查的 27 字中，仍有"参"[sien] 一字收 [-n]，把韵尾统一为 [-ŋ] 只是考虑到绝大多数字的韵尾类型。"参"的残留说明兴宁方言咸深摄的韵尾演变是 m → n → ŋ，而 n → ŋ 的演变咸深摄字比山臻摄字走得更快。可以预知的下一步是，山臻摄甚至曾摄和梗摄部分字的 [-n] 也会像咸深摄曾经的 [-n] 一样向 [-ŋ] 发展。

### 4.1.1.2　m、ŋ → n

②④类 m、ŋ → n 的演变涉及 m → n 和 ŋ → n 的问题。前

◆ 中古阳声韵韵尾在现代汉语方言中的读音类型

者的演变得到了许多方言的支持，比较好理解，而后者的演变在现代汉语方言中不占优势，条件性比较强。ŋ→n 的演变尽管与大趋势 n→ŋ 的演变相反，但从历时的文献和共时的方言来看，都有所反映（参看第三章第三节）。中古曾梗摄韵尾在西南官话、江淮官话、吴语和客家方言中常常与（深）臻摄韵尾合并为 [-n]，这种合并是 ŋ→n 演变最常见的情况。当然，这种演变往往是有条件的，就是以央、高元音为韵腹。数据库中，曾摄字共 4650 个，其中 1918 个收 [-n]，梗摄字共 21390 个，5786 个收 [-n]，两摄共 7704 个收 [-n]。这些字中，以央元音或高元音 [i]、[y]、[e]、[ɐ]、[ɛ][①]、[ə] 为韵腹的具体数目及所占比例如下：

表 4.2　曾、梗摄央、高元音韵腹的数目及具体比例

| 主要元音 | 曾摄 数目 | 曾摄 比例（%） | 梗摄 数目 | 梗摄 比例（%） |
|---|---|---|---|---|
|  | 1918 | 100 | 5786 | 100 |
| i | 402 | 20.96 | 2941 | 50.83 |
| y | 0 | 0 | 68 | 1.18 |
| e | 365 | 19.03 | 692 | 11.96 |
| ɐ | 12 | 0.62 | 29 | 0.50 |
| ɛ | 177 | 9.23 | 197 | 3.40 |
| ə | 864 | 45.05 | 1529 | 26.43 |
| 总计 | 1820 | 94.89 | 5456 | 94.30 |

上表的数据可见，央、高元音在曾、梗摄收 [-n] 的字中确实占有绝对的优势。梅州<sub>客家话</sub>、武汉<sub>西南</sub>、南京<sub>江淮</sub>、嵊州<sub>吴语</sub>四地

---

① 在此把 [ɛ] 按央元音处理。

## 4 古阳声韵韵尾演变的形式、途径和条件、动因

的方言里，曾梗摄收 [-n] 的音节主要元音都包括在上述几个元音之中，如下：

表 4.3 梅州等地曾梗摄央、高元音韵腹的字数

| 主要元音 | 梅州 | 武汉 | 南京 | 嵊州 |
| --- | --- | --- | --- | --- |
| i | 1 | 13 | 0 | 13 |
| e | 5 | 0 | 1 | 0 |
| ə | 1 | 13 | 12 | 5 |

除曾梗摄以外，有些方言宕江曾梗通五摄韵尾都与山臻摄合并为 [-n]，加上咸深摄韵尾的并入，这些方言只有 [-n] 一个鼻音韵尾，上述提到的桐城是典型的代表。在桐城方言中，中古的 [m]、[ŋ] 两个韵尾都无条件地与 [n] 韵尾合并，桐城方言的鼻音韵母有 12 个：[-an]、[-en]、[-ən]、[-on]、[-ian]、[-ien]、[-iən]、[-uan]、[-uən]、[-ɥan]、[-ɥen]、[-ɥən]。从桐城方言来看，元音的舌位高低不起任何作用，ŋ→n 转化是无条件的。但像桐城这样的方言是少数，更多的方言只是部分的 [-ŋ] 以央、高元音为条件演变成了 [-n]。

第三章谈到曾梗摄的 [-ŋ] 与大量 [-n] 合并的时间大概是在宋朝，尤其是南宋时期，而咸深摄 [-m] 与 [-n] 合并是明朝（15、16 世纪）的事情，因此就 [-m]、[-ŋ]（主要是曾梗摄）与 [-n] 合并的先后顺序来说，应该是 [-ŋ] 在前而 [-m] 在后。不过，像桐城这样 [-ŋ] 全部并入 [-n] 的情况，顺序的先后就不大好推测了。

4.1.1.3 ŋ → m

上述 m → n、n → ŋ 的转化从发音部位来说都是从前往后的转移，一般认为这是汉语方言鼻音韵尾演变的重要途径，而 [-ŋ] 向 [-m] 转变似乎违背了上述规律。尽管 [-m] 的消变是汉语方言

◆ 中古阳声韵韵尾在现代汉语方言中的读音类型

重要的语音现象，但是，在现代汉语方言中，ŋ→m 的现象并不只是极个别方言的现象。因而，应该重视这一"例外"的演变。数据库共有 13 个方言点存在 ŋ→m 转化的现象，如下：

安徽：铜陵县

福建：清流、三明、永安

湖南：衡山、嘉禾

江西：婺源

云南：华宁

浙江：东阳、淳安、磐安、寿昌、遂安旧

13 个方言点宕江梗通四摄（曾摄无收 [-m] 的现象）共 319 字收 [-m]，有 [-am]、[-ɑm]、[-ʌm]、[-ɔm]、[-əm]、[-om]、[-iam]、[-iɑm]、[-iʌm]、[-mɔi]、[-mei]、[-iom]、[-m] 等 13 个韵母。如下：

表 4.4　宕摄等 [-m] 韵母的情况 ①

| 地点 | am | ɑm | ʌm | ɔm | əm | om | iam | iɑm | iʌm | mɔi | mei | iom | m |
|---|---|---|---|---|---|---|---|---|---|---|---|---|---|
| 铜陵县 |  |  |  |  |  | 26 |  |  |  |  |  | 2 |  |
| 清流 |  |  |  |  |  | 23 |  |  |  |  |  | 7 |  |
| 三明 | 8 |  |  |  |  | 10 |  |  |  |  |  |  | 4 |
| 永安 |  | 8 |  |  | 6 |  |  | 9 |  | 3 |  |  | 5 |
| 衡山 |  |  |  |  |  | 21 |  |  |  |  |  | 5 |  |
| 嘉禾 |  |  |  |  |  | 13 |  |  |  |  |  | 7 |  |
| 婺源 |  |  | 22 |  |  |  |  |  | 4 |  |  |  |  |
| 华宁 |  |  |  |  | 1 |  |  |  |  |  |  |  |  |
| 东阳 |  |  |  |  |  | 22 |  |  |  |  |  | 7 |  |

---

① 华宁梗摄"横"一字收 [-m]，因为臻摄也存在收 [-m] 的情况，所以不作例外处理。[m] 除自成音节，也与声母相拼（永安实际音值为 [-ᵘm]），仍作 [-m] 韵尾处理。

## 4 古阳声韵韵尾演变的形式、途径和条件、动因

续表

| 地点 | am | ɑm | ʌm | ɔm | əm | om | iam | mai | iʌm | mei | mɛi | iom | m |
|---|---|---|---|---|---|---|---|---|---|---|---|---|---|
| 淳安 |  |  |  | 22 |  |  |  |  |  | 8 |  |  |  |
| 磐安 |  |  |  | 9 | 1 |  |  |  |  | 1 |  |  |  |
| 寿昌 |  |  |  | 32 |  |  |  |  |  | 3 |  |  |  |
| 遂安旧 |  |  |  | 25 |  |  |  |  |  | 5 |  |  |  |

可见，后元音是 [-ŋ] 向 [-m] 转化的重要条件。上表中，[o]、[ɔ] 是两个最重要的主要元音，数目最多分布最广，且同一韵母常常分布在不同的方言之中，这表明舌面后、圆唇元音在 ŋ→m 转化的过程中应该占有比较大的优势。后元音鼻化以及后元音与 [-ŋ]、[-m] 组合，音色比较接近。汉语方言中，通摄韵尾多保持 [-ŋ] 尾而未变其他，这与后元音与 [-ŋ] 结合的稳定性有关。而同是与后元音组合的 [-ŋ]，上述 13 个方言点却演变成了 [-m]，其动因的解释只能推测是语音演变的必然性所致：一方面要变，另一方面要保持鼻音的色彩，于是通过替换为另一鼻音韵尾的方式来完成。当然，主要元音的圆唇性也是这一转变的重要因素。表 4.4 中，[o]、[ɔ] 最常见，这一元音的圆唇色彩对韵尾产生了同化作用，使 [-ŋ] 向双唇的 [-m] 转化。婺源、淳安、寿昌、遂安旧属于徽语区，据赵日新（2003）《中古阳声韵徽语今读分析》[①] 的分析，"徽语 [-m] 尾不大可能是上古音的遗留，而与元音的后圆唇化有着密切的关系"。赵先生进一步以寿昌方言"叔儿叔儿 [ɕiɔm⁵⁵ɕiɔm⁵⁵]"的儿化特例说明 [-m] 尾的出现与"叔"的韵母 [ɔ] 有关。

后、圆唇元音的同化作用从音理上是比较好理解的，然而，三明和永安市的 [-m] 韵母韵腹却是低元音和央元音，这似乎很

---

① 《中国语文》2003 年第 5 期，444—448 页。

◆ 中古阳声韵韵尾在现代汉语方言中的读音类型

难用这一条件来解释。

永安的 [ɑm]、[iɑm] 来自宕江摄，[əm]、[iəm] 来自通摄。周长楫《永安话的 -m 尾问题》[①]分析了永安话的 [-m] 尾，指出"可以推想早期永安话宕摄阳声韵的元音部分是个复合元音，主要元音后还有个高元音韵尾，后面才是鼻音韵尾 -ŋ"。周先生的两点旁证是永安话中宕摄入声字的 [aɯ] 和 [iaɯ]，以及沙县宕摄的 [ouŋ] 韵母。"-ŋ 尾强势促使韵母 au 鼻化，aũ 的强势，其韵尾 ũ 又促使鼻韵尾 -ŋ 的同化并合二为一成 -m 尾……永安话 iam 的实际音值是 iɐm 和 iam 之间，我们处理为 iam[②]，它由 iauŋ 的模式变为 iam，韵尾 u 和 ŋ 的同化合一为 -m……"。通摄收 [-m] 尾的情况，根据周先生的分析，早期形式也是一个复合元音（元音韵尾可能是 [-u-] 或 [-y-]）加鼻音韵尾 [ŋ]，演变的过程与宕摄相同。周先生的分析是很有道理的，不过，应该补充说明的一点是，鼻化在这一过程中的重要作用。据我们的补充调查，永安 [-ŋ] 尾前的元音带有浓重的鼻化（[ɑ] 元音更是如此），与其他方言鼻尾前元音轻微鼻化不同，可以用 [-ɑ̃ⁿ] 来表示。永安方言这种浓重的鼻化容易混淆韵尾鼻音的音色，进一步发展，有可能如周先生所说高元音韵尾 [ũ] 和 [ŋ] 合为 [m]，也有可能直接使鼻音韵尾丢失而读鼻化元音，咸摄开口一等部分收 [-m]（[ɑm]、[m]）部分读鼻化元音（[õ]）就是这两类发展的体现。后、圆唇元音的同化作用也适用于永安方言，只不过目前共时的层面已经经过了这一同化阶段进一步向前发展了。三明与永安毗邻，方言特征接近，演变情况应与永安类似，不再赘述。

---

① 《中国语文》1990 年第 1 期，43—45 页。
② 本文的记音是 [iɑm]。

### 4 古阳声韵韵尾演变的形式、途径和条件、动因

#### 4.1.1.4 n → m

上文 ŋ → m 转化部分谈到的 13 个方言点中，部分方言点在宕江曾梗通摄收 [-m] 之外，山、臻摄也存在收 [-m] 的现象。其中，华宁臻摄合口部分字收 [-m]，永安山摄字部分收 [-m]，嘉禾山开一、合一收 [-m]。此外，海南的昌江和陵水山臻摄也有收 [-m] 的现象。

表 4.5 山臻摄向 [-m] 的转化[①]

| 地点 | 山 | 臻 |
| --- | --- | --- |
| 华宁 |  | um3 |
| 永安 | um11 m3 |  |
| 嘉禾 | om13 |  |
| 昌江 | am6 iam1 im2 um1 | em2 im1 um5 |
| 陵水 | am3 |  |

在此先把这一演变假设为 n → ? → m 三个阶段，因为从各方言的共时平面已经很难看出其中的演变过程，中间这一阶段是否有其他的韵尾读音类型有待进一步研究。从以上五点山臻摄收 [-m] 的情况来看，主要元音仍以高元音居多，昌江和陵水两个海南闽语点则有低元音 [a]。几个方言点山臻摄都有自己的读音类型，华宁 [-m]、[-n]、[-ã]，永安 [-m]、[-ŋ]、[-ã]，嘉禾 [-m]、[-n]、[-ŋ]、[-a]，很难看出演变为 [-m] 之前的共性。海南的两闽语点，尤其是昌江，收 [-m] 尾的元音比较多，规律性不清楚，暂不讨论。

（1）华宁 [-um] 出现在臻摄合口，相应的其他韵母主要是 [uɛ̃]，而"孙、春"二字有 [-uɛ̃] 和 [-um] 两读，这可以视为鼻化元音到 [-m] 的过渡阶段，撇开鼻化元音前的演变来说，可以把

---

① 韵母后的数字是出现这一韵母的字数。

◈ 中古阳声韵韵尾在现代汉语方言中的读音类型

这一演变假设为：

$$uẽ → uẽ/um → um$$

华宁读 [-m] 的字并不多，所调查的总共就 4 个字，这是鼻尾弱化过程中的短暂混乱现象还是新的韵尾类型出现的先声，有待方言的进一步发展来证明。

（2）上文分析永安方言的时候，提到了鼻化在 [-ŋ] 向 [-m] 转化中的重要作用。在 n → m 中，元音鼻化的作用仍是不可忽视的。永安方言山摄收 [-m] 的韵母是 [-um] 和 [-m]，后者的实际音值是 [-ᵘm]。从韵母的形式来看，比较合理的解释是主要元音影响韵尾导致韵尾向 [m] 转变。但从东北与之相邻的沙县方言的韵尾情况来看，元音鼻化仍然是一个重要的过渡阶段。永安山摄的 [-m] 出现在山开一、开二、合一、合二、合三（开一、合一、合二所占比例最大），沙县相应的韵母是鼻化元音：

表 4.6　永安山摄 [-m] 韵母与沙县的相应韵母

| 地点 | 汗 山开一 | 山 山开二 | 暖 山合一 | 关 山合二 | 万 山合三 |
|------|------|------|------|------|------|
| 永安 | xm | sum | num | kum | m |
| 沙县 | xɔ̃ | sɔ̃ | nɔ̃ | kɔ̃ | uɔ̃ |

仅从上表无法知道永安 [-m] 韵母的早期形式是不是像沙县这样的鼻化元音，需要进一步考察周边方言的韵尾读音类型及永安方言内部的其他韵尾类型才能得出最终的结论。永安方言山摄的另外两个韵尾读音类型是 [-ŋ] 和鼻化元音，其中四等的"烟"有 [iɛiŋ] 和 [ã] 两读，而在以福州为代表的闽东、闽北的方言中，中古阳声韵九摄的韵尾读音类型只有 [-ŋ]，不难看出永安方言的鼻化元音是从 [-ŋ] 韵母发展而来。永安方言山摄韵母主要是 [ɛiŋ]、[iɛiŋ]、[yɛiŋ]、[ĩ]、[um]，山开一的"兰"和山合一的"满"韵母比较特别：

## 4 古阳声韵韵尾演变的形式、途径和条件、动因

表4.7 永安和沙县的"兰""满""炭""官"

| 地点 | 兰 山开一 | 满 山合一 | 炭 山开一 | 官 山合一 |
|------|----------|----------|----------|----------|
| 永安 | lõ | muĩ | tʰum | kum |
| 沙县 | nɔ̃ | mɔ̃ | tʰɔ̃ | kɔ̃ |

"兰炭"属山开一,"满官"属山合一,四字在沙县的韵母与同等的其他字完全一致,都是 [-ɔ̃],而在永安则出现了分歧。永安方言山合一绝大多数字韵母是 [-um],只有"满"读 [muĩ],"满"在沙县相应的读音是 [mɔ̃],按照对应的规律,永安方言的"满"应读 [mum],但由于声母的异化而保持在鼻化元音的状态。永安方言山开一以读 [-m] 和 [-um] 为主,"兰"例外,这一例外形式正好与沙县的 [nɔ̃] 一致,可以推测 [-m] 韵的早期形式应该是像沙县这样的 [-ɔ̃] 或者 [õ]。以山摄中古的 [-n] 为出发点,可以推测 [-m] 的演变过程如下:

$$-n \to -\eta \to -\tilde{o} \to -m$$

永安和华宁的例子都说明了鼻化元音是 [-n]/[-ŋ] 向 [-m] 转化的可能过渡阶段,但也不能肯定地说这是一个必然的过渡阶段,因为在现代汉语方言通摄读 [-m] 尾的方言中,不是所有的方言都能通过 [-m] 和鼻化元音并存来分析 [-m] 的出现,江西婺源、浙江寿昌、淳安等正是如此。而不同的鼻音与后、高元音组合时音色的相似性也许可以使 ŋ → m 的转化省去鼻化元音这一过渡。

(3)再看嘉禾方言的情况。[om] 是嘉禾 [-m] 尾的唯一韵母,出现在咸摄、山摄、宕摄和江摄。咸摄的 [-m] 是存古性质的,而山摄 [-m] 的出现与宕江摄有所不同。范俊军(2000)《湘南嘉禾土话的几个语音现象及其成因探析》[①]提到嘉禾(广发土话)

---
① 范俊军:《湘南嘉禾土话的几个语音现象及其成因分析》,《湘潭大学社会科学学报》2000年第4期,94—99页。

山摄的 [-m] 尾，指出："咸、山摄中古主元音同为 a，只是韵尾不同。现代许多方言中，咸摄和山摄合流，韵尾变为 -n，即咸摄并入山摄。如前所述，广发话咸、山摄三等和四等韵由于介音 i 的作用而使韵尾向 -n 合流，即咸摄并入山摄；而一等和二等韵则韵尾变为 -m，山摄并入咸摄。这样一来，咸、山摄韵尾的分合各占一半，从而达到平衡，这是语言系统对语音演变的均衡作用。咸山韵尾向 -m 合流经历了这样一个过程：咸摄字由于音节内 -m 尾的圆唇作用，主元音 a 舌位后移被同化为圆唇元音 o，再由于类推的原因，山摄字主元音变为 o，主元音进一步影响韵尾，最终达到合流。""宕摄韵尾变为 -m，是主元音影响辅音韵尾。宕摄主元音是圆唇后元音 o，由于元音的作用，韵尾也变成了圆唇辅音 -m。"嘉禾宕摄等的 [-om] 韵母是主要元音影响韵尾的结果，而山摄的 [-om] 则是 [-n]、[-m] 合流后影响主要元音的结果。尽管共时的状态都是后、高圆唇元音韵腹，这一演变与华宁、永安的情况却是不一样的，与上述方言 [-ŋ] 向 [-m] 转变也是不同的，嘉禾方言是 [-n] 向 [-m] 转化的一个特例。

### 4.1.2 鼻音韵尾的弱化和消失

鼻音韵尾的归并展现了从中古三分的鼻音韵尾格局，到现代汉语方言两分或者单一鼻音韵尾格局的演变途径。除了归并的演变外，弱化也是中古鼻音韵尾发展演变的重要规律，弱化可能发生在归并之后，也可能与归并同时进行。鼻音韵尾常常会使前面的元音带上鼻化的色彩，这种鼻化色彩一般是不区别意义的，当鼻音韵尾逐渐弱化后，元音的鼻化会逐渐代替鼻音韵尾在音节中的地位，最终在鼻音韵尾丢失时起到补偿鼻音的作用，并与元音结合成为新的音位。

## 4 古阳声韵韵尾演变的形式、途径和条件、动因

#### 4.1.2.1 弱化和消失的形式和途径

方言调查所记录的语音是一个静态的语音系统，是历史发展中的某一个横切面，因此，单一方言的语音系统只能体现鼻音韵尾发展的某个阶段，无法展示整个演变的过程。不过，鼻音韵尾发展演变的过程可以通过中古阳声韵韵尾在某一区域不同方言的读音类型来重建。可以安徽的安庆、合肥、淮南以及浙江的嵊州、三门、汤溪六地为例，看看鼻音韵尾到鼻化元音和口元音的大致演变情况。

安徽三点同属江淮官话，阳声韵韵尾的今读类型有所不同，区别主要在于咸深山臻四摄。安庆咸深山臻都收 [-n]，合肥兼有 [-n] 和 [-ã]，淮南则四摄都读 [-ã]：

**表 4.8　合肥等三地咸深山臻摄的读音类型**

| 地点 | 衫 咸开二 | 山 山开二 | 心 深开三 | 新 臻开三 |
|---|---|---|---|---|
| 安庆 | ʃan | | ɕiən | |
| 合肥 | ʂã | | ɕiən | |
| 淮南 | sã | | ɕiã | |

浙江三点同属吴语，阳声韵韵尾的今读类型差别较大，咸深山臻摄嵊州有鼻音韵尾 (n) 和鼻化元音，三门有鼻化元音和口元音，汤溪则只有口元音：

**表 4.9　嵊州等三地咸深山臻摄的读音类型**

| 地点 | 衫 咸开二 | 山 山开二 | 心 深开三 | 新 臻开三 |
|---|---|---|---|---|
| 嵊州 | sæ̃ | | sin | |
| 三门 | sɛ | | ɕĩ | sɛ̃ |
| 汤溪 | so | | sei | |

127

◇ **中古阳声韵韵尾在现代汉语方言中的读音类型**

　　表4.8、4.9可见，除三门深、臻二分外，其他方言点都是咸、山和深、臻分别合并。表4.8中，安庆代表合并后的最初读音类型，都收[-n]；合肥在合并后进一步发展，咸山摄韵尾脱落、主要元音鼻化，深臻摄保留[-n]；淮南咸深山臻四摄的鼻音韵尾都脱落、主要元音鼻化。从安庆到合肥再到淮南，体现了阳声韵韵尾从鼻音到鼻化元音的发展演变。表4.9的情况与表4.8有所不同，咸山摄在鼻化元音的基础上演变为口元音，深臻摄则体现了从鼻音韵尾到鼻化元音再到口元音的演变。从安庆到汤溪，鼻音韵尾彻底变成了口元音，与古阴声韵字相混了。

　　中古阳声韵韵尾从鼻尾到鼻化元音、口元音，韵尾的鼻音性质发生了转移，丢失了自己的"独立"地位而成为主要元音的"附属"，进而丢失鼻化与中古的阴声韵字合并。这一变化应该有一个发展的过程，不过，方言调查研究往往只记录鼻尾和鼻化元音这两端，因而很难细致地分析鼻尾经由弱化、丢失到鼻化元音和口元音的过程。这一过程可以借助赵元任先生《现代吴语的研究》中的记音来表现。

　　赵先生（1928）《现代吴语的研究》的记音非常细致，对韵腹元音后的鼻音成分做了详细的区分，并不只是从音位区分的角度简单地分为鼻音韵尾和鼻化元音两类。中古阳声韵字的韵母在赵先生的记录中有如下七类[①]：

---

[①] 赵元任：《现代吴语的研究（附调查表格）》，北京：科学出版社，1956年。具体读音见《现代吴语的研究》第二章第二表。ᴠ代表韵腹元音，ɴ代表鼻音韵尾，vⁿ指鼻音韵尾发音部位不到位，ṽ指鼻化延长。(《现代吴语的研究》38页："aⁿ是 a 音后加一点舌尖鼻音，但不强也不长，也许舌尖碰不到"，"aⁿ……可以省写作aⁿ。"）"韵"指第二章第二表所列《广韵》的韵。

## 4 古阳声韵韵尾演变的形式、途径和条件、动因

① vN　　　　　　如：43页宜兴的"魂文"韵
② $v^N/\tilde{v}N$　　　　　如：44页江阴的"唐阳"韵
　　　　　　　　　　　/52页嵊县太平的"谆文真"韵
③ $\tilde{v}^N$　　　　　　如：42页常熟的覃谈（g系、h系）韵
④ $\tilde{v}\tilde{\ }$　　　　　　如：44页无锡的"唐阳"韵
⑤ $\tilde{v}$　　　　　　　如：42页武进的"谈寒"韵
⑥ $v\tilde{\ }$　　　　　　如：44页上海的"唐阳"韵
⑦ v　　　　　　　如：42页鄞县的"谈寒"韵

在七种记音之外，赵先生还常常用加括号的形式进一步说明音标符号所代表的确切音值，尤其是 $\tilde{v}$ 韵，像42页无锡 an 韵下的 [æ̃] 韵母就有"(~甚微)"进一步说明具体的音值，42页南汇 on 韵桓寒的"暖酸看安"下的 [ɐ̃] 韵母则有"(~有时无)"说明韵母的精确读音，43页丹阳<sub>城内</sub>en 韵用"[$^n_ŋ$]"表示韵尾 [n]、[ŋ] 任意变读。

赵先生在书中没有明确提出吴方言鼻音韵尾演变的途径，但是，他对中古阳声韵字记录的七类韵尾类型正好展现了鼻音韵尾弱化，进而演变为鼻化元音和口元音的过程：

$$vN \to v^N/\tilde{v}N \to \tilde{v}^N \to \tilde{v}\tilde{\ } \to \tilde{v} \to v\tilde{\ } \to v$$

像赵先生这般精确的记音是比较少有的，后来的学者，在涉及中古阳声韵字的记音时，通常记录的类型是①⑤⑦三类，当然，其他几类如果出现在音系中，研究者也多会加以说明。

鼻音韵尾的鼻音性常常作用于前面的元音，使韵腹元音带上鼻化色彩，有些方言表现比较明显，有些方言则比较轻微。数据库有14个点记录带鼻音韵尾的韵母，其韵腹是鼻化元音，即赵先生所记录的 $\tilde{v}N$，如下：

甘肃1：兰州

◆ 中古阳声韵韵尾在现代汉语方言中的读音类型

广西 1：资源

湖南 4：常宁、衡东、衡山、耒阳

江西 2：南康、婺源

内蒙古 5：包头、鄂尔多斯、呼和浩特、集宁、临河

新疆 1：吉木萨尔

现代汉语方言中，鼻音韵尾前的元音鼻化不具有区分意义作用。由于记音习惯的不同，不同的调查者在处理鼻音韵尾前的鼻化元音时，可能会采取不同的方式，严式记音往往会体现这种元音的鼻化，宽式记音则更多地侧重于音位的区分而忽略这种元音鼻化。所以，上述提到的 14 个方言点只是一个大致的说法，其他的方言中可能也有同样的发音特点而被调查者所忽略。

在第一章的分类中，主要从考虑音位的区分出发，忽略了鼻音韵尾前韵腹元音的鼻化色彩而将它们统一为鼻音韵尾。但是，对于鼻音韵尾的演变，主要元音的鼻化应该视为一种潜在的促使韵尾发生变化的因素。鼻化元音从某种程度上说，融合了韵腹元音和鼻音韵尾的语音特征，既具有元音性又具有鼻音性。这种特性更符合发音的简约性需要，为鼻音韵尾的弱化和丢失奠定了一定的基础。

在讨论中古阳声韵韵尾的今读类型时，我们没有涉及西北地区的特殊韵尾 [ɣ̃]，并把它们统一处理成 [ŋ]。共有 20 个方言点：

甘肃：定西、高台、华亭、武威、西和、张掖

宁夏：隆德

山西：大同、代县、岢岚、右玉

陕西：宝鸡、城固、富县、靖边、略阳、米脂、清涧、神木、志丹

## 4 古阳声韵韵尾演变的形式、途径和条件、动因

[-ɣ̃] 出现的摄是深臻宕江曾梗通，一般与周边方言的 [-ŋ] 相对应。高本汉《中国音韵学研究》指出："ɣ̃ 是一个浊，鼻，舌面腭中音，不过它不像 ŋ 那样当真闭塞的。舌面后部抬起来能够发生部分的接触不过不是完全闭塞。这个接触大约近于摩擦音 ɣ 那样。所以我们可以把 ɣ̃ 叫作摩擦的 ŋ，或者叫作半鼻音的 ɣ 也好。我们得要注意在它前边的元音是口音而不是半鼻音。这个 ɣ̃ 音的一个特性，就是它的发音作用往往短而松并且舌头很快的落下来。"[①] [-ɣ̃] 作为鼻音韵尾主要出现在西北地区的方言调查记录中，其他的方言是没有这个韵尾还是被记成了其他的形式（或鼻音韵尾或鼻化元音），目前不好确认。不过，高先生在同书中又指出："这个音在韵尾地位的见于归化大同凤台平阳兰州桑家镇西安怀庆固始南京上海，例如，'江'上海 kɔɣ̃。"[②] 而赵元任《现代吴语的研究》上海"江"字的韵母是 [-ɑ̃]。当然，无法撇开调查点不同读音不同这一因素，但是，在高先生看来，[-ɣ̃] 在西北以外的南京、上海等地也存在，这一点是可以肯定的。从高、赵二位先生的不同记音，可以推测高先生的 [-ɣ̃] 是介于 [-ŋ] 和鼻化元音之间的音。

张维佳《关中方言鼻尾韵的音变模式》、张燕来《兰银官话鼻尾韵的演化》都涉及 [-ɣ̃] 这一形式，并讨论了它在鼻音韵尾演变过程的地位。张维佳对 [-ɣ̃] 的描述采用高本汉（1940）的观点，张燕来没有直接引用高本汉的观点，文中指出"[-ɣ̃] 是舌根浊擦音带鼻化，其发音特点不像 [-ŋ] 那样闭塞，舌根的接触

---

① 〔瑞典〕高本汉：《中国音韵学研究》，北京：商务印书馆，2003 年，192、193 页。

② 〔瑞典〕高本汉：《中国音韵学研究》，北京：商务印书馆，2003 年，193 页。

◈ 中古阳声韵韵尾在现代汉语方言中的读音类型

部分较为松弛,气流从口腔出来"[1],这一叙述所表达的意思与高本汉(1940)是一致的。

张维佳(2001)《关中方言鼻尾韵的音变模式》[2]指出"在关中方言鼻尾韵系统中,后鼻尾韵的读音具有共性,以高元音为主元音的韵母读 -ŋ 尾,以低元音为主元音的韵母读 -ɣ̃"。文中进一步指出了这一类鼻尾韵的弱化方向:

$$aŋ \to aɣ̃ \to (ãɣ̃) \to ã \to (ṽ \to ʋ \to ɔ) \to o \to ɔ$$

截取前半段鼻音韵尾到鼻化元音的演变,[-aɣ̃] 是其中一个重要的环节,体现了过渡的状态。低元音后的 [-ŋ] 弱化而高元音后的不变,这与其他方言的演变类似,[-ɣ̃] 是否也是其他方言的过渡状态,有待更多的研究来说明。

[-ɣ̃] 和 vᴺ/ṽN、ṽᴺ、ṽ、v̆ 体现了鼻音韵尾演变为鼻化元音和口元音的过渡状态,对全面理解和认识鼻音韵尾的弱化、脱落过程具有重要的意义。

#### 4.1.2.2 古阳声韵摄弱化和消失的先后次序

中古阳声韵九摄在韵尾弱化和消失的趋势中不是齐头并进,而是有先后次序。

**表4.10 古阳声韵摄读鼻化元音和口元音的方言数目[3]**

| 摄 | -ã | 部分 -ã | -a | 部分 -a | 共计 |
|---|---|---|---|---|---|
| 咸 | 200 | 325 | 98 | 193 | 816 |
| 深 | 69 | 124 | 15 | 29 | 237 |

---

[1] 张燕来:《兰银官话鼻尾韵的演化》,《语言科学》2006年第5期,68页。
[2] 张维佳:《关中方言鼻尾韵的音变模式》,《语言研究》2001年第4期,52—61页。
[3] "部分"的韵尾类型有交叉,每摄统计的方言多于930个,为方便比较仍列"共计"一栏。

续表

| 摄 | -ã | 部分-ã | -a | 部分-a | 共计 |
|---|---|---|---|---|---|
| 山 | 175 | 335 | 92 | 197 | 799 |
| 臻 | 62 | 154 | 12 | 75 | 303 |
| 宕 | 178 | 260 | 33 | 81 | 552 |
| 江 | 162 | 209 | 34 | 53 | 458 |
| 曾 | 39 | 106 | 9 | 29 | 183 |
| 梗 | 6 | 223 | 3 | 96 | 328 |
| 通 | 2 | 25 | 4 | 23 | 54 |

上表可见，阳声韵九摄鼻音韵尾弱化和消失的先后次序大致是：咸山→宕江→梗臻→深曾→通。咸山摄、宕江摄韵尾率先弱化、消失，体现了主要元音在演变中的重要作用，咸山摄先于宕江摄则体现了鼻音韵尾发音部位前后的影响。这两点是鼻音韵尾演变的重要条件，下文详细讨论。

## 4.2 鼻音韵尾演变的条件

现代汉语方言中，主要元音的鼻化以及之后鼻化的消失，绝大多数是鼻音韵尾弱化、脱落的结果。从中古阳声韵韵尾出发，鼻音韵尾的弱化、脱落是重要的发展规律，数据库的方言有一半以上出现了这一现象。本章第一节分析了从鼻音韵尾到鼻化元音以及口元音的发展途径，这同时也是鼻音韵尾弱化、消失的途径。前辈学者对此有不少的研究，并提出鼻音韵尾演变的两个重要条件：鼻音韵尾消失的先后与鼻音的发音部位有关，其先后次序是由前往后；主要元音影响鼻音韵尾的演变，往往是低元音后的韵尾先变而高元音后的韵尾后变。绪论部分已经提到，陈渊泉（1972、1975）、张琨（1983）、王洪君

◆ 中古阳声韵韵尾在现代汉语方言中的读音类型

（1991、1992）等对上述的规律做过不少相关的研究，汉语方言的阳声韵韵尾演变，大多数是符合上述规律的。不过，规律总有例外，上述的两条规律同样如此。

### 4.2.1 鼻韵尾发音部位的前后

对第一条规律的理解，鼻音韵尾消失的次序是由前往后，是指中古阳声韵九摄相应的 [m]、[n]、[ŋ] 三个韵尾依次与其他韵尾合并，或者弱化、脱落。一般认为发音部位在前的鼻韵尾比发音部位在后的鼻韵尾容易弱化和脱落，而古咸深摄 [-m] 在大多数的汉语方言中常常与山臻摄的 [-n] 合并，然后一起弱化甚至是完全脱落。数据库共 28262 个（存在于 400 个方言点中）鼻化元音条目，来自中古三个鼻音韵尾的数目及比例如下：

表 4.11 中古阳声韵字今读鼻化元音的数目和比例

| 韵尾 | m | | n | | ŋ | | | | |
|---|---|---|---|---|---|---|---|---|---|
| 摄 | 咸 | 深 | 山 | 臻 | 宕 | 江 | 曾 | 梗 | 通 |
| 数目 | 5283 | 500 | 12144 | 2057 | 4307 | 740 | 388 | 2644 | 199 |
| 共计 | 5783 | | 14201 | | 8278 | | | | |
| 比例（%） | 20.46 | | 50.25 | | 29.29 | | | | |
| | 70.71 | | | | 29.29 | | | | |

尽管各摄所调查的字数多寡不一，但从中古三个鼻音韵尾所占的比例来看，[n] 所占的比例远远高于其他两个韵尾。而来自咸深摄的鼻化元音有很大一部分是先与山臻摄合并为 [-n]，然后再演变为鼻化元音的。把 [-m]、[-n] 作为一个整体来看待的话，发音部位在前的鼻音韵尾发生鼻化的比例则高达 70.71%，与来自 [-ŋ] 的鼻化元音差距较大。

## 4 古阳声韵韵尾演变的形式、途径和条件、动因

除鼻化元音外，中古阳声韵韵尾今读口元音的类型也是与鼻音韵尾弱化、消失相关的，在此按照表4.11的做法列举各摄的数目和比例：

表4.12 中古阳声韵字今读口元音的数目和比例

| 韵尾 | m | | n | | ŋ | | | | |
|---|---|---|---|---|---|---|---|---|---|
| 摄 | 咸 | 深 | 山 | 臻 | 宕 | 江 | 曾 | 梗 | 通 |
| 数目 | 2922 | 104 | 7030 | 665 | 1125 | 157 | 90 | 1022 | 308 |
| 共计 | 3026 | | 7695 | | 2702 | | | | |
| 比例（%） | 22.54 | | 57.33 | | 20.13 | | | | |
| | 79.87 | | | | 20.13 | | | | |

中古阳声韵韵尾今读口元音的共13423个字（分布在221个方言点），数目不及今读鼻化元音的多。但从比例结构来看，发音部位在前的 [-m]（咸深摄）、[-n]（山臻摄）变读为鼻化元音和口元音的比例更高。说明了部位在前的鼻音韵尾在弱化、脱落的路上确实是走得比部位在后的 [-ŋ] 快。

撇开今读鼻化元音、口元音的数量而从方言点的角度来看，有47个方言点咸深山臻只有鼻化元音这一韵尾类型，方言中相应的宕江曾梗通则仍保留 [-ŋ] 或兼有鼻化元音、口元音等类型。宕江曾梗通没有只读鼻化元音的韵尾类型，绩溪和歙县可以看作与此接近的，只有 [-ã] 和 [a] 两种类型，而相应的咸深山臻类型与此相同。数据库中不存在宕江曾梗通读鼻化元音而咸深、山臻不读鼻化元音或口元音的，换个角度说，宕江曾梗通读鼻化元音意味着咸深、山臻（两组不一定同时）也读鼻化元音或者是口元音，这说明在同一个方言中 [-m]、[-n] 演变为鼻化元音要早于 [-ŋ]。

◆ 中古阳声韵韵尾在现代汉语方言中的读音类型

表 4.13　石家庄等十地方言阳声韵九摄韵尾今读类型

| 地点 | 咸 | 深 | 山 | 臻 | 宕 | 江 | 曾 | 梗 | 通 |
|---|---|---|---|---|---|---|---|---|---|
| 石家庄 | ã | n | ã | n | ŋ | | | | |
| 济南 | ã | | | | ŋ | | | | |
| 揭东 | mã | m | ŋã | ŋ | ŋã | ŋ | ŋã | | ŋ |
| 顺昌 | ŋã | | | ã | ŋã | | | | ŋ |
| 南京 | ã | nŋ | ã | nŋ | ã | | nŋ | | |
| 大理 | ã | | | | | | ŋã | | ŋ |
| 包头 | ãa | ŋ | ãa | ŋ | ã | | ŋ | | |
| 双峰 | ãa | ŋã | ãa | ŋãa | ŋã | | | | |
| 苏州 | a | n | ã | ã | n | | nŋã | | ŋ |
| 绩溪 | ãa | ã | ãa | | ã | | | ãa | ã |

石家庄和济南两地方言宕江曾梗通没有鼻化元音，[-n]（含中古的 [-m]）演变为鼻化元音在前是很明显的。而后面的八个方言中，宕江曾梗通读鼻化元音则蕴含着咸深、山臻也读鼻化元音或者口元音。由此可见，中古 [-m]、[-n] 弱化、脱落快于 [-ŋ] 的结论是符合汉语方言事实的。

需要指出的一点是，第二章的分类中，我们没有把各方言文白系统的不同韵尾类型区分开，而是作为一个整体。根据王洪君（1991、1992）《阳声韵在山西方言中的演变（上，下）》的研究，山西方言文白语音系统的不同读音类型体现了前后鼻音韵尾的不同演变速度，王文指出："山西文读层的出发点为山（咸）开齐合撮/臻（深）开齐合撮/宕（江）开齐合/曾梗通开齐合撮这四大类 15 小类，其分合及主元音音值均同于一般北方方言。文读阳声韵韵尾的消变以山（咸）为最快，与其他汉语方言的规律相符。""白读各类阳声韵鼻尾消变的快慢如下所示：梗≥宕

## 4 古阳声韵韵尾演变的形式、途径和条件、动因

（江）>山（咸）一等、山（咸）其他>臻（深）>曾通。"① 如此，在山西方言的白读系统中，梗摄和宕江摄鼻音韵尾的消变最快，"这一特点与山西文读层和今天的其他汉语方言的趋势正好相反"②，"与唐宋西北方音的特点相同"③。

把山西方言文白两个系统结合起来讨论阳声韵韵尾的今读类型，如王先生所说的梗宕摄的演变更快的现象容易被掩盖。请看表4.14几个山西方言点的阳声韵韵尾今读类型：

表4.14 平遥等四地方言的阳声韵韵尾今读类型

| 地点 | 咸 | 深 | 山 | 臻 | 宕 | 江 | 曾 | 梗 | 通 |
|---|---|---|---|---|---|---|---|---|---|
| 平遥 | ŋa | ŋ | ŋa | ŋ | ŋa | ŋ | ŋ | ŋa | ŋ |
| 忻州 | ŋã | ŋ | ŋã | ŋ | ŋa | ŋa | ŋ | ŋa | ŋ |
| 万荣 | ã | ã | ã | ã | ŋa | ŋa | ŋã | ŋa | ŋ |
| 左权 | ã | ŋ | ã | ŋ | a | a | ŋ | ŋ | ŋ |

从第二章的分类可知，山西境内的方言中古鼻音韵尾的消变是发展得比较快的，除长子阳声韵九摄收 [-ŋ] 外，其他的方言都在收 [-ŋ] 的同时存在读鼻化元音、口元音的类型。而口元音的分布在宕（江）梗摄中更为普遍，相应的咸山摄的今读类型也有与宕梗摄一致的，如平遥，但更多的是读鼻化元音或者仍读鼻音韵尾，如忻州、万荣和左权。

---

① 王洪君：《阳声韵在山西方言中的演变（上）》，《语文研究》1991年第4期，40页。
② 王洪君：《阳声韵在山西方言中的演变（下）》，《语文研究》1992年第1期，49页。
③ 王洪君：《阳声韵在山西方言中的演变（上）》，《语文研究》1991年第4期，40页。

### 4.2.2 主要元音舌位的高低

对这一规律的理解是主要元音舌位的高低决定其后附鼻音韵尾消失的先后，低元音先变而高元音后变。从王力先生的拟音来看，中古咸、山、宕、江、梗等摄是低元音，而深、臻、通等摄是高元音，曾摄是央元音。如此，从演变的速度来说，咸、山、宕、江、梗摄比深、臻、曾、通摄快。据表4.11，咸山宕江梗摄今读鼻化元音的字数是25118，在阳声韵鼻化音字数中所占的比例是88.88%，据表4.12，咸山宕江梗摄今读口元音的字数是12256，占比91.31%，远远高于深摄等所占的比例。因此，说主要元音舌位的高低是鼻音韵尾演变的重要条件是符合方言事实的。由于主要元音的相近或者相同，鼻音韵尾演变为鼻化元音的过程中，咸摄和山摄、深摄和臻摄、宕摄和江摄、曾摄和梗摄的情况往往一致，通摄则自成一类。

主要元音舌位的高低决定鼻音韵尾消变的先后，从古摄演变的角度来看，咸山宕江摄往往要比其他的摄快，兰银官话、西南官话、江淮官话以及晋语都有这一类情况。以南京方言为例，先看阳声韵九摄在这一方言中的今读类型：

| 咸山宕江 | 深臻曾梗 | 通 |
|---|---|---|
| ã | nŋ | ŋ |

南京方言咸山宕江摄的演变一致，都是鼻化元音，深臻曾梗摄一致，未变鼻化元音，通摄自成一类，说明演变的条件是舌位为低的元音先变，像深臻等高元音韵摄的演变则要比咸山等摄晚。

以上是从历时的角度看待主要元音的影响，此外，还可以从共时的角度分析鼻化元音、口元音的主要元音，由此来看舌

位高低在鼻尾消变中的作用。把上述28262个鼻化元音条目按照主要元音的舌位分为高、央、低三类,可以得出如下信息:

表4.15 鼻化元音的主要元音

| 舌位 | 主要元音 | 数目 | 合计 | 比例(%) |
|---|---|---|---|---|
| 高元音 | i | 2262 | 2833 | 10.02 |
| | y | 28 | | |
| | u | 494 | | |
| | ɯ | 26 | | |
| | ɥ | 23 | | |
| 央元音 | e | 2453 | 7859 | 27.81 |
| | ᴇ | 402 | | |
| | ɛ | 2528 | | |
| | ø | 233 | | |
| | ə | 1152 | | |
| | ɤ | 123 | | |
| | o | 968 | | |
| 低元音 | æ | 3604 | 17570 | 62.17 |
| | a | 9325 | | |
| | œ | 99 | | |
| | ɐ | 150 | | |
| | ᴀ | 199 | | |
| | ɑ | 2081 | | |
| | ɒ | 371 | | |
| | ʌ | 77 | | |
| | ɔ | 1664 | | |

表4.15从共时的角度展示了汉语方言鼻化元音的主要元音格局,从10.02%到27.81%再到62.17%,舌位高低对元音鼻

139

化的影响是十分明显的。这一结果与从韵摄演变的角度看鼻化元音的结果一致，进一步说明了低元音在向鼻化元音演化中的先进性。反过来说，高元音在与鼻音韵尾结合时比较稳固，在同一个方言中，高元音的鼻化往往蕴含着低元音的鼻化。以表4.13的前六个方言点为例来说明：

表4.16　石家庄等六地方言的鼻化元音

| 地点 | 鼻化元音1 | 鼻化元音2 | 鼻化元音3 | 鼻化元音4 |
|---|---|---|---|---|
| 石家庄 | æ̃ | | | |
| 济南 | ã | ɔ̃ | | |
| 揭东 | ã | ɔ̃ | ɛ̃ | ĩ |
| 顺昌 | ɔ̃ | ɛ̃ | ø̃ | |
| 南京 | ã | ẽ | | |
| 大理 | ã | ɛ̃ | ẽ | ĩ |

石家庄只有1个鼻化元音，是舌位为低的[-æ̃]，而有着4个鼻化元音的揭东和大理，在高元音[-i]鼻化的同时，央元音和低元音也都存在鼻化现象。低元音的鼻化快于高元音的鼻化，这是汉语方言元音鼻化的重要规律。

不过，这一规律有例外，就是部分方言高元音鼻化而低元音仍保留鼻音韵尾。长沙市方言是舌位较高的元音先鼻化的典型代表，鼻化元音来自咸摄开口三四等和山摄开口三四等、合口一三四等，主要元音都是央元音，低元音[-a]保留鼻音韵尾：

表4.17　长沙市方言咸山摄阳声韵今读韵母

| 咸开一/二 | 咸合三 | 咸开三/四 | 山开一/二 | 山开三/四 |
|---|---|---|---|---|
| an | | iẽ | an | iẽ、ɔ̃ |
| 山合一 | 山合二 | 山合三 | | 山合四 |
| ɔ̃ | an/uan | yẽ | | iẽ |

## 4 古阳声韵韵尾演变的形式、途径和条件、动因

这一现象不像上述的低元音先发生鼻化的规律那么普遍，不过，分布的范围还是比较广的。元音鼻化如长沙市的方言有：安徽郎溪、马鞍山、芜湖市、芜湖县等，湖南长沙县、衡东、华容、浏阳、南县、望城、岳阳县、岳阳市、株洲等，云南保山、临沧等，江苏泗洪，广东连州，山西忻州。此外，数据库有少数方言深臻摄读鼻化元音而咸山摄读鼻音韵尾，鼻化韵韵腹为高元音，鼻尾韵韵腹为低元音，有山东淄博，湖北潜江，内蒙古赤峰3点。数量不多，且淄博咸山摄在钱曾怡（1993）《博山方言研究》中的记音也是鼻化元音。暂不讨论淄博等3个方言点的情况。

咸深山臻摄完全鼻化的方言有48个，此外还有部分已经向口元音转变，这些方言古摄转变为鼻化元音的先后次序已无法弄清。

对于高元音先鼻化的现象，陈渊泉（1972）做了相关的分析[①]，认为是受了介音/-i/、/-u/、/-iu/或/-y/的影响，介音是长沙市方言高元音鼻化的条件。

再看中古阳声韵今读口元音的类型。如上所述共有13423字，主要元音的格局如下：

**表4.18 古阳声韵今读口元音的元音格局**

| 舌位 | 主要元音 | 数目 | 合计 | 比例（%） |
|---|---|---|---|---|
| 高元音 | i | 1246 | 1869 | 13.92 |
| | y | 118 | | |
| | u | 444 | | |
| | ɯ | 45 | | |
| | ɿ | 13 | | |
| | ʯ | 3 | | |

---

[①] Matthew Y. Chen, Nasals and Nasalization in Chinese: Exploration in Phonological Universals, Berkeley: Dissertation of Doctor of The University of California Berkeley, 1972, p.133.

◇ 中古阳声韵韵尾在现代汉语方言中的读音类型

续表

| 舌位 | 主要元音 | 数目 | 合计 | 比例（%） |
|---|---|---|---|---|
| 央元音 | e | 2168 | 7274 | 54.19 |
| | ɛ | 645 | | |
| | ɛ | 2465 | | |
| | ø | 722 | | |
| | ɵ | 81 | | |
| | ə | 456 | | |
| | ɤ | 256 | | |
| | o | 481 | | |
| 低元音 | æ | 1013 | 4280 | 31.89 |
| | a | 1729 | | |
| | œ | 50 | | |
| | ɐ | 154 | | |
| | ʌ | 14 | | |
| | ɑ | 318 | | |
| | ɒ | 232 | | |
| | ʌ | 23 | | |
| | ɔ | 747 | | |

　　口元音的主要元音格局不像鼻化元音的格局那样按舌位高低依次递增，央元音所占的比例最大，超过一半，低元音次之，高元音又次之。央元音的大比例是否说明在鼻音韵尾的消变中元音舌位的高低不是一个重要的条件呢？应该说，古阳声韵今读口元音和今读鼻化元音的情况有所不同。口元音是鼻化元音的进一步演变，在鼻音色彩（包括鼻音韵尾和鼻化）完全消失以后，"阳声韵"实际上已经和"阴声韵"合并了。由于没有了韵尾或者鼻化的制约，主要元音的发展演变会以较快的速度进行。根据王力先生《汉语史稿》的上古音拟音，古阴声韵、阳声韵和入声韵的主要元音是具有对应关系的，但是到了今天，主要元音的一致性一般只存在于保留入声韵尾方言的阳声韵和入声韵之间，而此类方

## 4 古阳声韵韵尾演变的形式、途径和条件、动因

言的阴声韵已无法再与二者整齐对应。这正是因为，在历史的发展演变中，阴声韵作为纯元音的发展，速度远远快于阳声韵和入声韵。胡安顺（2002）《汉语辅音韵尾对韵腹的稳定作用》[①]指出："汉语的辅音韵尾对韵腹具有相对稳定的作用。无论是入声韵还是阳声韵，在韵尾存在的条件下，其韵腹的发展相对稳定或变化具有规则性；阴声韵由于没有辅音韵尾起稳定作用，在发展过程中始终不够稳定，变化较大。"因而，中古阳声韵韵尾今读口元音的元音格局与今读鼻化元音的元音格局相比，舌位高化了。

陈渊泉 Nasals and Nasalization in Chinese: Exploration in Phonological Universals（《汉语中的鼻音和元音鼻化——音系学普遍性探讨》）也提到鼻音韵尾的弱化、消失会促使元音高化，不过，陈先生的分析更多的是针对鼻化元音而进行的。在此以咸、山摄为例，对比一下中古低元音韵腹的韵摄今读鼻化元音和口元音的主要元音格局如何。

**表 4.19 咸山摄今读鼻化元音和口元音的主要元音格局**

| 舌位 | 主元音 | 咸 鼻化元音 5283 数目 | 比例（%） | 咸 口元音 2922 数目 | 比例（%） | 山 鼻化元音 12144 数目 | 比例（%） | 山 口元音 7030 数目 | 比例（%） |
|---|---|---|---|---|---|---|---|---|---|
| 高元音 | i | 340 | 7.35 | 341 | 13.90 | 1047 | 10.84 | 736 | 16.37 |
|  | y | 1 |  | 11 |  | 7 |  | 95 |  |
|  | u | 41 |  | 47 |  | 219 |  | 297 |  |
|  | ɯ | 1 |  | 5 |  | 25 |  | 13 |  |
|  | ɿ | — |  | 2 |  | — |  | 7 |  |
|  | ʮ | — |  | — |  | — |  | 3 |  |
|  | ʯ | 5 |  | — |  | 18 |  | — |  |

---

① 胡安顺：《汉语辅音韵尾对韵腹的稳定作用》，《方言》2002 年第 1 期，1—8 页。

◆ 中古阳声韵韵尾在现代汉语方言中的读音类型

续表

| 舌位 | 主元音 | 咸 ||||  山 ||||
|---|---|---|---|---|---|---|---|---|---|
| | | 鼻化元音 5283 || 口元音 2922 || 鼻化元音 12144 || 口元音 7030 ||
| | | 数目 | 比例（%） | 数目 | 比例（%） | 数目 | 比例（%） | 数目 | 比例（%） |
| 央元音 | e | 399 | 21.69 | 486 | 54.07 | 960 | 27.42 | 1109 | 56.94 |
| | ɛ | 98 | | 202 | | 235 | | 393 | |
| | ɛ | 509 | | 603 | | 1321 | | 1366 | |
| | ø | 17 | | 104 | | 205 | | 581 | |
| | ɵ | — | | 7 | | — | | 74 | |
| | ə | 27 | | 46 | | 107 | | 224 | |
| | ɤ | 33 | | 54 | | 71 | | 115 | |
| | o | 63 | | 78 | | 431 | | 141 | |
| 低元音 | æ | 1104 | 70.96 | 314 | 32.03 | 2224 | 61.74 | 631 | 26.69 |
| | a | 2256 | | 397 | | 4449 | | 823 | |
| | œ | 18 | | 6 | | 71 | | 26 | |
| | ɐ | 25 | | 46 | | 79 | | 84 | |
| | ʌ | 38 | | — | | 53 | | 14 | |
| | ɑ | 196 | | 53 | | 334 | | 102 | |
| | ɒ | 18 | | 22 | | 37 | | 39 | |
| | ʌ | 7 | | — | | 26 | | — | |
| | ɔ | 87 | | 98 | | 225 | | 157 | |

根据陈渊泉（1972）的分析，当鼻音韵尾弱化，元音发生鼻化，韵腹的舌位也往往开始高化，不像后附鼻音韵尾时那么的稳固。应该说这种变化不一定发生在元音鼻化的阶段。因为中古三四等有 [-i]、[-u] 等介音，低元音韵腹在介音的牵引下逐步高化，这种牵引应该在鼻音韵尾的阶段就已经存在。但是，无论如何，上表中的数据很好地说明了中古咸山摄低元音韵腹的变化。咸摄低元音比例从 70.96% 到 32.03%，山摄低元音比

例从 61.74% 到 26.69%，低元音在鼻化元音中仍占优势地位，而在口元音中则不占优势。按照王力先生的构拟，低元音在中古咸山摄韵母的韵腹中占绝对优势。现代汉语方言中咸山摄读口元音的低元音不占优势，说明在演变的过程中韵腹已经发生了变化；另一方面，今读口元音的格局中，央元音的优势地位正好说明了鼻音韵尾消变的过程中韵腹元音有可能走高化的道路。江苏泗洪方言、以及苏州方言的咸山摄今读可以看出鼻音韵尾消变后元音的高化。

泗洪方言咸山摄阳声韵有鼻音韵尾和鼻化元音两种类型，未变和既变的韵母表现了不同的元音舌位：

表 4.20 泗洪方言咸山摄今读韵母

| 咸开一 | 咸开二 | 咸开三/四 | 咸合三 |
|---|---|---|---|
| an | iẽ | | an |
| 山开一 | 山开二 | 山开三 | 山开四 |
| an | iẽ | ẽ | iẽ |
| 山合一 | 山合二 | 山合三 | 山合四 |
| uẽ | uan | an | uẽ、yẽ | iẽ |

上表鼻尾韵的韵腹是 [a]，鼻化韵的韵腹是 [e]，主要元音高化。咸开二、山开二、山合二兼有鼻音韵尾和鼻化元音两种类型，体现了未变和既变两种状态。从鼻音韵尾到鼻化元音的发展途径可以拟测如下：

$$ian/uan \rightarrow ien/uen \rightarrow iẽ/uẽ/yẽ/ẽ$$

其中，[-ẽ] 韵母与 [iẽ] 相应，声母拼合不同。前者与 [tʂ-] 组声母相拼，介音 [i] 因与声母相抵触而消失。

再看苏州方言的咸山摄阳声韵读音类型：

◆ 中古阳声韵韵尾在现代汉语方言中的读音类型

表4.21 苏州咸山摄今读韵母

| 咸开一 | 咸开二 | 咸开三/四 | 咸合三 |
|---|---|---|---|
| ø | E | i | E |

| 山开一 | 山开二 | 山开三 | 山开四 |
|---|---|---|---|
| ø | E | ø | i |

| 山合一 || 山合二 | 山合三 || 山合四 |
|---|---|---|---|---|---|
| ø | uø | E | i E | ø | yø |

与读鼻化元音的泗洪方言相比,苏州方言鼻音韵尾的消变更为彻底,其元音的格局也与中古相去甚远。不但没有任何一个低元音韵母,而且元音的种类也比较多,与泗洪方言鼻化元音的单一韵腹 [e] 不同。由此不难看出,读鼻化韵时韵腹元音还是相对稳定,当鼻化元音进一步发展,鼻化脱落,纯元音的发展就变得很快,舌位高化的可能性也就更大。高云峰(1996)《150年来中古咸山摄舒声字在上海话中的语音变迁》[①]指出上海话"咸山摄字一旦失去鼻音进入阴声韵,其韵腹就变得很不稳定"。高文进一步指出咸山摄字150年来在上海话中的简化途径:"轻微鼻化→鼻化脱落→元音高化→单元音化。"苏州方言和上海方言在咸深摄阳声韵的演变有不少一致的地方,可以说,二者代表了大多数吴方言的类型。而元音舌位高化这一点也与其他吴语一致,正如赵元任(1967)《吴语对比的若干方面》所指出的,"元音抬高"是吴语的共同特点[②]。

### 4.2.3 条件的交叉

以上谈了鼻音韵尾演变的两个重要条件:鼻韵尾发音部位的

---

[①] 高云峰:《150年来中古咸山摄舒声字在上海话中的语音变迁》,《语言研究》1996年第2期,52—61页。

[②] 赵元任:《赵元任语言学论文集》,北京:商务印书馆,2002年,850页。

4 古阳声韵韵尾演变的形式、途径和条件、动因

前后和主要元音舌位的高低。这两个条件在不同的方言中可能分别起着作用，也可能出现交叉，由此带来了二者孰先孰后的问题。

陈渊泉（1975）An Areal Study of Nasalization in Chinese[①]（《汉语鼻音化地域研究》）构拟了近代汉语的阳声韵，an、aŋ、ən、əŋ、uŋ 共五个韵母，分别代表咸山摄、宕江摄、深臻摄、曾梗摄、通摄。这五个韵母发生鼻化的顺序如下：[②]

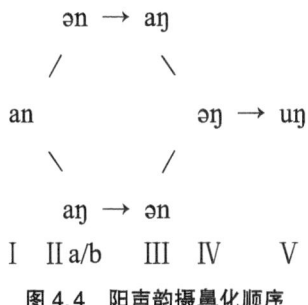

```
                ən → aŋ
              ╱        ╲
          an              əŋ → uŋ
              ╲        ╱
                aŋ → ən
          Ⅰ   Ⅱa/b    Ⅲ   Ⅳ    Ⅴ
```

**图4.4 阳声韵摄鼻化顺序**

陈先生分析了汉语方言鼻化元音的舌位高低及其中古阳声韵韵尾来源，指出鼻音韵尾演变为鼻化元音时，元音舌位高低是比鼻音韵尾部位前后更重要的条件，因而更多的方言呈现 an → aŋ（即Ⅱb）的演变而不是 an → ən（即Ⅱa）的演变。Ⅱb的类型如上述提到的南京等方言，Ⅱa的类型如湖南部分地区的方言，如桃江，宕江摄保留 [-ŋ]、咸山摄读鼻化元音，而深臻摄部分保留 [-n]，部分转化为鼻化元音。

通过对第二章中第四大类和第六大类的统计，结果是 66 个方言与陈先生的Ⅱb一致，40 个方言与Ⅱa一致。从这一数据来说，陈先生的结论是符合汉语方言事实的，不过，由于阳声

---

[①] Matthew Y. Chen, An Areal Study of Nasalization in Chinese, *Journal of Chinese Linguistics*, Volume 3, Number 1, pp. 16-59.

[②] Ⅱa 指 an → ən 的演变，Ⅱb 指 an → aŋ 的演变。

韵韵尾今读鼻化元音的情况比较复杂，第四、六两个大类共有397个方言点，Ⅱa、Ⅱb以外的方言点有不少是咸深山臻宕江摄都出现元音鼻化的现象，对于这一类的方言很难一一考察两种条件孰先孰后。而在同意陈先生的Ⅱb强于Ⅱa的情况下，仍然需要补充说明，舌位较低的主要元音首先鼻化，这是主要的规律，而当前后不同部位的鼻音韵尾有着相同舌位高低的元音韵腹时，发音部位在前的鼻音韵尾先变，部位在后的鼻尾后变。这也就是说，[-an]和[-aŋ]、[-ən]和[-əŋ]必然是前者先变而后者后变，这一点从陈先生的路径图中也是可以总结出来的。只是，陈先生更多地把注意力集中在[-an]之后[-ən]和[-aŋ]何者在前的问题，因而没有进一步指出上述问题。

陈先生的路径图正好说明了两类不同的演变，Ⅱa是鼻音韵尾的发音部位是第一要素，其次是元音舌位的高低；Ⅱb则是两个条件交叉起作用，Ⅰ与Ⅱ、Ⅲ与Ⅳ之间鼻音韵尾的发音部位是第一要素，Ⅱ、Ⅲ和Ⅳ、Ⅴ之间是元音舌位的高低为第一要素。Ⅱb的现象正好说明两种条件的制约不是毫无牵连的，而常常是你中有我、我中有你的复杂关系。

上述鼻音韵尾的发音部位、元音的舌位高低，以及二者的交叉等条件应该还无法涵盖从鼻音韵尾到鼻化元音的所有演变条件。经过更详尽、系统的分析，这些条件才有可能一一呈现，也许会有与上述相反的例证，也许会有更多错综复杂的条件类型。不过，上述条件（更多的是前两点）应该是最基本的条件类型，更多的类型相信会与此交叉或者重叠。

## 4.3 鼻音韵尾演变的动因

鼻音韵尾演变的动因有内因和外因两类，内在的因素是语言内部各要素的相互作用,外在的因素是语言(方言)接触所带来的演变。

## 4.3.1 语言内部各要素相互作用导致鼻音韵尾的消变

语音的不同要素要求协同发音,以达到和谐流畅,出现不和谐时便会有同化或异化,语音的各个要素正是在同化、异化的作用下互相调节、向前发展的。鼻音韵尾尽管只是音节中一个很小的部分,但是,它的发展演变牵扯到其他的音节要素。由于韵尾处于音节末尾的位置,音节之间的相互作用往往首先体现在韵尾的变化上。

4.3.1.1 音节要素之间的相互作用

(1)韵腹和韵尾的相互作用。

音节包括声母、韵母、声调三个部分,其中韵母又分为韵头、韵腹和韵尾。音节要素中,和韵尾关系最紧密的是韵头和韵腹,三者在发展演变中常常互相影响。汉语是一种元音占优势的语言,除了极少数的声化韵,其他的音节都离不开元音韵腹。正如王力(1955)所说:"严格地说,汉语元音后面的辅音只算半个。拿'难'字 [nan] 为例,[a] 后面的 [n] 只念一半(前半),它并不像 [a] 前面的 [n] 那样完整。由此看来,实际上,汉语一个音节至多只能包括一个半辅音。所以我们说,汉语里的元音是占优势的。"[①] 这种优势体现在韵腹和韵尾的组合上,韵腹(以及韵头)是元音,而鼻音韵尾是辅音,二者共存,不同的特性互相作用,韵腹对韵尾的影响是顺同化,韵尾对韵腹的影响是逆同化。鼻音韵尾的辅音性影响韵腹元音,因而主要元音常常有鼻化的色彩,但更重要的是韵腹的元音色彩作用于韵尾的

---

① 王力:《汉语讲话》,北京:文化教育出版社,1955年,8页。

◆ 中古阳声韵韵尾在现代汉语方言中的读音类型

鼻辅音，使其辅音性弱化，仅存鼻化"附属"于主要元音，从而产生鼻化元音。

主要元音舌位的高低和鼻音发音部位的前后是鼻音韵尾消变的两个重要条件，二者的出现并非偶然，可以从音节要素之间的相互作用得到解释。

主要元音舌位的高低可以说是鼻音韵尾弱化和消失最重要的条件，这一点和低元音本身的音色及汉语鼻音韵尾的特点是无法分开的。元音的响度一般比辅音大，而在元音中，低元音的响度比高元音大，而"响度就是听得见的程度"[1]，低元音的响度大使它在音节中占据优势地位，往往更容易对韵尾的鼻音产生同化作用。正如董少文（1988）《语音常识》中指出的："[a] 后头的鼻音韵尾 [n]、[ŋ] 比较弱，其他元音后头的鼻音韵尾 [n]、[ŋ] 比较显著。"[2] 不同的元音与鼻音韵尾的组合有不同的特点。毛世桢（1984）《上海话鼻韵母鼻音性质的实验研究》[3] 通过实验语音学的手段分析了上海话鼻韵母的鼻音性质，指出："鼻韵母的鼻化程度和鼻音韵尾的强弱成反比。即在鼻韵母中，鼻化过程越长，韵尾鼻音就越弱；反之，鼻化过程越短，鼻音韵尾就越强。并且，这种反比关系又是取决于该韵母的主要元音的舌位高低。……如果某个鼻韵母的主要元音低，软腭、小舌从抬高关闭鼻腔通道到垂下关闭口腔通道，其间的位移大，即动程宽，完成这一动作就需要较长的时间。在移动的过程中，软腭和小舌是中悬的，因此鼻化的时间就较长。每个鼻韵母的音长在相同语境中应该相去不远，那么元音鼻化的时间长了，留给

---

[1] 董少文：《语音常识》，上海：上海教育出版社，1988年，14页。
[2] 董少文：《语音常识》，上海：上海教育出版社，1988年，65页。
[3] 毛世桢：《上海话鼻韵母鼻音性质的实验研究》，《华东师范大学学报（哲学社会科学版）》1984年第2期，58—64页、74页。

## 4 古阳声韵韵尾演变的形式、途径和条件、动因

韵尾鼻音的时间就短，于是韵尾鼻音就不那么显著。相反，鼻韵母的主要元音高了，软腭和小舌的动程就窄，元音鼻化的时间就短，韵尾鼻音也就较显著。"林茂灿、颜景助（1994）《普通话带鼻尾零声母音节中的协同发音》[①]也提出："……在鼻辅音前面的低元音中，由于鼻音耦合开始得早，使得鼻辅音本身时长较短，而在高元音中，由于鼻音耦合开始得晚，因而鼻辅音本身时长较长。"

可见，低元音更容易产生鼻化正是由于它和鼻音组合时的特性所决定的。低元音与鼻音韵尾组合，动程宽，时长较长，这就使韵尾鼻音能充分地作用于韵腹元音，使其带上鼻音的音色，成为鼻化元音。当然，低元音的优势地位只是鼻尾弱化原因的一个方面，另一方面的重要因素是鼻音韵尾的发音部位。

汉语的韵尾鼻音不是一个完整的鼻音，往往只有成阻而无持阻、除阻阶段，性质与声母鼻音以及其他语言中的鼻音不同。这一点的研究，目前的对象主要集中在普通话。对于普通话中韵尾鼻音与声母鼻音的不同，王力、董少文等所提出的主要是听感上的认识，八十年代以后，有不少学者从实验语音学的角度分析了这一特点。吴宗济、林茂灿（1989）《实验语音学概要》分析指出了鼻音处于声母和韵尾位置时与主要元音的组合有着不同的特点，"一个音节中有了鼻音作为韵尾时，每每只把这个韵母读得鼻音化（半鼻音），而不是有一个完整的鼻音……说明普通话在自然语言中的鼻音韵尾和韵母差不多是一个整体，它不是元音加上完整的鼻音，而是元音后部的鼻音化。"[②] 王志洁

---

[①] 林茂灿、颜景助：《普通话带鼻尾零声母音节中的协同发音》，《应用声学》1994年第1期，12—20页。

[②] 吴宗济、林茂灿：《实验语音学概要》，北京：高等教育出版社，1989年，146页。

### ◈ 中古阳声韵韵尾在现代汉语方言中的读音类型

（1997）《英汉音节鼻韵尾的不同性质》[①]也使用了实验语音学的手段，并借鉴了当代音系学的理论，研究了普通话的鼻音，并和英语的鼻音进行了比较，认为"普通话音节中的鼻韵尾不是鼻塞音，而是鼻滑音(nasal glide)"。王先生的论据主要有三方面，一是发音语音学方面，"它们表现为缺乏塞音应有的成阻与除阻过程"；二是声学语音学方面，"它们表现为明显低于声母鼻塞音的鼻能量百分比(nasalance percentage)"；三是音系格局方面，"它们占据着紧贴在韵母核心元音之后的位置，与普通话的其他滑音韵尾一致，而不能像英语鼻尾那样出现在双元音之后，并无力同后邻音节的起始元音连拼成新的音节。"王先生的研究中提出了韵尾鼻音应为"滑音"的观点，其结果与吴宗济等一致，都认为韵尾的鼻音是一个不纯粹的鼻音。这样的鼻音作为韵尾与处于优势地位的韵腹元音（尤其是低元音）结合，便容易产生弱化和脱落的可能。

汉语方言中的鼻音韵尾具有和普通话鼻音韵尾相似的特性，也是缺少持阻和除阻过程，容易弱化乃至脱落。正如吴宗济、林茂灿所指出的："鼻韵母的韵尾在许多情况下是会脱落的，这个时候，所谓'鼻音音色'就全靠元音的鼻化来体现了。"[②]这种脱落在语流中（音节之间的相互作用）更为常见，下文将进一步论述。

中古三种阳声韵韵尾到现代汉语方言的演变，鼻音韵尾弱化、脱落的主流顺序是鼻音发音部位由前往后。部位在前的鼻音比部位在后的鼻音容易弱化、脱落，这与不同鼻音韵尾本身

---

[①] 王志洁：《英汉音节鼻韵尾的不同性质》，《现代外语》1997年第4期，18—29页。

[②] 吴宗济、林茂灿：《实验语音学概要》，北京：高等教育出版社，1989年，207页。

## 4 古阳声韵韵尾演变的形式、途径和条件、动因

的性质相关。吴宗济、林茂灿指出"在单念的普通话音节里，有两种与鼻尾脱落有关的因素，一个是鼻尾的时长，时长越短的鼻尾越容易脱落；另一个是音节的声调，一般地说，去声音节里的鼻尾容易脱落"[①]。鼻尾的时长，[-ŋ] 要比 [-n] 长，"一般说来，主要元音的发音部位越靠后，鼻尾的时长就越长；同时，主要元音的开口度越小，鼻尾的时长也越长。由于 /ŋ/ 的发音部位在软腭，所以受到 /ŋ/ 影响的主要元音的发音部位也会向后移，结果 /ŋ/ 尾的时长常常要比 /n/ 尾长"[②]。[n] 时长短，因而相对容易脱落，这是符合汉语方言的事实的。又据王志洁《英汉音节鼻韵尾的不同性质》对普通话声母鼻音和韵尾鼻音的鼻音度[③]的分析研究，认为鼻音作声母（即 [m-] 和 [n-]）时鼻音度均值是 93.01%，作韵尾（即 [-n] 和 [-ŋ]）时鼻音度是 82.32%。而同时可以出现在音节首和音节尾的 [n]，这两个均值分别是 91.03% 和 80.51%。王文进一步指出 [ŋ] 作为韵尾的能量比 [n] 高，这说明了"韵尾的 n 比 ŋ 弱化的程度要更大一些"。吴、王所提到的时长和鼻音度从实验的角度来说应该是韵尾鼻音的两种不同的性质，一个侧重于长度，一个侧重于鼻音的质量，但二者所得出的结论是一致的：[-n] 比 [-ŋ] 容易脱落。由此可见，在主要元音的舌位高低之外，鼻音韵尾的弱化、脱落与韵尾鼻音的特性有关，正因为部位在前的 [-n] 比部位在后的 [-ŋ] 离完整鼻音的距离更远，在音节的组合中就更容易走上消变的道路。

吴宗济、林茂灿（1989）指出的声调影响鼻尾脱落的现象

---

① 吴宗济、林茂灿：《实验语音学概要》，北京：高等教育出版社，1989 年，207 页。

② 吴宗济、林茂灿：《实验语音学概要》，北京：高等教育出版社，1989 年，207 页。

③ 根据王文的解释，鼻音度指鼻音实现的程度。

在数据库的方言中没有发现。

　　鼻音韵尾归并的顺序是从前往后，其原理应该与鼻音韵尾的弱化和消失相似。鼻音韵尾 [n] 向 [ŋ] 靠拢、合并，应该也可以从时长和鼻音度两个方面来解释。合并的结果是鼻音发音部位的转移，其作为韵尾的地位仍是不变的，而弱化、脱落带来元音鼻化是更进一步的演变，鼻音的韵尾地位消失了，鼻音的角色以鼻化的方式与主要元音融合为一体。对方言中 [-m] 的实验分析几乎没有，而 [-m] 的消变往往出现在与 [-n] 尾合并之后，上述对 [-n]、[-ŋ] 的叙述从某种程度上已经涵盖了中古 [-m] 的情况。[-m] 向 [-n] 靠拢，从发音原理来看，也应该是音节要素之间相互作用的结果。双唇音声母往往促使 [m] 韵尾异化，向 [n] 韵尾转变，而 [-m] 与韵腹元音组合时也会产生异化。[-m] 的发音部位在双唇，元音的部位多在舌面，组合起来比较拗口，而 [-n] 的发音部位在舌尖和齿龈，与元音部位较为接近，组合起来比较顺口。因而，以双唇音声母为异化的突破口，其他声母的韵母接着发生异化，这是符合发音原理的。

　　还有一个需要说明的问题，那就是 [-ŋ] 向 [-n] 的演变，这一点似乎与上述的原理相违背。不过，这一演变仍然可以从音节要素之间的互相作用来解释。从古摄的角度来说，曾梗摄向深臻摄靠拢是 [-ŋ] 向 [-n] 的演变，本章第一节已经提到了这一演变的重要条件是高元音韵腹，两摄今读 [-n] 的字有 94% 以上都是高元音（或央元音）韵腹，参看表 4.2。从舌位的前后来说，这些高元音都是前元音或者央元音，没有后元音。韵腹和韵尾之间往往互相影响，二者组合时发音部位及舌位往往需要互相协调。[-n] 的发音部位在齿龈，[-ŋ] 的发音部位在软腭，前者与前元音（尤其是央、高元音）组合更自然，后者则与后元音组合更自然。当 [-ŋ] 前出现前高元音时，韵母往往有与 [-n]

## 4 古阳声韵韵尾演变的形式、途径和条件、动因

韵相混的危险。谢国平（1992）在 Production and Perception of Syllable Final [n] and [N] in Mandarin Chinese: An Experimental Study[①]（《汉语 [n]、[ŋ] 韵尾发音和听感的实验研究》）一文中对 [-n]、[-ŋ] 两类韵母做了发音和听感实验，认为从发音上说 [-n] 比 [-ŋ] 的准确率高，而从听感上说，[-ŋ] 比 [-n] 的准确率高。结合韵腹元音，韵母发音的正确率是 aN > iN > əN，听感的正确率是 aN > əN > iN。实验结果从某种程度上说明了曾梗摄韵尾向 [-n] 的演变是符合发音特点的，因为高元音（和央元音）韵腹的鼻韵母在 [-n] 和 [-ŋ] 两类之间容易相混，而 [-n] 的发音准确率又高于 [-ŋ]，这样，在听感相混的情况下，这两个音更容易被发成 [-n] 一类的鼻韵母。

[-ŋ] 向 [-n] 的转变虽不是主流类型，但在现代汉语方言中仍占有不小的比例，上文仅以谢国平（1992）的实验为证做一些初步的动因探讨和推测，有待更多的实验和理论来进行系统、全面的解释。

（2）声母对韵尾的异化作用。

声母对韵尾的异化作用最典型的例子就是咸深摄双唇音声母字的 [m] 韵尾的异化。如上文表 3.11 所示，《广韵》帮组闭口韵到《中原音韵》发生了变异，与 [n] 韵尾的韵摄合并了。表 3.4 的材料则表明这一异化作用在闽、客、粤等咸深摄收 [-m] 的方言中也是存在。

由于数据库中缺乏深摄双唇音声母字，声母与 [m] 韵尾之间的异化作用只能由咸摄合口字来展现。数据库咸摄合口字只有"犯"一字，咸摄存在 [m] 韵尾的方言 196 个，"犯"的读音类型如下：

---

[①] 条件所限，未见原文，蒙冉启斌先生提供参考资料，谨此致谢。

◇ 中古阳声韵韵尾在现代汉语方言中的读音类型

表 4.22　"犯"在咸摄收 [-m] 的方言中的韵尾音值

| m | n | ŋ | 缺 |
| --- | --- | --- | --- |
| 71 | 108 | 16 | 1 |

以表 3.4 的 6 个方言点为例，在此基础上增加广西田阳、横县两个平话点，看看"犯"在闽、客、粤以及平话等方言中的具体读音。

表 4.23　厦门等 8 地"犯"的读音[①]

| 厦门闽 | 揭东闽 | 梅州客 | 博罗客 | 广州粤 | 阳东粤 | 田阳平 | 横县平 |
| --- | --- | --- | --- | --- | --- | --- | --- |
| huan | huam | fam | fam | fan | fan | fam | fan |

上表与表 3.4 的异化情况有所不同，前 6 个方言点深摄双唇音声母字韵尾都异化为 [-n]，咸摄双唇音声母字则厦门、广州、阳东三地为 [-n]，揭东、梅州和博罗三地为 [-m]。此外，广西两个平话点田阳收 [-m] 而横县收 [-n]。结合表 4.22 的数据，可知在咸摄收 [-m] 的方言中，咸摄合口双唇音声母字韵尾异化为 [-n] 是主流，部分方言仍保留 [-m]。咸摄合口保留 [-m] 的 71 个方言"犯"的声母大多为擦音，读 [f]、[v]、[x]、[h] 的有 68 个方言点，另有 3 个方言点声母为塞音，分别是广西蒙山的 [p] 和海南昌江、琼海的 [pʰ]。

同是双唇音声母的闭口韵，深摄大多异化而咸摄仍有部分保留 [-m]，二者的一个重要区别在于声母，"禀""品"声母都是塞音 [p]、[pʰ] 而"犯"声母大多是擦音。"犯"字在上述 68 个方言点中保留 [m] 韵尾而声母发生变异，可能是非组声母向轻唇音转

---

[①] 地名与《汉语方音字汇》略有不同，"梅州"为梅县的新地名，阳东是阳江市下属的一个县。

变的必然，也可能是闭口的韵尾使塞音声母发生异化。但无论如何，擦音声母与 [-m] 的组合具有一定的稳定性，因而 [-m] 在咸摄合口双唇音声母字中得以保留而在深摄双唇音声母字中发生了异化。

4.3.1.2 音节之间的相互作用

鼻音韵尾在单念的音节中往往比较稳固，在语流当中则由于音节与音节之间的相互作用而容易弱化、脱落。

…… 音节 ⇔ 音节 ⇔ 音节 ……
[声母(韵头│   [声母(韵头│   [声母(韵头│
韵腹│韵尾)]    韵腹│韵尾)]    韵腹│韵尾)]

图 4.5 音节之间的互相作用

作为单念的音节，在没有外在因素的影响下，鼻音韵尾只受到音节内部因素的影响，如上文所说的韵腹或者是韵头对韵尾的影响。当音节处于语流当中，音节之间便互相影响、互相制约。在这种影响中，前后音节直接接触的是前一音节的韵尾和后一音节的声母。从理论上说，韵尾和声母处于接触的边缘，二者应该都会受到对方的影响。但是，汉语音节中，声母是第一部分，是人耳首先接触到的音素，在听辨中的地位高于韵尾；鼻音韵尾只是韵母的一个部分，又常常是一个只有成阻没有持阻和除阻的音素，其作为音素的完整性不如声母强。正如钱曾怡（2002）《现代汉语方言概论·官话》所指出的："音节开头的辅音对突出音节的区别性特点具有首要的作用。"[1]因此，音节

---

[1] 侯精一主编：《现代汉语方言概论》，上海：上海教育出版社，2002 年，15 页。

◇ 中古阳声韵韵尾在现代汉语方言中的读音类型

之间互相作用时声母处于优势地位，更多地对前一音节的韵尾施加影响。当然，这种影响不一定是促使它向某一个特定的音值发展，而是磨去韵尾这一"可有可无"的成分，使发音更为简便和流畅，当鼻音韵尾的地位丢失后，鼻音的音色仍然可以由元音加上鼻化来承载，语言的交流不会受到太大的影响。

不少学者研究了语流当中的鼻音韵尾，认为相对于单念的音节而言，语流中的韵尾更容易丢失。吴宗济、林茂灿（1989）指出："作为鼻韵尾的 /n/ 在普通话里并不总是表现为半鼻音，它只是在特定的条件下才表现为半鼻音。一般说来，在普通话的连续语流中，如果某个节奏单元内部有一个音节里有鼻韵尾 /n/，而它后面的音节又以零声母或擦音起首，那么这个 /n/ 往往表现为半鼻音。"[1] "以'发难'/fa-nan/ 和'翻案'/fan-an/ 为例，二者的音位序列是相同的，不同的只是在两音节交界处 /n/ 所处的位置不同。……在'难'里，/n/ 是首辅音，即声母，这时它呈现为一个'纯'鼻音；而在'翻'里，/n/ 是尾辅音，即鼻韵尾，此时它呈现为一个'半鼻音'。"[2] 梁建芬（2001）《在语流中导致鼻韵尾脱落的因素探讨》[3] 综合考虑了语流中影响鼻音韵尾演变的因素，所得出的结论与吴宗济、林茂灿（1989）一致："造成鼻韵尾脱落的最主要原因是因为后续音节辅音的发音方法，当鼻韵母音节的后续音节是以擦音和零声母起始的，鼻韵尾最有

---

[1] 吴宗济、林茂灿：《实验语音学概要》，北京：高等教育出版社，1989年，213页。

[2] 吴宗济、林茂灿：《实验语音学概要》，北京：高等教育出版社，1989年，212、213页。

[3] 梁建芬：《在语流中导致鼻韵尾脱落的因素探讨》，见《新世纪的现代语音学——第五届全国现代语音学学术会议论文集》，北京：清华大学出版社，2001年，126—129页。

可能脱落。"

　　汉语从古至今的发展有一条重要的规律，就是从单音节向双音节发展。这一规律对汉语方言韵尾的演变应该有着重要的影响，不但鼻音韵尾，塞音韵尾的演变应该也是如此。音节在复音化过程中韵尾出现变异，这是一个音节在融入语流当中时所做出的协调和让步。

　　总之，无论是音节内部还是音节之间的相互作用，无形的推力是省力原则，即追求发音的简便。这一推力促使鼻音韵尾在音节内部和音节之间逐渐消磨，进而转移为元音韵腹的附属，并最终走向消失。

### 4.3.2　语言接触导致鼻音韵尾的消变

　　音节中各因素互相影响，语流中的音节互相影响，这些都带来了鼻音韵尾的发展演变。语言接触使不同语言的各因素相互作用，语音、词汇、语法各方面都有可能在接触中发生变化。接触中相同的部分容易保留下来，相异部分则互相排斥，结果可能是一方被另一方所同化，也可能出现一种新的有别于接触双方的形式。鼻音韵尾作为语音的一部分，在语言接触中也会受到影响，以致发生变化。

　　张琨（1983）《汉语方言中鼻音韵尾的消失》认为："鼻音韵尾消失的原因最大的可能是当汉语发展到一个新地方，当地土著学习汉语时，受到他们自己的语言影响，没有把汉语中的鼻音韵尾都清清楚楚地读出来。习以为常，在这种情况下，这些汉语方言中就发生了鼻化作用，甚至于鼻化作用也没有了，结果就造成了鼻音韵尾的消失。"张先生认为异族入主中原，或者汉语传播到边境地区都可能出现汉语与非汉语接触，西北、西南等地甚至山西、河北的鼻化作用都应该是如此，而吴方言的情况也属于此类。

语言接触在鼻音韵尾的消变中起着一定的作用,这一点是不可否认的,但如果说这是最重要的作用,或者说大多数方言鼻音韵尾的演变都属于这种情况则是需要商榷的。

4.3.2.1 语言接触在边界地区的鼻音韵尾消变中起着一定的作用

在语言接触频繁的地区,互相接触的语言相互影响是必然的,而鼻音韵尾在接触中往往会出现变异,这一方面的典型例子是海南闽语。

所调查的13个海南闽语都存在不同程度的中古鼻音韵尾脱落的现象,这与福建省内和广东地区的闽语有着很大的不同。(闽北和粤西的少数方言点存在鼻音韵尾脱落的现象,这些地区也是分布着多种方言的区域。)海南闽语源自福建,其古阳声韵读为口元音的字在福建和粤东闽语中多读为鼻化元音,可以推测,鼻音韵尾的脱落是闽语到达海南岛以后才发生的。海南闽语这种大范围的鼻尾失落,与其所处的特殊语言环境密不可分。根据刘新中(2006)[①]的调查研究,海南岛共存有包括闽语在内的14种语言和方言:黎语、村话、那月话、海南苗语、临高话、回辉话、海南闽语、儋州话、军话、客家话、迈话、蛋家话、付马话、普通话。海南岛人口共有八百万(截至2001年年底),操海南闽语的人口约五百多万。目前海南岛上闽语的使用人口比例占据绝对优势,这种优势地位不是一蹴而就而是在历史发展中逐渐形成的。"根据族谱的记载,海南岛80%以上讲闽

---

[①] 刘新中:《海南闽语的语音研究》,北京:中国社会科学出版社,2006年,47、244页。

## 4 古阳声韵韵尾演变的形式、途径和条件、动因

语的居民主要是宋代入琼的"[1];"在海南岛上,海南闽语由最初的零星分布到遍布沿海的大部分地区,由受临高话等非汉语影响发展为除官话以外没有一种语言可以与之抗衡的强势方言"[2];明正德(1506—1521)《琼台志》中,闽语被称为"客语"[3]。可见,至少是在明代,闽语仍未在海南岛上广泛使用。换个角度说,明代及之前海南岛的权威语言是非闽语,闽语在这些时期处于弱势地位。

闽语语音系统与海南岛其他的语言或方言相差甚远,字音很难整齐对应,在接触中难免会产生这样或那样的影响。影响可能是一方向另一方靠拢,也可能是某一方向与双方都不同的第三方发展。福建闽语和粤东闽语的鼻化元音到了海南闽语成了口元音,这是闽语自身在进入海南以后进一步发展的结果,但是,岛上复杂的语言环境应该也对这种变异起了一定的催化作用。

闽北地区也存在古阳声韵字今读口元音的方言,有两个方言点:建瓯和尤溪。其中,建瓯读口元音的字较多而尤溪较少。和海南的闽语一样,这两个方言也是处于多方言交叉分布的地区。尤溪和建瓯地处闽北,分布着闽语、赣语和客家话,19世纪30年代起官话也逐渐进入闽北地区。另一方面,同是闽语,还有闽北、闽东、闽南等区别,所以闽北地区的方言是多种多样的。这一带山区较多,村镇之间几乎无法通话,但是,出于婚嫁、商品贸易等的需要,语言接触仍然是很频繁的。在这样

---

[1] 刘新中:《海南闽语的语音研究》,北京:中国社会科学出版社,2006年,35页。
[2] 刘新中:《海南闽语的语音研究》,北京:中国社会科学出版社,2006年,14页。
[3] 参见《海南闽语的语音研究》29页。

的一个区域，方言的语音系统呈现出比较复杂的面貌，建瓯话和尤溪话复杂面貌的一个表现就是中古阳声韵今读口元音。

西北地区及江浙一带曾经居住了许多土著民族，这些地区的方言也存在较多的古阳声韵尾今读鼻化元音或口元音的现象，尤其是江浙一带的吴语。这一现象的出现，相信与历史上汉族和这些民族的接触有一定的关系。

所以，在语言接触的边界地区，汉语方言鼻音韵尾的消变往往会受到外方言或其他语言的影响。

#### 4.3.2.2 语言接触不是鼻音韵尾消变最重要的因素

语言接触对鼻音韵尾的消变起着一定的作用，但是，这种作用并不是最重要的因素。可以从三个方面来说明。

首先，不是所有处于语言接触地区的方言都出现鼻音韵尾弱化、脱落的现象。粤东和粤东北分布着闽方言和客家方言，揭东方言和丰顺方言处于语言接触边缘，但二者分别保持着闽方言和客家方言的韵尾特点，未因语言接触而发生变异。粤方言的祖语作为汉语的一种在最初进入岭南时，必定要与当时百越族的语言接触，而这些土著民族的人数应该不在少数。然而，目前的粤方言，鼻音韵尾与中古阳声韵韵尾的对应无疑是所有汉语方言中最整齐的。当然，整体的整齐对应不能避免少数的不整齐，粤方言下属的宝安方言、东莞方言和番禺方言所表现出来的 [-m]、[-n] 向 [-ŋ] 的转变正是如此。其中，宝安方言的表现最为彻底，中古阳声韵古摄都收 [-ŋ]。广州地区主要分布着粤方言，惠州地区分布着客家方言，深圳、东莞处于二者中间，粤、客杂居，番禺也与东莞隔江相望，这三种方言的韵尾今读类型应该与语言接触的影响有关。换句话说，同样处于语言接触的环境，有些方言可能会出现鼻音韵尾消变的现象，有些方言则不会。由此，语言接触谈不上是鼻音韵尾消变最重要

## 4 古阳声韵韵尾演变的形式、途径和条件、动因

的因素。

其次，未处于语言接触区域的方言同样会出现鼻音韵尾消变的现象。从理论上说，很难确定某一地区的方言从未出现过语言接触的情况，因为地区的历史可以无限地上溯，要清晰完整地理清脉络是不可能的。在此，"未处于语言接触区域"只能指在唐以来一直为汉族人民居住的成片、稳定的区域。处于这样的一个区域而鼻音韵尾仍然出现消变现象的一个典型是山东境内的冀鲁官话。山东境内的济南、曲阜一带是周朝鲁国的核心区域，有孔子的儒学传世，其在汉文化的创建和传承中的重要地位是公认的，这一区域的冀鲁官话出现了大范围的咸深山臻摄（[-n]）向鼻化元音转化的现象，从语言接触的角度是很难解释的。

最后，不同的方言区存在同样的鼻音韵尾消变，而相同的方言区下属方言点存在不同的韵尾格局。从第二章的分类可知，鼻音韵尾的消变并不专属于某一方言区，而是跨地区存在的，像中古阳声韵口元音既存在于晋语区，又存在于吴语区和闽语区。今读鼻化元音的现象在各大方言区中就更为普遍了。同样的演变规律在不同的方言区内常常起着相同的作用，像上述提到的主要元音舌位的高低、鼻音韵尾发音部位的前后，这些都是鼻音韵尾消变中具有普遍性的条件。反过来说，相同的方言区内有着不同的韵尾格局，这一点也是很明显的，上文提到的闽语和粤语就是如此。

总之，随着社会的发展而向前演变是事物发展的普遍规律，中古阳声韵韵尾也同样符合这一规律。在遵循这一不变规律的前提下，有很多因素影响着鼻音韵尾的消变，最重要的应该是语言内部的因素，即音节内部各因素的相互作用及音节之间的

相互作用，以前者为最。语言接触也是其中的一个促进因素，在某些地区的鼻音韵尾演变中发挥着一定的作用。

## 4.4 结语

阳声韵韵尾的演变，从鼻音韵尾到鼻化元音，再到口元音，每个阶段都在不同的方言中得到了体现。第二章的叙述已经表明，粤语是三分类型的主体，官话是二分类型的主体，吴语、湘语、徽语是鼻化元音和口元音类型的主体，而闽语、客家话、赣语在保留鼻音韵尾的同时出现元音鼻化的现象。从主流类型出发，把这几个方言区在鼻音韵尾演变的链条上串起来，结果大致如下：

鼻音韵尾 ─────→ 鼻化元音 ─────→ 口元音
粤　官　客/闽/赣　　湘　　徽/吴

**图 4.6　各方言区在鼻音韵尾演变中所处的阶段**

图 4.6 反映了大致的情况，而各方言区内的类型并不是整齐一致的。粤语相对保守，保留了中古的 [-m]、[-n]、[-ŋ] 韵尾，而湘语、徽语和吴语则发展最快，有些变成了鼻化韵，有的甚至已经完全蜕变为口元音了。客家、闽语、赣语则处于中间，有保守的也有变异的。这种不整齐性从另一个角度看，正好体现了方言韵尾的丰富多样。从中古到今天，阳声韵韵尾从鼻音韵尾的单一格局发展成了鼻音韵尾、鼻化元音、口元音交叉组合的多样格局。

古阳声韵韵尾到现代汉语方言的演变有鼻音韵尾的归并、鼻音韵尾的弱化和消失两种形式。其中，韵尾的归并可以分为

## 4 古阳声韵韵尾演变的形式、途径和条件、动因

无条件的演变和有条件的演变两种，根据表4.1的信息，可以整理出鼻音韵尾从某一形式到另一形式演变的条件：

表 4.24　鼻音韵尾演变的条件

| | 演变 | 无条件 | 有条件 |
|---|---|---|---|
| ① | m → n | √ | |
| ② | n → ŋ | √ | |
| ③ | ŋ → n | | 央高元音韵腹 |
| ④ | ŋ → m | | 后元音韵腹 |
| ⑤ | n → m | | 后、圆唇元音韵腹，鼻化元音过渡阶段 |

①②是无条件的演变，是阳声韵韵尾演变的总体形式和主要途径，分布的区域较广，分别是咸深摄韵尾与山臻韵尾合并，山臻摄（包括已并入的咸深摄）韵尾与宕江曾梗通摄韵尾合并。③④⑤是有条件的演变，是阳声韵韵尾演变的特殊形式，分布区域相对较窄。主要是曾梗摄韵尾与深臻摄韵尾合并，宕江梗通摄及山摄韵尾演变为 [m]。

鼻音韵尾演变的条件主要是鼻韵尾发音部位的前后以及主要元音舌位的高低。阳声韵九摄韵尾演变为鼻化元音和口元音的时间先后各不相同，大致的次序是"咸山→宕江→梗臻→深曾→通"。从王力先生的拟音来看，中古咸山宕江梗等摄是低元音，而深臻通等摄是高元音，曾摄是央元音。咸山宕江摄韵尾最先弱化、消失，体现了低元音韵腹在演变中的重要作用，咸山摄先于宕江摄则体现了鼻音韵尾发音部位前后的影响。这两个条件在不同的方言中可能单独起作用，也可能交叉起作用。

鼻音韵尾演变的动因，有内因和外因两种，内因是音节要素之间和音节之间的相互作用，外因是语言接触所起到的一定

的促进作用。

　　鼻音韵尾的归并和弱化消失是中古阳声韵韵尾消变的两大途径，归并是第一阶段，弱化而转变为鼻化元音是第二阶段，鼻化消失、转变为口元音并与阴声韵合并是第三阶段。鼻音的韵尾地位在各种因素的作用下逐渐丧失，以致成为韵腹的附属，最终鼻音色彩完全消失，鼻音韵母转变为元音韵母。至此，大多数汉语方言的鼻音韵尾系统都不再是中古 [-m]、[-n]、[-ŋ] 三分的格局，需要重新认识、归类。

# 5 余论 古阴声韵在现代汉语方言中读鼻音韵尾的条件

在汉语语音的古今演变中，古阳声韵韵尾的弱化乃至消失是基本规律，这是本文讨论的中心议题，但是我们同样也注意到一种逆向演变的现象，那就是部分古阴声韵字在一些现代汉语方言中读鼻音韵尾。这种逆向演变往往是有条件的，结合鼻音韵尾的弱化、消失，可以更好地认识鼻音韵尾在汉语中的性质和地位。

## 5.1 中古阴声韵今读鼻音韵尾的分布

汉语方言中古阴声韵读为鼻音韵尾的情况并不少见。数据库 930 个方言，每个方言点调查 164 个中古阴声韵字，其中 95 个方言共 39 个阴声韵字、143 字次[1]存在读为鼻音韵尾的现象，主要分布在安徽、福建、广东、广西、湖北、湖南、江西、台湾、浙江等地。阴声韵果、假、遇、蟹、止、效、流七摄都不同程度地存在少量字读为鼻音韵尾的现象，其中流摄的字数最

---

[1] 同一个字在不同方言点中有鼻音韵尾读法的，按方言点计算。

◆ 中古阳声韵韵尾在现代汉语方言中的读音类型

多。各摄读为鼻音韵尾的情况如下表:①

表 5.1 中古阴声韵今读鼻音韵尾的分布

| 摄 | 字 | 韵尾 | 分布地点 | 代表点读音 |
|---|---|---|---|---|
| 果 | 磨 | ŋ | 浙江崇德旧、德清、海盐、湖州。湖南临武、宁乡。6 | [moŋ]崇德 |
| 假 | 写 | ŋ | 湖南新晃。1 | [ɕieŋ] |
| 遇 | 五 | ŋ | 安徽泾县。福建长汀。广东高要、广宁、龙门₁、龙门₂、新兴、阳春、阳东、阳西。湖南东安、凤凰、古丈、泸溪乡、沅陵。江西崇义、赣县、南康、信丰。19 | [oŋ]泾县 |
|  |  | n | 湖南辰溪乡。浙江遂安旧。2 | [ŋuen]辰溪 |
|  | 去 | ŋ | 福建浦城闽。1 | [khoŋ] |
|  | 鱼 | ŋ | 江西于都、赣县、信丰。3 | [ŋiəŋ]于都 |
|  |  | n | 浙江东阳。1 | [ŋyːn] |
| 蟹 | 戒 | n | 四川屏山。1 | [tɕien] |
|  | 派 | n | 湖南衡南、衡阳县。2 | [phan]衡南 |
|  | 买 | n | 湖南辰溪乡。1 | [man] |
|  | 卖 | n | 湖南辰溪乡。1 | [man] |
|  | 米 | n | 湖南安仁、衡山、耒阳、冷水江、麻阳、永兴。6 | [mien]安仁 |
|  |  | ŋ | 湖南新化。1 | [miŋ] |
|  | 泥 | n | 湖北咸宁。湖南衡山。福建漳平。3 | [nin]咸宁 |
|  |  | ŋ | 湖南新化。1 | [niŋ] |
|  | 西 | ŋ | 浙江泰顺吴。1 | [ɕieŋ] |
|  | 妹 | n | 湖南辰溪乡、溆浦。2 | [men]辰溪 |
|  |  | ŋ | 福建大田。湖南江永。2 | [muŋ]大田 |

① 地点栏中的数字为分布点数;分布点在一个以上的以第一个地点为代表点。

## 5 余论 古阴声韵在现代汉语方言中读鼻音韵尾的条件

续表

| 摄 | 字 | 韵尾 | 分布地点 | 代表点读音 |
|---|---|---|---|---|
| 止 | 儿 | ŋ | 安徽黟县。浙江泰顺吴。2 | [ŋiŋ]黟县 |
| | 眉 | ŋ | 湖南新化。1 | [miŋ] |
| | | n | 湖南衡山、冷水江、临武、永兴。浙江桐庐。5 | [min]衡山 |
| | 二 | ŋ | 安徽黟县。福建上杭。湖南泸溪乡、沅陵。4 | [ŋiŋ]黟县 |
| | | n | 湖南辰溪乡。1 | [xon] |
| | 衣 | ŋ | 福建浦城闽。1 | [ʔiŋ] |
| | | n | 浙江淳安。1 | [en] |
| 效 | 毛 | ŋ | 福建厦门、安溪、大田、德化、惠安、晋江、南安、泉州、同安、仙游、永春、漳平、漳浦。台湾高雄县、屏东、台东、台南市、彰化。18 | [mŋ]厦门 |
| | 脑 | ŋ | 浙江义乌。1 | [noŋ] |
| | 桥 | ŋ | 福建屏南。1 | [kyøŋ] |
| 流 | 母 | ŋ | 安徽巢湖。福建浦城吴、漳平。广西钟山。河南商城。湖北鄂州、红安、洪湖、武汉、钟祥。湖南保靖、常宁、洞口、古丈、吉首、隆回、宁乡、绥宁、武冈。江西广丰、于都、玉山。浙江开化、遂昌。24 | [moŋ]巢湖 |
| | | n | 湖南冷水江。1 | [men] |
| | 牛 | ŋ | 安徽无为。福建浦城吴。湖北红安、监利。湖南城步、华容、隆回、麻阳、武冈、新化、岳阳市。浙江缙云。12 | [ŋiəŋ]无为 |
| | 豆楼走钩後厚流酒抽皱愁瘦手州九油有 | ŋ | 浙江缙云。 | [-iuŋ] |

上表可见：

（1）中古阴声韵今读鼻音韵尾的现象不具有普遍性，字数不多。上表共 39 个读为鼻音韵尾的字，如果除去缙云独有的 17 个字，只有 22 个存在鼻音韵尾的读法。

（2）中古阴声韵今读鼻音韵尾的现象分布区域较广，有不少是成片的。数据库 930 个方言点有 95 个存在这一现象，像"五毛母牛"等的分布都是成片的。

（3）除浙江缙云外，鼻音声母字读为鼻音韵尾的占多数。所调查的21个流摄字中，缙云有18个读鼻音韵尾，涵盖了塞音、塞擦音、边音、鼻音等各种声母。除缙云外的22个读鼻音韵尾的字中，13个来自明、泥、疑三个声母，2个来自日母。

（4）鼻音韵尾有 [n] 和 [ŋ] 两个，读 [ŋ] 的比例高于 [n]。143个读为鼻音韵尾的字中，[n] 28个，占19.58%，[ŋ] 115个，占80.42%。

## 5.2 鼻音韵尾产生的条件

### 5.2.1 鼻音声母

如上所述，中古阴声韵在现代汉语方言中读鼻音韵尾的字数不多，但分布较广。不同的字有着不同的分布，有些字只分布在一个方言点，有些字则分布在一二十个方言点。从分布点较多的几个字来看，鼻音声母字占绝大多数。

分布点较少的字如果同韵摄的其他字无鼻音韵尾的读法，这种情况很难排除其变读为鼻音韵尾的偶然性。分布范围较广的字，变读的偶然性较低。上表分布点在5个以上（含5个）的字有8个（磨五米眉二毛母牛），都是鼻音声母来源。其中，明母字5个，疑母字2个，日母字1个。明母和疑母中古都是鼻音声母，疑母后来发生变异，不少方言读为零声母，但保留鼻音声母的方言仍有不少。据王力、董同龢的构拟，日母在上古的音值为 [*ȵ]。现代汉语方言中，仍有不少日母常用字读鼻音声母的，像梅州话、上海话等。

丁邦新（1987）《论官话方言研究中的几个问题》在分析官话方言鼻音韵尾的产生时指出："这类字字数很少，但变读相当

## 5 余论 古阴声韵在现代汉语方言中读鼻音韵尾的条件

一致,相信是受到声母鼻音的影响。"[①]鼻音声母的鼻音性容易影响后面的韵母,产生顺同化。鼻音韵尾从无到有,其产生的途径可能是这样的:

$$NV \to N\tilde{V} \to NVN$$

鼻音声母与韵母元音组合,最初可能只是略带鼻音色彩,使韵母元音成为鼻化元音,最后才演变成鼻音韵尾。这一途径可以从同一个字在不同方言点的读音以及同一方言点的多个读音的现象得到解释。

先看"毛"在台湾闽语中的读音:

口元音 → 鼻化元音 → 口元音和鼻尾 → 鼻尾
台中县 台北　花莲 南投 云林　　高雄县 台东　屏东 台南 彰化
嘉义市 宜兰

"毛"的韵母从口元音到鼻尾,台中县、台北、嘉义市、宜兰4点处于演变的起点,韵母仍为口元音,屏东、台南和彰化处于演变的终点,带上了鼻音韵尾。高雄县和台东的情况是口元音和鼻尾两读,事实上,普通元音到鼻尾之间应该也存在鼻化元音的过渡,不过,从听辨上说,很难区分鼻音声母和普通元音以及鼻化元音组合的音色差别。

福建几个闽语点"毛"一字多音的现象更能体现这一演变途径的可能性:

表5.2　龙岩等方言"毛"的读音

|  | 音1 | 音2 | 音3 |
|---|---|---|---|
| 龙岩 | mo | mõ |  |
| 漳平 | mɔ̃ | məŋ |  |
| 厦门 | bo | bɔ̃ | mŋ |

---

[①] 丁邦新:《丁邦新语言学论文集》,北京:商务印书馆,1998年,234页。

厦门 [b] 的实际音值应为 [mb]，其鼻音性和其他鼻音声母一样对韵母有着重要的影响。由上表可见，鼻音声母和元音韵母的组合使主要元音带上鼻化，进而产生鼻音韵尾，这一途径是符合方言事实的。

### 5.2.2 央、高元音韵腹

鼻音声母不是鼻音韵尾产生的唯一条件，否则很难解释为什么不是所有阴声韵的鼻音声母字都演变出鼻音韵尾。鼻音韵尾产生的另一个条件是央、高元音韵腹。不同方言的 143 个读为鼻音韵尾的字中，14 个为低元音韵腹 [a/æ/ɛ/ɑ/ʌ/ɔ]，129 个为央、高元音韵腹 [i/e/ø/u/ɯ/o/ɤ/ə]。

丁邦新《论官话方言研究中的几个问题》指出后、高元音 [u] 容易产生鼻音韵尾："……共同的特点是以 u 为主要元音或韵尾，如上所说，u 和 ŋ 都是部位偏后的响亮音，加上双唇音声母的影响，产生新的韵尾-ŋ，造成目前的现象。"[1] 由于材料所限，丁先生仅谈论了主要元音为 [u] 的例子，从第一节的材料可见，除 [u] 以外的其他央、高元音也有可能促使鼻音韵尾产生。上面提到以央、高元音为韵腹的 129 字中，103 个为后、央、高元音 [ə/o/ɯ/u/ɤ]。[ə/o/ɯ/ɤ] 等具有和 [u] 相近的"部位偏后""响亮"等音色，加上鼻音声母的共同作用，促使了鼻音韵尾的产生。缙云读鼻音韵尾的字最多，流摄 21 字中有 18 个字读鼻音韵尾，鼻音声母和非鼻音声母都有，韵母整齐一致，都是 [iɯŋ]。可见，后、高元音导致鼻音韵尾的论断是可信的。

此外，前、高元音 [i] 与鼻音声母结合也容易产生鼻音韵尾，"米泥眉"的情况正是如此。

---

[1] 丁邦新：《丁邦新语言学论文集》，北京：商务印书馆，1998 年，234 页。

5  余论  古阴声韵在现代汉语方言中读鼻音韵尾的条件

## 5.3 鼻音韵尾产生和消变的规律

从现代汉语方言中中古阴声韵字读为鼻音韵尾的分布情况可见，鼻音韵尾的产生有如下 3 条规律：

（1）鼻音声母较其他声母容易导致鼻音韵尾的产生。

（2）央、高元音韵腹较低元音韵腹容易产生鼻音韵尾。

（3）鼻音韵尾产生的次序是 ŋ＞n（＞m）。数据库没有中古阴声韵今读 [m] 韵尾的例子，说明相对 [-n] 和 [-ŋ] 而言，[-m] 最不容易产生。

和古阳声韵鼻音韵尾的消失相比，鼻音韵尾的产生有着自己的特点，把二者的规律联系起来看，可以发现其中的关系。

前文的叙述可见，鼻音韵尾的消变有两条重要的规律：一是鼻音韵尾在低元音后较高元音后容易消变。二是鼻音韵尾消变的顺序是从前到后 m＞n＞ŋ。鼻音韵尾产生的第 2、3 条规律正好与此相反。

鼻音韵尾产生和消失的规律正好相反，从音理上说是合理的。一方面，低元音后的鼻音韵尾容易消变，说明二者的粘合性较差，低元音后产生鼻音韵尾的可能性也就较低；反之，高元音后的鼻音韵尾不容易消变，说明二者的粘合性较强，高元音后产生鼻音韵尾的可能性也就较高。另一方面，[-m] 在音节组合中最容易弱化、脱落，[-n] 次之，[-ŋ] 最为稳固，换一个角度来说，[-ŋ] 跟元音韵腹的组合能力是最强的，元音之后自然最容易产生 [-ŋ] 韵尾，[-n] 则次之，[-m] 最次。

中古阳声韵的鼻音韵尾在现代汉语方言中的消变，说明了鼻音韵尾从古至今的发展趋势是由强到弱，甚至于完全丧失韵尾的地位，这是鼻音韵尾发展的大趋势。但是，另一方面，中

### ◆ 中古阳声韵韵尾在现代汉语方言中的读音类型

古阴声韵字在现代汉语方言中存在读为鼻音韵尾的现象。从某个角度说，鼻音作为韵母的一个因素，在汉语的语音系统中仍然占有一席之地。在汉语的进一步发展中，鼻音的韵尾地位是否有新的变化，有待时间的考验。

# 参考文献

**专著**

〔瑞典〕高本汉：《中国音韵学研究》，北京：商务印书馆，2003年，第1—748页。

（宋）陈彭年等编：《宋本广韵·永禄本韵镜》，南京：江苏教育出版社，2002年，第1—216页。

（元）周德清：《中原音韵》，《文渊阁四库全书》第1496册，台湾：商务印书馆，1986年，第657—710页。

《全唐诗（增订本）第13册》，北京：中华书局，1999年，第9929页。

包智明等：《生成音系学理论及其应用（第二版）》，北京：中国社会科学出版社，2007年，第1—256页。

鲍明炜：《唐代诗文韵部研究》，南京：江苏古籍出版社，1990年，第374、380页。

北京大学中国语言文学系语言学教研室编：《汉语方音字汇（第二版重排本）》，北京：语文出版社，2003年，第1—409页。

曹志耘：《南部吴语语音研究》，北京：商务印书馆，2002年，第1—295页。

曹志耘主编：《汉语方言地图集（语音卷）》，北京：商务印书馆，2008年，第1—205页。

陈立中：《湘语与吴语音韵比较研究》，北京：中国社会科学出版社，2004年，第1—218页。

程湘清主编：《宋元明汉语研究》，济南：山东教育出版社，1992年，第510—578页。

丁邦新：《丁邦新语言学论文集》，北京：商务印书馆，1998年，第209—245页。

丁锋：《〈博雅音〉音系研究》，北京：北京大学出版社，1995年，第1—194页。

董少文：《语音常识》，上海：上海教育出版社，1988年，第1—185页。

董同龢：《汉语音韵学》，北京：中华书局，2001年，第1—327页。

广西壮族自治区地方志编纂委员会编：《广西通志·汉语方言志》，南宁：广西人民出版社，1998年，第1—884页。

侯精一主编：《现代汉语方言概论》，上海：上海教育出版社，2002年，第1—249页。

蒋冰冰：《吴语宣州片方言音韵研究》，上海：华东师范大学出版社，2003年，第1—164页。

李范文：《宋代西北方音》，北京：中国社会科学出版社，1994年，第1—538页。

李荣：《音韵存稿》，北京：商务印书馆，1982年，第1—264页。

李如龙，张双庆：《客赣方言调查报告》，厦门：厦门大学出版社，1992年，第1—518页。

李如龙：《福建县市方言志12种》，福州：福建教育出版社，2001年，第1—539页。

林伦伦、陈晓枫：《广东闽方言语音研究》，汕头：汕头大学出版社，1996年，第1—313页。

刘纶鑫：《客赣方言比较研究》，北京：中国社会科学出版社，1999年，第1—808页。

刘新中：《海南闽语的语音研究》，北京：中国社会科学出版社，2006年，第1—261页。

鲁国尧：《鲁国尧语言学论文集》，南京：江苏教育出版社，2003年，第385—425页。

罗常培：《唐五代西北方音》，北京：科学出版社，1961年，第1—226页。

钱曾怡：《博山方言研究》，北京：社会科学文献出版社，1993年，第1—195页。

钱曾怡：《钱曾怡汉语方言研究文选》，济南：山东大学出版社，2008年，第1—406页。

钱乃荣：《当代吴语研究》，上海：上海教育出版社，1992年，第1—1121页。

邵荣芬：《切韵研究》，北京：中国社会科学出版社，1982年，第1—167页。

邵荣芬：《邵荣芬音韵学论集》，北京：首都师范大学出版社，1963年，第280—343页。

孙宜志：《江西赣方言语音研究》，北京：语文出版社，2007年，第1—261页。

王力：《汉语讲话》，北京：文化教育出版社，1955年，第8页。

王力：《汉语史稿（重排本）》，北京：中华书局，2004年，第159页。

王力：《汉语音韵学》，北京：中华书局，1956年，第1—682页。

王力：《汉语语音史》，北京：中国社会科学出版社，1985年，第1—639页。

吴宗济、林茂灿：《实验语音学概要》，北京：高等教育出版社，1989年，第1—347页。

徐通锵：《历史语言学》，北京：商务印书馆，1991年，第1—441页。

杨耐思：《近代汉语音论》，北京：商务印书馆，1997年，第1—279页。

杨耐思：《中原音韵音系》，北京：中国社会科学出版社，1981年，第1—186页。

游汝杰：《游汝杰自选集》，桂林：广西师范大学出版社，1999年，第68—96页。

袁家骅：《汉语方言概要（第二版）》，北京：语文出版社，2006年，第1—323页。

赵元任：《现代吴语的研究（附调查表格）》，北京：科学出版社，1956年，第1—255页。

赵元任：《赵元任语言学论文集》，北京：商务印书馆，2002年，第847—858页。

## 论文

陈海波、尉迟治平：《五代诗韵系略说》，《语言研究》1998年第2期。

陈晓锦：《广东粤语的鼻音韵尾和入声韵尾》，《方言》2001年第2期。

丁声树：《河南省遂平方言记略》，《方言》1989年第2期。

范俊军：《湘南嘉禾土话的几个语音现象及其成因探析》，《湘潭大学社会科学学报》2000年第4期。

高明：《中国历代韵书的韵部分合》，《华冈文科学报》1980年第

12期。

高云峰：《150年来中古咸山摄舒声字在上海话中的语音变迁》，《语言研究》1996年第2期。

胡安顺：《汉语辅音韵尾对韵腹的稳定作用》，《方言》2002年第1期。

黄布凡：《羌语语音演变中排斥鼻音的趋势》，《民族语文》1987年第5期。

梁建芬：《在语流中导致鼻韵尾脱落的因素探讨》，《新世纪的现代语音学——第五届全国现代语音学学术会议论文集》，北京：清华大学出版社，2001年，第126—129页。

林茂灿、颜景助：《普通话带鼻尾零声母音节中的协同发音》，《应用声学》1994年第1期。

刘根辉、尉迟治平：《中唐诗韵系略说》，《语言研究》1999年第1期。

刘晓南、罗雪梅：《宋代四川诗人阳声韵及异调通押中的方音现象——宋代四川方音研究之一》，《古汉语研究》2006年第3期。

刘晓南：《宋代福建诗人用韵所反映的十到十三世纪的闽方言若干特点》，《语言研究》1998年第1期。

鲁国尧：《宋代苏轼等四川词人用韵考》，《语言学论丛》1981年第8期。

麦耘：《论近代汉语-m韵尾消变的时限》，《古汉语研究》1991年第4期。

毛世桢：《上海话鼻韵母鼻音性质的实验研究》，《华东师范大学学报（哲学社会科学版）》1984年第2期。

潘家懿：《鼻/塞韵尾的消变及其粤东闽语模式》，《语文研究》1998年第4期。

桥本万太郎：《西北方言和中古汉语的硬软颚音韵尾》，《语文研究》1982年第1期。

冉启斌:《汉语鼻音韵尾的实验研究》,《南开语言学刊》2005年第1期。

冉启斌:《汉语鼻音韵尾的消变及相关问题》,《汉语史研究集刊(第八辑)》,2005年。

石林、黄勇:《汉藏语系语言鼻音韵尾的发展演变》,《民族语文》1996年第6期。

孙捷、尉迟治平:《盛唐诗韵系略说》,《语言研究》2001年第3期。

王洪君:《阳声韵在山西方言中的演变(上)》,《语文研究》1991年第4期。

王洪君:《阳声韵在山西方言中的演变(下)》,《语文研究》1992年第1期。

王志洁:《英汉音节鼻韵尾的不同性质》,《现代外语》1997年第4期。

魏慧斌:《宋词阳声韵的数理统计分析》,《语言研究》2005年第1期。

魏慧斌:《宋词用韵研究》,华中科技大学博士学位论文,2005年,第1—181页。

魏慧斌:《宋词韵-m韵尾消变考察》,《古籍整理研究学刊》2005年第6期。

吴文文:《近代汉语阳声韵尾和入声韵尾的演变研究》,福建师范大学硕士学位论文,2006年,第1—41页。

杨耐思:《近代汉语-m的转化》,《语言学论丛》1981年第7期。

于晶:《中古阳声韵和入声韵在晋语中的演变》,北京语言大学硕士学位论文,2004年,第1—51页。

张吉生:《汉语韵尾辅音演变的音系理据》,《中国语文》2007年第4期。

张金泉:《敦煌曲子词用韵考》,《音韵学研究》1986年第2期。

张琨:《汉语方言中鼻音韵尾的消失》,《中国语文丛刊·汉语方言》,1983年。

张维佳:《关中方言鼻尾韵的音变模式》,《语言研究》2001年第4期。

张星、马英:《海南临高话》,《中央民族大学学报(哲学社会科学版)》1983年第1期。

张燕来:《兰银官话鼻尾韵的演化》,《语言科学》2006年第5期。

赵日新:《中古阳声韵徽语今读分析》,《中国语文》2003年第5期。

赵蓉、尉迟治平:《晚唐诗韵系略说》,《语言研究》1999年第2期。

郑林丽:《汉语鼻音韵尾的演变》,兰州大学硕士学位论文,2001年,第1—46页。

钟荣富:《优选论与汉语的音系》,《国外语言学》1995年第3期。

周磊:《非音节性词尾和汉语方言的阳声韵》,《方言》2007年第3期。

周长楫:《永安话的-m尾问题》,《中国语文》1990年第1期。

Matthew Y. Chen, Cross Dialectal Comparison, A Case Study and Some Theoretical Considerations, *Journal of Chinese Linguistics*, 1973, 1(1): 38-63.

Matthew Y. Chen, An Areal Study of Nasalization in Chinese, *Journal of Chinese Linguistics*, 1975, 3(1): 16-59.

Matthew Y. Chen, Nasals and Nasalization in Chinese: Exploration in Phonological Universals, Berkeley: Dissertation of Doctor of The University of California Berkeley, 1972: 1-317.

# 附录1 数据库930个方言点所调查的178个常用字

说明：字目使用繁体字。

| 貪 | 潭 | 南 | 蠶 | 含 | 暗 | 膽 | 淡 | 藍 | 三 |
|---|---|---|---|---|---|---|---|---|---|
| 咸开一覃平透 | 咸开一覃平定 | 咸开一覃平泥 | 咸开一覃平从 | 咸开一覃平匣 | 咸开一阚去影 | 咸开一敢上端 | 咸开一敢上定 | 咸开一谈平来 | 咸开一谈平心 |
| 敢 | 鹹 | 衫 | 尖 | 鹽 | 欠 | 嚴 | 店 | 甜 | 嫌 |
| 咸开一敢上见 | 咸开二咸平匣 | 咸开二衔平生 | 咸开三盐平精 | 咸开三盐平以 | 咸开三酽去溪 | 咸开三严平疑 | 咸开四㮇去端 | 咸开四添平定 | 咸开四添平匣 |
| 犯 | 林 | 心 | 尋 | 參 | 深 | 音 | 炭 | 蘭 | 汗 |
| 咸合三范上奉 | 深开三侵平来 | 深开三侵平心 | 深开三侵平邪 | 深开三侵平生 | 深开三侵平书 | 深开三侵平影 | 山开一翰去透 | 山开一寒平来 | 山开一翰去匣 |
| 安 | 辦 | 山 | 産 | 間 | 眼 | 板 | 顏 | 面 | 連 |
| 山开一寒平影 | 山开二裥去並 | 山开二山平生 | 山开二产上生 | 山开二山平见 | 山开二产上疑 | 山开二潸上帮 | 山开二删平疑 | 山开三线去明 | 山开三仙平来 |
| 綫 | 扇 | 件 | 建 | 麵 | 天 | 年 | 蓮 | 肩 | 煙 |
| 山开三线去心 | 山开三线去书 | 山开三狝上群 | 山开三愿去见 | 山开四霰去明 | 山开四先平透 | 山开四先平泥 | 山开四先平来 | 山开四先平见 | 山开四先平影 |
| 搬 | 半 | 滿 | 端 | 短 | 暖 | 亂 | 酸 | 官 | 換 |
| 山合一桓平帮 | 山合一换去帮 | 山合一缓上明 | 山合一桓平端 | 山合一缓上端 | 山合一缓上泥 | 山合一换去来 | 山合一桓平心 | 山合一桓平见 | 山合一换去匣 |

附录1 数据库930个方言点所调查的178个常用字

续表

| 關 | 還 | 全 | 傳 | 磚 | 船 | 軟 | 權 | 鉛 | 飯 |
|---|---|---|---|---|---|---|---|---|---|
| 山合二删平見 | 山合二删平匣 | 山合三仙平从 | 山合三仙平澄 | 山合三仙平章 | 山合三仙平船 | 山合三狝上日 | 山合三仙平群 | 山合三仙平以 | 山合三愿去奉 |
| 萬 | 園 | 遠 | 縣 | 根 | 恨 | 恩 | 民 | 新 | 身 |
| 山合三愿去微 | 山合三元平云 | 山合三阮上云 | 山合四霰去匣 | 臻开一痕平見 | 臻开一恨去匣 | 臻开一痕平影 | 臻开三真平明 | 臻开三真平心 | 臻开三真平书 |
| 銀 | 勁 | 近 | 門 | 墩 | 嫩 | 寸 | 孫 | 滾 | 温 |
| 臻开三真平疑 | 臻开三焮去見 | 臻开三隐上群 | 臻合一魂平明 | 臻合一魂平端 | 臻合一慁去泥 | 臻合一慁去清 | 臻合一魂平心 | 臻合一混上見 | 臻合一魂平影 |
| 筍 | 春 | 順 | 閏 | 分 | 問 | 軍 | 雲 | 幫 | 糖 |
| 臻合三準上心 | 臻合三谆平昌 | 臻合三稕去船 | 臻合三稕去日 | 臻合三文平非 | 臻合三问去微 | 臻合三文平見 | 臻合三文平云 | 宕开一唐平帮 | 宕开一唐平定 |
| 糠 | 漿 | 想 | 張 | 長 | 裝 | 床 | 章 | 唱 | 薑 |
| 宕开一唐平溪 | 宕开三阳平精 | 宕开三养上心 | 宕开三阳平知 | 宕开三阳平澄 | 宕开三阳平庄 | 宕开三阳平崇 | 宕开三阳平章 | 宕开三漾去昌 | 宕开三阳平見 |
| 響 | 癢 | 樣 | 光 | 黃 | 放 | 防 | 王 | 棒 | 撞 |
| 宕开三养上晓 | 宕开三养上以 | 宕开三漾去以 | 宕合一唐平見 | 宕合一唐平匣 | 宕合三漾去非 | 宕合三阳平奉 | 宕合三阳平云 | 江开二讲上並 | 江开二绛去澄 |
| 雙 | 講 | 燈 | 僧 | 肯 | 冰 | 升 | 冷 | 生 | 更 |
| 江开二江平生 | 江开二讲上見 | 曾开一登平端 | 曾开一登平心 | 曾开一等上溪 | 曾开三蒸平帮 | 曾开三蒸平书 | 梗开二梗上来 | 梗开二庚平生 | 梗开二庚平見 |
| 梗 | 硬 | 爭 | 耕 | 兵 | 柄 | 病 | 鏡 | 影 | 井 |
| 梗开二梗上見 | 梗开二映去疑 | 梗开二耕平庄 | 梗开二耕平見 | 梗开三庚平帮 | 梗开三映去帮 | 梗开三映去並 | 梗开三映去見 | 梗开三梗上影 | 梗开三静上精 |
| 清 | 城 | 輕 | 頂 | 廳 | 零 | 星 | 横 | 兄 | 榮 |
| 梗开三清平清 | 梗开三清平禅 | 梗开三清平溪 | 梗开三迥上端 | 梗开三青平透 | 梗开四青平来 | 梗开四青平心 | 梗合二庚平匣 | 梗合三庚平晓 | 梗合三庚平云 |
| 東 | 懂 | 凍 | 通 | 桶 | 痛 | 銅 | 動 | 洞 | 聾 |
| 通合一东平端 | 通合一董上端 | 通合一送去端 | 通合一东平透 | 通合一董上透 | 通合一送去透 | 通合一东平定 | 通合一董上定 | 通合一送去定 | 通合一东平来 |
| 弄 | 粽 | 公 | 紅 | 冬 | 統 | 膿 | 風 | 中 | 蟲 |
| 通合一送去来 | 通合一东平精 | 通合一东平見 | 通合一东平匣 | 通合一冬平端 | 通合一宋去透 | 通合一冬平泥 | 通合三东平非 | 通合三东平知 | 通合三东平澄 |
| 宮 | 雄 | 蜂 | 龍 | 松 | 腫 | 共 | 用 | | |
| 通合三东平見 | 通合三东平云 | 通合三锺平敷 | 通合三锺平来 | 通合三锺平邪 | 通合三腫上章 | 通合三用去群 | 通合三用去以 | | |

# 附录2  930个方言点的古阳声韵今读韵尾

说明：

1. 本表列举正文涉及的930个方言点的古阳声韵今读韵尾。

2. 大类序号相当于第二章中的二级标题，小类序号相当于三级标题和四级标题。第四、五大类各分两个次大类，表中未体现，仅以小类的重新编号来表现。第七、八大类不细分小类。

3. "方言"一栏采用《汉语方言地图集》的分区，除官话方言外不再细分区片。官话方言下分的大区以前两个字为代表，有北京、东北、胶辽、冀鲁、兰银、中原、西南、江淮等。此外，客家话简称"客家"，儋州话简称"儋州"。

| 大类 | 小类 | 省份 | 地点 | 方言 | 咸 | 深 | 山 | 臻 | 宕 | 江 | 曾 | 梗 | 通 |
|---|---|---|---|---|---|---|---|---|---|---|---|---|---|
| 一 | 1 | 广东 | 博罗 | 客家 | m | m | n | n | ŋ | ŋ | ŋ | ŋ | ŋ |
| 一 | 1 | 广东 | 龙门₁ | 粤语 | m | m | n | n | ŋ | ŋ | ŋ | ŋ | ŋ |
| 一 | 1 | 广西 | 宾阳 | 平话 | m | m | n | n | ŋ | ŋ | ŋ | ŋ | ŋ |
| 一 | 1 | 广西 | 博白 | 客家 | m | m | n | n | ŋ | ŋ | ŋ | ŋ | ŋ |
| 一 | 1 | 广西 | 扶绥 | 平话 | m | m | n | n | ŋ | ŋ | ŋ | ŋ | ŋ |
| 一 | 1 | 广西 | 桂平 | 粤语 | m | m | n | n | ŋ | ŋ | ŋ | ŋ | ŋ |
| 一 | 1 | 广西 | 来宾 | 平话 | m | m | n | n | ŋ | ŋ | ŋ | ŋ | ŋ |
| 一 | 1 | 广西 | 灵山 | 粤语 | m | m | n | n | ŋ | ŋ | ŋ | ŋ | ŋ |

附录2 930个方言点的古阳声韵今读韵尾

续表

| 大类 | 小类 | 省份 | 地点 | 方言 | 咸 | 深 | 山 | 臻 | 宕 | 江 | 曾 | 梗 | 通 |
|---|---|---|---|---|---|---|---|---|---|---|---|---|---|
| 一 | 1 | 广西 | 柳城 | 平话 | m | m | n | n | ŋ | ŋ | ŋ | ŋ | ŋ |
| 一 | 1 | 广西 | 罗城 | 平话 | m | m | n | n | ŋ | ŋ | ŋ | ŋ | ŋ |
| 一 | 1 | 广西 | 蒙山 | 平话 | m | m | n | n | ŋ | ŋ | ŋ | ŋ | ŋ |
| 一 | 1 | 广西 | 钦州 | 粤语 | m | m | n | n | ŋ | ŋ | ŋ | ŋ | ŋ |
| 一 | 1 | 广西 | 融水 | 平话 | m | m | n | n | ŋ | ŋ | ŋ | ŋ | ŋ |
| 一 | 1 | 广西 | 三江 | 平话 | m | m | n | n | ŋ | ŋ | ŋ | ŋ | ŋ |
| 一 | 1 | 广西 | 上林 | 平话 | m | m | n | n | ŋ | ŋ | ŋ | ŋ | ŋ |
| 一 | 1 | 广西 | 宜州 | 平话 | m | m | n | n | ŋ | ŋ | ŋ | ŋ | ŋ |
| 一 | 1 | 广西 | 邕宁 | 平话 | m | m | n | n | ŋ | ŋ | ŋ | ŋ | ŋ |
| 一 | 1 | 广西 | 昭平 | 粤语 | m | m | n | n | ŋ | ŋ | ŋ | ŋ | ŋ |
| 一 | 1 | 江西 | 黎川 | 赣语 | m | m | n | n | ŋ | ŋ | ŋ | ŋ | ŋ |
| 一 | 1 | 江西 | 资溪 | 赣语 | m | m | n | n | ŋ | ŋ | ŋ | ŋ | ŋ |
| 一 | 1 | 台湾 | 新竹县 | 客家 | m | m | n | n | ŋ | ŋ | ŋ | ŋ | ŋ |
| 一 | 2 | 澳门 | 澳门 | 粤语 | mn | m | n | n | ŋ | ŋ | ŋ | ŋ | ŋ |
| 一 | 2 | 福建 | 建宁 | 闽语 | mn | m | n | n | ŋ | ŋ | ŋ | ŋ | ŋ |
| 一 | 2 | 广东 | 德庆 | 粤语 | mn | m | n | n | ŋ | ŋ | ŋ | ŋ | ŋ |
| 一 | 2 | 广东 | 电白 | 粤语 | mn | m | n | n | ŋ | ŋ | ŋ | ŋ | ŋ |
| 一 | 2 | 广东 | 斗门 | 粤语 | mn | m | n | n | ŋ | ŋ | ŋ | ŋ | ŋ |
| 一 | 2 | 广东 | 恩平 | 粤语 | mn | m | n | n | ŋ | ŋ | ŋ | ŋ | ŋ |
| 一 | 2 | 广东 | 封开 | 粤语 | mn | m | n | n | ŋ | ŋ | ŋ | ŋ | ŋ |
| 一 | 2 | 广东 | 佛冈 | 粤语 | mn | m | n | n | ŋ | ŋ | ŋ | ŋ | ŋ |
| 一 | 2 | 广东 | 高明 | 粤语 | mn | m | n | n | ŋ | ŋ | ŋ | ŋ | ŋ |
| 一 | 2 | 广东 | 高要 | 粤语 | mn | m | n | n | ŋ | ŋ | ŋ | ŋ | ŋ |
| 一 | 2 | 广东 | 高州 | 粤语 | mn | m | n | n | ŋ | ŋ | ŋ | ŋ | ŋ |
| 一 | 2 | 广东 | 广宁 | 粤语 | mn | m | n | n | ŋ | ŋ | ŋ | ŋ | ŋ |
| 一 | 2 | 广东 | 广州 | 粤语 | mn | m | n | n | ŋ | ŋ | ŋ | ŋ | ŋ |
| 一 | 2 | 广东 | 鹤山 | 粤语 | mn | m | nŋ | nŋ | ŋ | ŋ | ŋ | ŋ | ŋ |

## 中古阳声韵韵尾在现代汉语方言中的读音类型

续表

| 大类 | 小类 | 省份 | 地点 | 方言 | 咸 | 深 | 山 | 臻 | 宕 | 江 | 曾 | 梗 | 通 |
|---|---|---|---|---|---|---|---|---|---|---|---|---|---|
| 一 | 2 | 广东 | 花都 | 粤语 | mn | m | n | n | ŋ | ŋ | ŋ | ŋ | ŋ |
| 一 | 2 | 广东 | 化州 | 粤语 | mn | m | n | n | ŋ | ŋ | ŋ | ŋ | ŋ |
| 一 | 2 | 广东 | 怀集 | 粤语 | mn | m | n | n | ŋ | ŋ | ŋ | ŋ | ŋ |
| 一 | 2 | 广东 | 龙门₂ | 粤语 | mn | m | n | n | ŋ | ŋ | ŋ | ŋ | ŋ |
| 一 | 2 | 广东 | 南海 | 粤语 | mn | m | n | n | ŋ | ŋ | ŋ | ŋ | ŋ |
| 一 | 2 | 广东 | 三水 | 粤语 | mn | m | n | n | ŋ | ŋ | ŋ | ŋ | ŋ |
| 一 | 2 | 广东 | 顺德 | 粤语 | mn | m | n | n | ŋ | ŋ | ŋ | ŋ | ŋ |
| 一 | 2 | 广东 | 四会 | 粤语 | mn | m | n | n | ŋ | ŋ | ŋ | ŋ | ŋ |
| 一 | 2 | 广东 | 遂溪粤 | 粤语 | mŋ | m | nŋ | nŋ | ŋ | ŋ | ŋ | ŋ | ŋ |
| 一 | 2 | 广东 | 新兴 | 粤语 | mn | m | n | n | ŋ | ŋ | ŋ | ŋ | ŋ |
| 一 | 2 | 广东 | 阳春 | 粤语 | mn | m | n | n | ŋ | ŋ | ŋ | ŋ | ŋ |
| 一 | 2 | 广东 | 阳东 | 粤语 | mn | m | n | n | ŋ | ŋ | ŋ | ŋ | ŋ |
| 一 | 2 | 广东 | 阳山 | 粤语 | mn | m | n | n | ŋ | ŋ | ŋ | ŋ | ŋ |
| 一 | 2 | 广东 | 阳西 | 粤语 | mn | m | n | n | ŋ | ŋ | ŋ | ŋ | ŋ |
| 一 | 2 | 广东 | 郁南 | 粤语 | mn | m | n | n | ŋ | ŋ | ŋ | ŋ | ŋ |
| 一 | 2 | 广西 | 北海 | 粤语 | mn | m | n | n | ŋ | ŋ | ŋ | ŋ | ŋ |
| 一 | 2 | 广西 | 北流 | 粤语 | mn | m | n | n | ŋ | ŋ | ŋ | ŋ | ŋ |
| 一 | 2 | 广西 | 苍梧 | 粤语 | mn | m | n | n | ŋ | ŋ | ŋ | ŋ | ŋ |
| 一 | 2 | 广西 | 岑溪 | 粤语 | mn | m | n | n | ŋ | ŋ | ŋ | ŋ | ŋ |
| 一 | 2 | 广西 | 横县 | 平话 | mn | m | n | n | ŋ | ŋ | ŋ | ŋ | ŋ |
| 一 | 2 | 广西 | 南宁粤 | 粤语 | mn | m | n | n | ŋ | ŋ | ŋ | ŋ | ŋ |
| 一 | 2 | 广西 | 平南 | 平话 | mn | m | n | n | ŋ | ŋ | ŋ | ŋ | ŋ |
| 一 | 2 | 广西 | 南宁平 | 平话 | mn | m | n | n | ŋ | ŋ | ŋ | ŋ | ŋ |
| 一 | 2 | 广西 | 容县 | 粤语 | mn | m | n | n | ŋ | ŋ | ŋ | ŋ | ŋ |
| 一 | 2 | 广西 | 藤县 | 粤语 | mn | m | n | n | ŋ | ŋ | ŋ | ŋ | ŋ |
| 一 | 2 | 广西 | 梧州 | 粤语 | mn | m | n | n | ŋ | ŋ | ŋ | ŋ | ŋ |
| 一 | 2 | 海南 | 儋州 | 儋州 | mn | m | n | n | ŋ | ŋ | ŋ | ŋ | ŋ |

附录2 930个方言点的古阳声韵今读韵尾

续表

| 大类 | 小类 | 省份 | 地点 | 方言 | 咸 | 深 | 山 | 臻 | 宕 | 江 | 曾 | 梗 | 通 |
|---|---|---|---|---|---|---|---|---|---|---|---|---|---|
| 一 | 2 | 江西 | 崇仁 | 赣语 | mn | m | n | n | ŋ | ŋ | ŋ | ŋ | ŋ |
| 一 | 2 | 江西 | 东乡 | 赣语 | mn | m | n | n | ŋ | ŋ | ŋ | ŋ | ŋ |
| 一 | 2 | 江西 | 南丰 | 赣语 | mn | m | n | n | ŋ | ŋ | ŋ | ŋ | ŋ |
| 一 | 2 | 江西 | 全南 | 客家 | mn | m | n | n | ŋ | ŋ | ŋ | ŋ | ŋ |
| 一 | 2 | 江西 | 宜黄 | 赣语 | mn | m | n | n | ŋ | ŋ | ŋ | ŋ | ŋ |
| 一 | 2 | 香港 | 香港 | 粤语 | mn | m | n | n | ŋ | ŋ | ŋ | ŋ | ŋ |
| 一 | 2 | 浙江 | 景宁畲 | 畲话 | mn | m | n | n | ŋ | ŋ | ŋ | ŋ | ŋ |
| 一 | 3 | 广西 | 巴马 | 平话 | m | m | n | n | ŋ | ŋ | ŋ | nŋ | nŋ |
| 一 | 3 | 广西 | 崇左 | 平话 | m | m | n | n | ŋ | ŋ | ŋ | nŋ | nŋ |
| 一 | 3 | 广西 | 龙州 | 平话 | m | m | n | n | ŋ | ŋ | ŋ | nŋ | nŋ |
| 一 | 3 | 广西 | 隆安 | 平话 | m | m | n | n | ŋ | ŋ | ŋ | nŋ | nŋ |
| 一 | 3 | 广西 | 马山 | 平话 | m | m | n | n | ŋ | ŋ | ŋ | nŋ | nŋ |
| 一 | 3 | 广西 | 宁明 | 平话 | m | m | n | n | ŋ | ŋ | ŋ | nŋ | nŋ |
| 一 | 3 | 广西 | 平果 | 平话 | m | m | n | n | ŋ | ŋ | ŋ | nŋ | nŋ |
| 一 | 3 | 广西 | 田东 | 平话 | m | m | n | n | ŋ | ŋ | ŋ | nŋ | nŋ |
| 一 | 3 | 广西 | 田阳 | 平话 | m | m | n | n | ŋ | ŋ | ŋ | nŋ | nŋ |
| 一 | 3 | 广西 | 武鸣 | 平话 | m | m | n | n | ŋ | ŋ | ŋ | nŋ | nŋ |
| 一 | 4 | 福建 | 光泽 | 闽语 | m | m | n | n | n | ŋ | ŋ | n | ŋ |
| 一 | 4 | 广东 | 东源 | 客家 | m | m | n | n | ŋ | ŋ | n | ŋ | ŋ |
| 一 | 4 | 广东 | 丰顺 | 客家 | m | m | n | n | ŋ | ŋ | n | ŋ | ŋ |
| 一 | 4 | 广东 | 惠东 | 客家 | m | m | n | n | ŋ | ŋ | n | ŋ | ŋ |
| 一 | 4 | 广东 | 惠阳 | 客家 | m | m | n | n | ŋ | ŋ | n | ŋ | ŋ |
| 一 | 4 | 广东 | 揭西 | 客家 | m | m | n | n | ŋ | ŋ | n | ŋ | ŋ |
| 一 | 4 | 广东 | 连平 | 客家 | m | m | n | n | ŋ | ŋ | n | ŋ | ŋ |
| 一 | 4 | 广东 | 陆河 | 客家 | m | m | n | n | ŋ | ŋ | n | ŋ | ŋ |
| 一 | 4 | 广东 | 梅州 | 客家 | m | m | n | n | ŋ | ŋ | n | ŋ | ŋ |
| 一 | 4 | 广东 | 五华 | 客家 | m | m | n | n | ŋ | ŋ | n | nŋ | ŋ |

◆ 中古阳声韵韵尾在现代汉语方言中的读音类型

续表

| 大类 | 小类 | 省份 | 地点 | 方言 | 咸 | 深 | 山 | 臻 | 宕 | 江 | 曾 | 梗 | 通 |
|---|---|---|---|---|---|---|---|---|---|---|---|---|---|
| 一 | 4 | 广东 | 新丰 | 客家 | m | m | n | n | ŋ | n | nŋ | ŋ |
| 一 | 4 | 广东 | 紫金 | 客家 | m | m | n | n | ŋ | ŋ | n | nŋ | ŋ |
| 一 | 4 | 广西 | 防城港 | 客家 | m | m | n | n | ŋ | ŋ | n | nŋ | ŋ |
| 一 | 4 | 广西 | 贵港 | 客家 | m | m | n | n | ŋ | ŋ | n | nŋ | ŋ |
| 一 | 4 | 广西 | 合浦 | 客家 | m | m | n | n | ŋ | ŋ | n | nŋ | ŋ |
| 一 | 4 | 广西 | 柳江 | 客家 | m | m | n | n | ŋ | ŋ | n | nŋ | ŋ |
| 一 | 4 | 广西 | 陆川 | 客家 | m | m | n | n | ŋ | ŋ | n | nŋ | ŋ |
| 一 | 4 | 江西 | 抚州 | 赣语 | mn | mn | n | n | ŋ | ŋ | n | nŋ | ŋ |
| 一 | 4 | 江西 | 高安 | 赣语 | m | mn | n | n | ŋ | ŋ | n | nŋ | ŋ |
| 一 | 4 | 台湾 | 苗栗 | 客家 | m | m | n | n | ŋ | ŋ | n | nŋ | ŋ |
| 一 | 4 | 台湾 | 桃园 | 客家 | m | m | n | n | ŋ | ŋ | n | nŋ | ŋ |
| 一 | 4 | 香港 | 新界 | 客家 | m | m | n | n | ŋ | ŋ | n | nŋ | ŋ |
| 一 | 5 | 福建 | 宁德畲 | 畲话 | mn | m | n | n | ŋ | ŋ | ŋ | ŋ | ŋ |
| 一 | 5 | 广东 | 大埔 | 客家 | mn | m | n | n | ŋ | ŋ | ŋ | ŋ | ŋ |
| 一 | 5 | 广东 | 和平 | 客家 | mn | m | n | n | ŋ | ŋ | ŋ | ŋ | ŋ |
| 一 | 5 | 广东 | 廉江 | 客家 | mn | m | n | n | ŋ | ŋ | ŋ | ŋ | ŋ |
| 一 | 5 | 广东 | 清新 | 客家 | mn | m | n | n | ŋ | ŋ | ŋ | ŋ | ŋ |
| 一 | 5 | 广东 | 信宜 | 客家 | mn | m | n | n | ŋ | ŋ | ŋ | ŋ | ŋ |
| 一 | 5 | 广东 | 英德 | 客家 | mn | m | n | n | ŋ | ŋ | ŋ | ŋ | ŋ |
| 一 | 5 | 广西 | 象州 | 客家 | mn | m | n | n | ŋ | ŋ | ŋ | ŋ | ŋ |
| 一 | 5 | 江西 | 定南 | 客家 | mn | m | n | n | ŋ | ŋ | ŋ | ŋ | ŋ |
| 一 | 5 | 江西 | 奉新 | 赣语 | mn | m | n | n | ŋ | ŋ | ŋ | ŋ | ŋ |
| 一 | 6 | 福建 | 宁德闽 | 闽语 | mn | m | n | n | ŋ | ŋ | nŋ | ŋ | ŋ |
| 一 | 6 | 广东 | 惠州 | 客家 | mn | m | n | n | ŋ | ŋ | nŋ | ŋ | ŋ |
| 一 | 6 | 广东 | 开平 | 粤语 | mn | m | n | n | ŋ | ŋ | nŋ | ŋ | ŋ |
| 一 | 6 | 广东 | 龙川 | 客家 | mn | m | n | n | ŋ | ŋ | nŋ | nŋ | ŋ |
| 一 | 6 | 广东 | 台山 | 粤语 | mn | m | n | n | ŋ | ŋ | nŋ | nŋ | ŋ |

## 附录2 930个方言点的古阳声韵今读韵尾

续表

| 大类 | 小类 | 省份 | 地点 | 方言 | 咸 | 深 | 山 | 臻 | 宕 | 江 | 曾 | 梗 | 通 |
|---|---|---|---|---|---|---|---|---|---|---|---|---|---|
| 一 | 6 | 广东 | 新会 | 粤语 | mn | m | n | n | ŋ | ŋ | nŋ | nŋ | ŋ |
| 一 | 6 | 广西 | 百色 | 平话 | mn | m | n | n | ŋ | ŋ | ŋ | nŋ | ŋ |
| 一 | 6 | 广西 | 都安 | 平话 | m | mn | n | n | ŋ | ŋ | ŋ | nŋ | ŋ |
| 一 | 6 | 广西 | 贺州 | 平话 | m | m | n | n | ŋ | ŋ | ŋ | ŋ | ŋ |
| 一 | 7 | 福建 | 邵武 | 闽语 | mŋ | n | nŋ | n | ŋ | ŋ | ŋ | n | ŋ |
| 一 | 7 | 福建 | 周宁 | 闽语 | mn | nŋ | nŋ | n | ŋ | ŋ | ŋ | ŋ | ŋ |
| 一 | 7 | 广东 | 番禺 | 粤语 | mŋ | m | n | n | ŋ | ŋ | ŋ | nŋ | ŋ |
| 一 | 7 | 广东 | 蕉岭 | 客家 | m | m | n | n | ŋ | ŋ | n | nŋ | ŋ |
| 一 | 7 | 广东 | 茂名 | 粤语 | mŋ | m | n | n | ŋ | ŋ | nŋ | nŋ | ŋ |
| 一 | 7 | 广东 | 从化 | 粤语 | mŋ | m | n | n | ŋ | ŋ | ŋ | nŋ | ŋ |
| 一 | 7 | 广东 | 云安 | 粤语 | mn | m | nŋ | n | ŋ | ŋ | ŋ | nŋ | ŋ |
| 一 | 7 | 广东 | 平远 | 客家 | m | m | n | n | ŋ | ŋ | n | nŋ | ŋ |
| 一 | 7 | 广东 | 吴川 | 粤语 | mŋ | m | nŋ | nŋ | ŋ | ŋ | nŋ | nŋ | ŋ |
| 一 | 7 | 广东 | 增城 | 粤语 | mŋ | m | n | n | ŋ | ŋ | ŋ | nŋ | ŋ |
| 一 | 7 | 广东 | 湛江 | 粤语 | mŋ | m | n | n | ŋ | ŋ | nŋ | nŋ | ŋ |
| 一 | 7 | 广东 | 中山 | 粤语 | mnŋ | m | n | n | ŋ | ŋ | ŋ | nŋ | ŋ |
| 一 | 7 | 广西 | 兴业 | 粤语 | m | m | n | n | nŋ | ŋ | ŋ | nŋ | ŋ |
| 一 | 7 | 广西 | 荔浦 | 客家 | mn | m | n | n | ŋ | ŋ | ŋ | nŋ | ŋ |
| 一 | 7 | 湖南 | 衡山 | 湘语 | n | ŋ | n | nŋ | m | m | nŋ | mnŋ | ŋ |
| 二 | 1 | 北京 | 北京 | 北京 | n | n | n | n | ŋ | ŋ | ŋ | ŋ | ŋ |
| 二 | 1 | 北京 | 平谷 | 冀鲁 | n | n | n | n | ŋ | ŋ | ŋ | ŋ | ŋ |
| 二 | 1 | 北京 | 延庆 | 北京 | n | n | n | n | ŋ | ŋ | ŋ | ŋ | ŋ |
| 二 | 1 | 广东 | 连山 | 粤语 | n | n | n | n | ŋ | ŋ | ŋ | ŋ | ŋ |
| 二 | 1 | 河北 | 安国 | 冀鲁 | n | n | n | n | ŋ | ŋ | ŋ | ŋ | ŋ |
| 二 | 1 | 河北 | 霸州 | 冀鲁 | n | n | n | n | ŋ | ŋ | ŋ | ŋ | ŋ |
| 二 | 1 | 河北 | 昌黎 | 冀鲁 | n | n | n | n | ŋ | ŋ | ŋ | ŋ | ŋ |
| 二 | 1 | 河北 | 承德县 | 北京 | n | n | n | n | ŋ | ŋ | ŋ | ŋ | ŋ |

189

### ◆ 中古阳声韵韵尾在现代汉语方言中的读音类型

续表

| 大类 | 小类 | 省份 | 地点 | 方言 | 咸 | 深 | 山 | 臻 | 宕 | 江 | 曾 | 梗 | 通 |
|---|---|---|---|---|---|---|---|---|---|---|---|---|---|
| 二 | 1 | 河北 | 丰宁 | 北京 | n | n | n | n | ŋ | ŋ | ŋ | ŋ | ŋ |
| 二 | 1 | 河北 | 丰润 | 冀鲁 | n | n | n | n | ŋ | ŋ | ŋ | ŋ | ŋ |
| 二 | 1 | 河北 | 河间 | 冀鲁 | n | n | n | n | ŋ | ŋ | ŋ | ŋ | ŋ |
| 二 | 1 | 河北 | 青龙 | 冀鲁 | n | n | n | n | ŋ | ŋ | ŋ | ŋ | ŋ |
| 二 | 1 | 河北 | 唐海 | 冀鲁 | n | n | n | n | ŋ | ŋ | ŋ | ŋ | ŋ |
| 二 | 1 | 河北 | 唐县 | 冀鲁 | n | n | n | n | ŋ | ŋ | ŋ | ŋ | ŋ |
| 二 | 1 | 河北 | 围场 | 北京 | n | n | n | n | ŋ | ŋ | ŋ | ŋ | ŋ |
| 二 | 1 | 河北 | 香河 | 北京 | n | n | n | n | ŋ | ŋ | ŋ | ŋ | ŋ |
| 二 | 1 | 河北 | 徐水 | 冀鲁 | n | n | n | n | ŋ | ŋ | ŋ | ŋ | ŋ |
| 二 | 1 | 河南 | 扶沟 | 中原 | n | n | n | n | ŋ | ŋ | ŋ | ŋ | ŋ |
| 二 | 1 | 河南 | 滑县 | 中原 | n | n | n | n | ŋ | ŋ | ŋ | ŋ | ŋ |
| 二 | 1 | 河南 | 获嘉 | 晋语 | n | n | n | n | ŋ | ŋ | ŋ | ŋ | ŋ |
| 二 | 1 | 河南 | 开封县 | 中原 | n | n | n | n | ŋ | ŋ | ŋ | ŋ | ŋ |
| 二 | 1 | 河南 | 灵宝 | 中原 | n | n | n | n | ŋ | ŋ | ŋ | ŋ | ŋ |
| 二 | 1 | 河南 | 鲁山 | 中原 | n | n | n | n | ŋ | ŋ | ŋ | ŋ | ŋ |
| 二 | 1 | 河南 | 洛阳 | 中原 | n | n | n | n | ŋ | ŋ | ŋ | ŋ | ŋ |
| 二 | 1 | 河南 | 民权 | 中原 | n | n | n | n | ŋ | ŋ | ŋ | ŋ | ŋ |
| 二 | 1 | 河南 | 沁阳 | 晋语 | n | n | n | n | ŋ | ŋ | ŋ | ŋ | ŋ |
| 二 | 1 | 河南 | 清丰 | 中原 | n | n | n | n | ŋ | ŋ | ŋ | ŋ | ŋ |
| 二 | 1 | 河南 | 确山 | 中原 | n | n | n | n | ŋ | ŋ | ŋ | ŋ | ŋ |
| 二 | 1 | 河南 | 社旗 | 中原 | n | n | n | n | ŋ | ŋ | ŋ | ŋ | ŋ |
| 二 | 1 | 河南 | 嵩县 | 中原 | n | n | n | n | ŋ | ŋ | ŋ | ŋ | ŋ |
| 二 | 1 | 河南 | 西平 | 中原 | n | n | n | n | ŋ | ŋ | ŋ | ŋ | ŋ |
| 二 | 1 | 河南 | 西峡 | 中原 | n | n | n | n | ŋ | ŋ | ŋ | ŋ | ŋ |
| 二 | 1 | 河南 | 夏邑 | 中原 | n | n | n | n | ŋ | ŋ | ŋ | ŋ | ŋ |
| 二 | 1 | 河南 | 项城 | 中原 | n | n | n | n | ŋ | ŋ | ŋ | ŋ | ŋ |
| 二 | 1 | 河南 | 新蔡 | 中原 | n | n | n | n | ŋ | ŋ | ŋ | ŋ | ŋ |

附录2　930个方言点的古阳声韵今读韵尾

续表

| 大类 | 小类 | 省份 | 地点 | 方言 | 咸 | 深 | 山 | 臻 | 宕 | 江 | 曾 | 梗 | 通 |
|---|---|---|---|---|---|---|---|---|---|---|---|---|---|
| 二 | 1 | 河南 | 禹州 | 中原 | n | n | n | n | ŋ | ŋ | ŋ | ŋ | ŋ |
| 二 | 1 | 河南 | 柘城 | 中原 | n | n | n | n | ŋ | ŋ | ŋ | ŋ | ŋ |
| 二 | 1 | 河南 | 镇平 | 中原 | n | n | n | n | ŋ | ŋ | ŋ | ŋ | ŋ |
| 二 | 1 | 河南 | 郑州 | 中原 | n | n | n | n | ŋ | ŋ | ŋ | ŋ | ŋ |
| 二 | 1 | 黑龙江 | 勃利 | 东北 | n | n | n | n | ŋ | ŋ | ŋ | ŋ | ŋ |
| 二 | 1 | 黑龙江 | 富锦 | 东北 | n | n | n | n | ŋ | ŋ | ŋ | ŋ | ŋ |
| 二 | 1 | 黑龙江 | 哈尔滨 | 东北 | n | n | n | n | ŋ | ŋ | ŋ | ŋ | ŋ |
| 二 | 1 | 黑龙江 | 海伦 | 东北 | n | n | n | n | ŋ | ŋ | ŋ | ŋ | ŋ |
| 二 | 1 | 黑龙江 | 呼玛 | 东北 | n | n | n | n | ŋ | ŋ | ŋ | ŋ | ŋ |
| 二 | 1 | 黑龙江 | 佳木斯 | 东北 | n | n | n | n | ŋ | ŋ | ŋ | ŋ | ŋ |
| 二 | 1 | 黑龙江 | 克山 | 东北 | n | n | n | n | ŋ | ŋ | ŋ | ŋ | ŋ |
| 二 | 1 | 黑龙江 | 漠河 | 东北 | n | n | n | n | ŋ | ŋ | ŋ | ŋ | ŋ |
| 二 | 1 | 黑龙江 | 牡丹江 | 东北 | n | n | n | n | ŋ | ŋ | ŋ | ŋ | ŋ |
| 二 | 1 | 黑龙江 | 齐齐哈尔 | 东北 | n | n | n | n | ŋ | ŋ | ŋ | ŋ | ŋ |
| 二 | 1 | 黑龙江 | 孙吴 | 东北 | n | n | n | n | ŋ | ŋ | ŋ | ŋ | ŋ |
| 二 | 1 | 黑龙江 | 延寿 | 东北 | n | n | n | n | ŋ | ŋ | ŋ | ŋ | ŋ |
| 二 | 1 | 黑龙江 | 伊春 | 东北 | n | n | n | n | ŋ | ŋ | ŋ | ŋ | ŋ |
| 二 | 1 | 吉林 | 安图 | 东北 | n | n | n | n | ŋ | ŋ | ŋ | ŋ | ŋ |
| 二 | 1 | 吉林 | 白城 | 东北 | n | n | n | n | ŋ | ŋ | ŋ | ŋ | ŋ |
| 二 | 1 | 吉林 | 长春 | 东北 | n | n | n | n | ŋ | ŋ | ŋ | ŋ | ŋ |
| 二 | 1 | 吉林 | 东辽 | 东北 | n | n | n | n | ŋ | ŋ | ŋ | ŋ | ŋ |
| 二 | 1 | 吉林 | 桦甸 | 东北 | n | n | n | n | ŋ | ŋ | ŋ | ŋ | ŋ |
| 二 | 1 | 吉林 | 吉林 | 东北 | n | n | n | n | ŋ | ŋ | ŋ | ŋ | ŋ |
| 二 | 1 | 吉林 | 集安 | 东北 | n | n | n | n | ŋ | ŋ | ŋ | ŋ | ŋ |
| 二 | 1 | 吉林 | 靖宇 | 东北 | n | n | n | n | ŋ | ŋ | ŋ | ŋ | ŋ |
| 二 | 1 | 吉林 | 双辽 | 东北 | n | n | n | n | ŋ | ŋ | ŋ | ŋ | ŋ |
| 二 | 1 | 吉林 | 松原 | 东北 | n | n | n | n | ŋ | ŋ | ŋ | ŋ | ŋ |

## 中古阳声韵韵尾在现代汉语方言中的读音类型

续表

| 大类 | 小类 | 省份 | 地点 | 方言 | 咸 | 深 | 山 | 臻 | 宕 | 江 | 曾 | 梗 | 通 |
|---|---|---|---|---|---|---|---|---|---|---|---|---|---|
| 二 | 1 | 江苏 | 宿迁 | 中原 | n | n | n | n | ŋ | ŋ | ŋ | ŋ | ŋ |
| 二 | 1 | 江西 | 安义 | 赣语 | n | n | n | n | ŋ | ŋ | ŋ | ŋ | ŋ |
| 二 | 1 | 江西 | 都昌 | 赣语 | n | n | n | n | ŋ | ŋ | ŋ | ŋ | ŋ |
| 二 | 1 | 江西 | 广昌 | 赣语 | n | n | n | n | ŋ | ŋ | ŋ | ŋ | ŋ |
| 二 | 1 | 江西 | 金溪 | 赣语 | n | n | n | n | ŋ | ŋ | ŋ | ŋ | ŋ |
| 二 | 1 | 江西 | 进贤 | 赣语 | n | n | n | n | ŋ | ŋ | ŋ | ŋ | ŋ |
| 二 | 1 | 江西 | 乐安 | 赣语 | n | n | n | n | ŋ | ŋ | ŋ | ŋ | ŋ |
| 二 | 1 | 江西 | 宁都 | 客家 | n | n | n | n | ŋ | ŋ | ŋ | ŋ | ŋ |
| 二 | 1 | 江西 | 修水 | 赣语 | n | n | n | n | ŋ | ŋ | ŋ | ŋ | ŋ |
| 二 | 1 | 江西 | 余干 | 赣语 | n | n | n | n | ŋ | ŋ | ŋ | ŋ | ŋ |
| 二 | 1 | 辽宁 | 北镇 | 东北 | n | n | n | n | ŋ | ŋ | ŋ | ŋ | ŋ |
| 二 | 1 | 辽宁 | 朝阳县 | 北京 | n | n | n | n | ŋ | ŋ | ŋ | ŋ | ŋ |
| 二 | 1 | 辽宁 | 大连 | 胶辽 | n | n | n | n | ŋ | ŋ | ŋ | ŋ | ŋ |
| 二 | 1 | 辽宁 | 宽甸 | 胶辽 | n | n | n | n | ŋ | ŋ | ŋ | ŋ | ŋ |
| 二 | 1 | 辽宁 | 辽阳 | 东北 | n | n | n | n | ŋ | ŋ | ŋ | ŋ | ŋ |
| 二 | 1 | 辽宁 | 凌源 | 北京 | n | n | n | n | ŋ | ŋ | ŋ | ŋ | ŋ |
| 二 | 1 | 辽宁 | 清原 | 东北 | n | n | n | n | ŋ | ŋ | ŋ | ŋ | ŋ |
| 二 | 1 | 辽宁 | 沈阳 | 东北 | n | n | n | n | ŋ | ŋ | ŋ | ŋ | ŋ |
| 二 | 1 | 辽宁 | 瓦房店 | 胶辽 | n | n | n | n | ŋ | ŋ | ŋ | ŋ | ŋ |
| 二 | 1 | 辽宁 | 兴城 | 东北 | n | n | n | n | ŋ | ŋ | ŋ | ŋ | ŋ |
| 二 | 1 | 辽宁 | 岫岩 | 胶辽 | n | n | n | n | ŋ | ŋ | ŋ | ŋ | ŋ |
| 二 | 1 | 辽宁 | 彰武 | 东北 | n | n | n | n | ŋ | ŋ | ŋ | ŋ | ŋ |
| 二 | 1 | 内蒙古 | 通辽 | 东北 | n | n | n | n | ŋ | ŋ | ŋ | ŋ | ŋ |
| 二 | 1 | 内蒙古 | 乌兰浩特 | 东北 | n | n | n | n | ŋ | ŋ | ŋ | ŋ | ŋ |
| 二 | 1 | 内蒙古 | 扎兰屯 | 东北 | n | n | n | n | ŋ | ŋ | ŋ | ŋ | ŋ |
| 二 | 1 | 山东 | 苍山 | 中原 | n | n | n | n | ŋ | ŋ | ŋ | ŋ | ŋ |
| 二 | 1 | 山东 | 成武 | 中原 | n | n | n | n | ŋ | ŋ | ŋ | ŋ | ŋ |

附录2　930个方言点的古阳声韵今读韵尾

续表

| 大类 | 小类 | 省份 | 地点 | 方言 | 咸 | 深 | 山 | 臻 | 宕 | 江 | 曾 | 梗 | 通 |
|---|---|---|---|---|---|---|---|---|---|---|---|---|---|
| 二 | 1 | 山东 | 东明 | 中原 | n | n | n | n | ŋ | ŋ | ŋ | ŋ | ŋ |
| 二 | 1 | 山东 | 肥城 | 冀鲁 | n | n | n | n | ŋ | ŋ | ŋ | ŋ | ŋ |
| 二 | 1 | 山东 | 莱阳 | 胶辽 | n | n | n | n | ŋ | ŋ | ŋ | ŋ | ŋ |
| 二 | 1 | 山东 | 聊城 | 冀鲁 | n | n | n | n | ŋ | ŋ | ŋ | ŋ | ŋ |
| 二 | 1 | 山东 | 蓬莱 | 胶辽 | n | n | n | n | ŋ | ŋ | ŋ | ŋ | ŋ |
| 二 | 1 | 山东 | 青岛 | 胶辽 | n | n | n | n | ŋ | ŋ | ŋ | ŋ | ŋ |
| 二 | 1 | 山东 | 荣成 | 胶辽 | n | n | n | n | ŋ | ŋ | ŋ | ŋ | ŋ |
| 二 | 1 | 山东 | 乳山 | 胶辽 | n | n | n | n | ŋ | ŋ | ŋ | ŋ | ŋ |
| 二 | 1 | 山东 | 滕州 | 中原 | n | n | n | n | ŋ | ŋ | ŋ | ŋ | ŋ |
| 二 | 1 | 山东 | 兖州 | 中原 | n | n | n | n | ŋ | ŋ | ŋ | ŋ | ŋ |
| 二 | 1 | 山东 | 沂南 | 冀鲁 | n | n | n | n | ŋ | ŋ | ŋ | ŋ | ŋ |
| 二 | 1 | 山东 | 郓城 | 中原 | n | n | n | n | ŋ | ŋ | ŋ | ŋ | ŋ |
| 二 | 1 | 天津 | 天津 | 冀鲁 | n | n | n | n | ŋ | ŋ | ŋ | ŋ | ŋ |
| 二 | 2 | 安徽 | 安庆 | 江淮 | n | n | n | n | ŋ | ŋ | ŋ | nŋ | ŋ |
| 二 | 2 | 安徽 | 东至 | 赣语 | n | n | n | n | ŋ | ŋ | ŋ | nŋ | ŋ |
| 二 | 2 | 安徽 | 广德 | 中原 | n | n | n | n | ŋ | ŋ | ŋ | nŋ | ŋ |
| 二 | 2 | 安徽 | 宁国 | 西南 | n | n | n | n | ŋ | ŋ | ŋ | nŋ | ŋ |
| 二 | 2 | 安徽 | 潜山 | 赣语 | n | n | n | n | ŋ | ŋ | ŋ | nŋ | ŋ |
| 二 | 2 | 安徽 | 宿松 | 赣语 | n | n | n | n | ŋ | ŋ | ŋ | nŋ | ŋ |
| 二 | 2 | 安徽 | 太湖 | 赣语 | n | n | n | n | ŋ | ŋ | ŋ | nŋ | ŋ |
| 二 | 2 | 安徽 | 望江 | 赣语 | n | n | n | n | ŋ | ŋ | ŋ | nŋ | ŋ |
| 二 | 2 | 安徽 | 岳西 | 赣语 | n | n | n | n | ŋ | ŋ | ŋ | nŋ | ŋ |
| 二 | 2 | 广东 | 乐昌 | 土话 | n | n | n | n | ŋ | ŋ | ŋ | nŋ | ŋ |
| 二 | 2 | 广东 | 乳源 | 客家 | n | n | n | n | ŋ | ŋ | ŋ | nŋ | ŋ |
| 二 | 2 | 广东 | 韶关 | 土话 | n | n | n | n | ŋ | ŋ | ŋ | nŋ | ŋ |
| 二 | 2 | 广西 | 河池 | 西南 | n | n | n | n | ŋ | ŋ | ŋ | nŋ | ŋ |
| 二 | 2 | 广西 | 柳州 | 西南 | n | n | n | n | ŋ | ŋ | ŋ | nŋ | ŋ |

◆ 中古阳声韵韵尾在现代汉语方言中的读音类型

续表

| 大类 | 小类 | 省份 | 地点 | 方言 | 咸 | 深 | 山 | 臻 | 宕 | 江 | 曾 | 梗 | 通 |
|---|---|---|---|---|---|---|---|---|---|---|---|---|---|
| 二 | 2 | 广西 | 鹿寨 | 西南 | n | n | n | n | ŋ | ŋ | n | nŋ | ŋ |
| 二 | 2 | 贵州 | 安龙 | 西南 | n | n | n | n | ŋ | ŋ | n | nŋ | ŋ |
| 二 | 2 | 贵州 | 大方 | 西南 | n | n | n | n | ŋ | ŋ | n | nŋ | ŋ |
| 二 | 2 | 贵州 | 德江 | 西南 | n | n | n | n | ŋ | ŋ | n | nŋ | ŋ |
| 二 | 2 | 贵州 | 贵阳 | 西南 | n | n | n | n | ŋ | ŋ | n | nŋ | ŋ |
| 二 | 2 | 贵州 | 黎平 | 西南 | n | n | n | n | ŋ | ŋ | n | nŋ | ŋ |
| 二 | 2 | 贵州 | 荔波 | 西南 | n | n | n | n | ŋ | ŋ | n | nŋ | ŋ |
| 二 | 2 | 贵州 | 晴隆 | 西南 | n | n | n | n | ŋ | ŋ | n | nŋ | ŋ |
| 二 | 2 | 贵州 | 天柱 | 西南 | n | n | n | n | ŋ | ŋ | n | nŋ | ŋ |
| 二 | 2 | 贵州 | 铜仁 | 西南 | n | n | n | n | ŋ | ŋ | n | nŋ | ŋ |
| 二 | 2 | 贵州 | 威宁 | 西南 | n | n | n | n | ŋ | ŋ | n | nŋ | ŋ |
| 二 | 2 | 贵州 | 镇远 | 西南 | n | n | n | n | ŋ | ŋ | n | nŋ | ŋ |
| 二 | 2 | 贵州 | 正安 | 西南 | n | n | n | n | ŋ | ŋ | n | nŋ | ŋ |
| 二 | 2 | 贵州 | 遵义县 | 西南 | n | n | n | n | ŋ | ŋ | n | nŋ | ŋ |
| 二 | 2 | 河南 | 信阳 | 中原 | n | n | n | n | ŋ | ŋ | n | nŋ | ŋ |
| 二 | 2 | 湖北 | 鄂州 | 江淮 | n | n | n | n | ŋ | ŋ | n | nŋ | ŋ |
| 二 | 2 | 湖北 | 恩施 | 西南 | n | n | n | n | ŋ | ŋ | n | nŋ | ŋ |
| 二 | 2 | 湖北 | 房县 | 西南 | n | n | n | n | ŋ | ŋ | n | nŋ | ŋ |
| 二 | 2 | 湖北 | 广水 | 江淮 | n | n | n | n | ŋ | ŋ | n | nŋ | ŋ |
| 二 | 2 | 湖北 | 鹤峰 | 西南 | n | n | n | n | ŋ | ŋ | n | nŋ | ŋ |
| 二 | 2 | 湖北 | 红安 | 江淮 | n | n | n | n | ŋ | ŋ | n | nŋ | ŋ |
| 二 | 2 | 湖北 | 洪湖 | 西南 | n | n | n | n | ŋ | ŋ | n | nŋ | ŋ |
| 二 | 2 | 湖北 | 黄梅 | 江淮 | n | n | n | n | ŋ | ŋ | n | nŋ | ŋ |
| 二 | 2 | 湖北 | 老河口 | 西南 | n | n | n | n | ŋ | ŋ | n | nŋ | ŋ |
| 二 | 2 | 湖北 | 蕲春 | 江淮 | n | n | n | n | ŋ | ŋ | n | nŋ | ŋ |
| 二 | 2 | 湖北 | 石首 | 西南 | n | n | n | n | ŋ | ŋ | n | nŋ | ŋ |
| 二 | 2 | 湖北 | 武汉 | 西南 | n | n | n | n | ŋ | ŋ | n | nŋ | ŋ |

附录2 930个方言点的古阳声韵今读韵尾

续表

| 大类 | 小类 | 省份 | 地点 | 方言 | 咸 | 深 | 山 | 臻 | 宕 | 江 | 曾 | 梗 | 通 |
|---|---|---|---|---|---|---|---|---|---|---|---|---|---|
| 二 | 2 | 湖北 | 宜都 | 西南 | n | n | n | n | ŋ | ŋ | n | nŋ | ŋ |
| 二 | 2 | 湖北 | 应城 | 江淮 | n | n | n | n | ŋ | ŋ | n | nŋ | ŋ |
| 二 | 2 | 湖北 | 英山 | 江淮 | n | n | n | n | ŋ | ŋ | n | nŋ | ŋ |
| 二 | 2 | 湖北 | 远安 | 西南 | n | n | n | n | ŋ | ŋ | n | nŋ | ŋ |
| 二 | 2 | 湖北 | 枣阳 | 西南 | n | n | n | n | ŋ | ŋ | n | nŋ | ŋ |
| 二 | 2 | 湖北 | 钟祥 | 西南 | n | n | n | n | ŋ | ŋ | n | nŋ | ŋ |
| 二 | 2 | 湖北 | 秭归 | 西南 | n | n | n | n | ŋ | ŋ | n | nŋ | ŋ |
| 二 | 2 | 湖南 | 安乡 | 西南 | n | n | n | n | ŋ | ŋ | n | nŋ | ŋ |
| 二 | 2 | 湖南 | 常德 | 西南 | n | n | n | n | ŋ | ŋ | n | nŋ | ŋ |
| 二 | 2 | 湖南 | 桂阳 | 土话 | n | n | n | n | ŋ | ŋ | n | nŋ | ŋ |
| 二 | 2 | 湖南 | 汉寿 | 西南 | n | n | n | n | ŋ | ŋ | n | nŋ | ŋ |
| 二 | 2 | 湖南 | 靖州 | 西南 | n | n | n | n | ŋ | ŋ | n | nŋ | ŋ |
| 二 | 2 | 湖南 | 临澧 | 西南 | n | n | n | n | ŋ | ŋ | n | nŋ | ŋ |
| 二 | 2 | 湖南 | 临湘 | 赣语 | n | n | n | n | ŋ | ŋ | n | nŋ | ŋ |
| 二 | 2 | 湖南 | 祁阳 | 湘语 | n | n | n | n | ŋ | ŋ | n | nŋ | ŋ |
| 二 | 2 | 湖南 | 桃源 | 西南 | n | n | n | n | ŋ | ŋ | n | nŋ | ŋ |
| 二 | 2 | 湖南 | 武冈 | 湘语 | n | n | n | n | ŋ | ŋ | n | nŋ | ŋ |
| 二 | 2 | 湖南 | 新晃 | 西南 | n |  | n | n | ŋ | ŋ | n | nŋ | ŋ |
| 二 | 2 | 湖南 | 新宁 | 湘语 | n | n | n | n | ŋ | ŋ | n | nŋ | ŋ |
| 二 | 2 | 湖南 | 炎陵 | 客家 | n | n | n | n | ŋ | ŋ | n | nŋ | ŋ |
| 二 | 2 | 江西 | 德安 | 赣语 | n | n | n | n | ŋ | ŋ | n | nŋ | ŋ |
| 二 | 2 | 江西 | 分宜 | 赣语 | n | n | n | n | ŋ | ŋ | n | nŋ | ŋ |
| 二 | 2 | 江西 | 湖口 | 赣语 | n | n | n | n | ŋ | ŋ | n | nŋ | ŋ |
| 二 | 2 | 江西 | 吉安县 | 赣语 | n | n | n | n | ŋ | ŋ | n | nŋ | ŋ |
| 二 | 2 | 江西 | 吉水 | 赣语 | n | n | n | n | ŋ | ŋ | n | nŋ | ŋ |
| 二 | 2 | 江西 | 彭泽 | 赣语 | n | n | n | n | ŋ | ŋ | n | nŋ | ŋ |
| 二 | 2 | 江西 | 瑞金 | 客家 | n | n | n | n | ŋ | ŋ | n | nŋ | ŋ |

◆ 中古阳声韵韵尾在现代汉语方言中的读音类型

续表

| 大类 | 小类 | 省份 | 地点 | 方言 | 咸 | 深 | 山 | 臻 | 宕 | 江 | 曾 | 梗 | 通 |
|---|---|---|---|---|---|---|---|---|---|---|---|---|---|
| 二 | 2 | 江西 | 遂川 | 客家 | n | n | n | n | ŋ | n | ŋ | nŋ | ŋ |
| 二 | 2 | 江西 | 铜鼓 | 客家 | n | n | n | n | ŋ | n | ŋ | nŋ | ŋ |
| 二 | 2 | 江西 | 万年 | 赣语 | n | n | n | n | ŋ | n | ŋ | nŋ | ŋ |
| 二 | 2 | 江西 | 万载 | 赣语 | n | n | n | n | ŋ | n | ŋ | nŋ | ŋ |
| 二 | 2 | 江西 | 武宁 | 赣语 | n | n | n | n | ŋ | n | ŋ | nŋ | ŋ |
| 二 | 2 | 江西 | 峡江 | 赣语 | n | n | n | n | ŋ | n | ŋ | nŋ | ŋ |
| 二 | 2 | 江西 | 新干 | 赣语 | n | n | n | n | ŋ | n | ŋ | nŋ | ŋ |
| 二 | 2 | 江西 | 新建 | 赣语 | n | n | n | n | ŋ | n | ŋ | nŋ | ŋ |
| 二 | 2 | 江西 | 新余 | 赣语 | n | n | n | n | ŋ | n | ŋ | nŋ | ŋ |
| 二 | 2 | 江西 | 星子 | 赣语 | n | n | n | n | ŋ | n | ŋ | nŋ | ŋ |
| 二 | 2 | 江西 | 永修 | 赣语 | n | n | n | n | ŋ | n | ŋ | nŋ | ŋ |
| 二 | 2 | 江西 | 余江 | 赣语 | n | n | n | n | ŋ | n | ŋ | nŋ | ŋ |
| 二 | 2 | 江西 | 樟树 | 赣语 | n | n | n | n | ŋ | n | ŋ | nŋ | ŋ |
| 二 | 2 | 陕西 | 佛坪 | 西南 | n | n | n | n | ŋ | n | ŋ | nŋ | ŋ |
| 二 | 2 | 陕西 | 平利 | 中原 | n | n | n | n | ŋ | n | ŋ | nŋ | ŋ |
| 二 | 2 | 陕西 | 镇安 | 中原 | n | n | n | n | ŋ | n | ŋ | nŋ | ŋ |
| 二 | 2 | 陕西 | 镇巴 | 西南 | n | n | n | n | ŋ | n | ŋ | nŋ | ŋ |
| 二 | 2 | 四川 | 北川 | 西南 | n | n | n | n | ŋ | n | ŋ | nŋ | ŋ |
| 二 | 2 | 四川 | 成都 | 西南 | n | n | n | n | ŋ | n | ŋ | nŋ | ŋ |
| 二 | 2 | 四川 | 富顺 | 西南 | n | n | n | n | ŋ | n | ŋ | nŋ | ŋ |
| 二 | 2 | 四川 | 华蓥 | 西南 | n | n | n | n | ŋ | n | ŋ | nŋ | ŋ |
| 二 | 2 | 四川 | 汉源 | 西南 | n | n | n | n | ŋ | n | ŋ | nŋ | ŋ |
| 二 | 2 | 四川 | 泸定 | 西南 | n | n | n | n | ŋ | n | ŋ | nŋ | ŋ |
| 二 | 2 | 四川 | 米易 | 西南 | n | n | n | n | ŋ | n | ŋ | nŋ | ŋ |
| 二 | 2 | 四川 | 平昌 | 西南 | n | n | n | n | ŋ | n | ŋ | nŋ | ŋ |
| 二 | 2 | 四川 | 遂宁 | 西南 | n | n | n | n | ŋ | n | ŋ | nŋ | ŋ |
| 二 | 2 | 四川 | 旺苍 | 西南 | n | n | n | n | ŋ | n | ŋ | nŋ | ŋ |

附录2 930个方言点的古阳声韵今读韵尾

续表

| 大类 | 小类 | 省份 | 地点 | 方言 | 咸 | 深 | 山 | 臻 | 宕 | 江 | 曾 | 梗 | 通 |
|---|---|---|---|---|---|---|---|---|---|---|---|---|---|
| 二 | 2 | 四川 | 西昌 | 西南 | n | n | n | n | ŋ | ŋ | n | nŋ | ŋ |
| 二 | 2 | 四川 | 盐亭 | 西南 | n | n | n | n | ŋ | ŋ | n | nŋ | ŋ |
| 二 | 2 | 四川 | 资中 | 西南 | n | n | n | n | ŋ | ŋ | n | nŋ | ŋ |
| 二 | 2 | 重庆 | 大足 | 西南 | n | n | n | n | ŋ | ŋ | n | nŋ | ŋ |
| 二 | 2 | 重庆 | 綦江 | 西南 | n | n | n | n | ŋ | ŋ | n | nŋ | ŋ |
| 二 | 2 | 重庆 | 武隆 | 西南 | n | n | n | n | ŋ | ŋ | n | nŋ | ŋ |
| 二 | 2 | 重庆 | 云阳 | 西南 | n | n | n | n | ŋ | ŋ | n | nŋ | ŋ |
| 二 | 2 | 重庆 | 忠县 | 西南 | n | n | n | n | ŋ | ŋ | n | nŋ | ŋ |
| 二 | 2 | 重庆 | 重庆 | 西南 | n | n | n | n | ŋ | ŋ | n | nŋ | ŋ |
| 二 | 3 | 甘肃 | 瓜州 | 兰银 | n | ŋ | n | ŋ | ŋ | ŋ | ŋ | ŋ | ŋ |
| 二 | 3 | 甘肃 | 高台 | 兰银 | n | ŋ | n | ŋ | ŋ | ŋ | ŋ | ŋ | ŋ |
| 二 | 3 | 甘肃 | 嘉峪关 | 兰银 | n | ŋ | n | ŋ | ŋ | ŋ | ŋ | ŋ | ŋ |
| 二 | 3 | 内蒙古 | 阿拉善左旗 | 兰银 | n | ŋ | n | ŋ | ŋ | ŋ |  |  | ŋ |
| 二 | 3 | 宁夏 | 海原 | 中原 | n | ŋ | n | ŋ | ŋ | ŋ | ŋ | ŋ | ŋ |
| 二 | 3 | 宁夏 | 陶乐旧 | 兰银 | n | ŋ | n | ŋ | ŋ | ŋ | ŋ | ŋ | ŋ |
| 二 | 3 | 宁夏 | 吴忠 | 兰银 | n | ŋ | n | ŋ | ŋ | ŋ | ŋ | ŋ | ŋ |
| 二 | 3 | 宁夏 | 盐池 | 兰银 | n | ŋ | n | ŋ | ŋ | ŋ | ŋ | ŋ | ŋ |
| 二 | 3 | 宁夏 | 银川 | 兰银 | n | ŋ | n | ŋ | ŋ | ŋ | ŋ | ŋ | ŋ |
| 二 | 3 | 新疆 | 阿克苏 | 中原 | n | ŋ | n | ŋ | ŋ | ŋ | ŋ | ŋ | ŋ |
| 二 | 3 | 新疆 | 哈密 | 兰银 | n | ŋ | n | ŋ | ŋ | ŋ | ŋ | ŋ | ŋ |
| 二 | 3 | 新疆 | 和田 | 中原 | n | ŋ | n | ŋ | ŋ | ŋ | ŋ | ŋ | ŋ |
| 二 | 3 | 新疆 | 吉木萨尔 | 兰银 | n | ŋ | n | ŋ | ŋ | ŋ | ŋ | ŋ | ŋ |
| 二 | 3 | 新疆 | 喀什 | 中原 | n | ŋ | n | ŋ | ŋ | ŋ | ŋ | ŋ | ŋ |
| 二 | 3 | 新疆 | 沙湾 | 兰银 | n | ŋ | n | ŋ | ŋ | ŋ | ŋ | ŋ | ŋ |
| 二 | 3 | 新疆 | 吐鲁番 | 中原 | n | ŋ | n | ŋ | ŋ | ŋ | ŋ | ŋ | ŋ |
| 二 | 3 | 新疆 | 乌鲁木齐 | 兰银 | n | ŋ | n | ŋ | ŋ | ŋ | ŋ | ŋ | ŋ |
| 二 | 3 | 新疆 | 焉耆 | 中原 | n | ŋ | n | ŋ | ŋ | ŋ | ŋ | ŋ | ŋ |

### 中古阳声韵韵尾在现代汉语方言中的读音类型

续表

| 大类 | 小类 | 省份 | 地点 | 方言 | 咸 | 深 | 山 | 臻 | 宕 | 江 | 曾 | 梗 | 通 |
|---|---|---|---|---|---|---|---|---|---|---|---|---|---|
| 二 | 3 | 新疆 | 伊宁市 | 中原 | n | ŋ | n | ŋ | ŋ | ŋ | ŋ | ŋ | ŋ |
| 二 | 4 | 安徽 | 池州 | 吴语 | n | n | n | n | ŋ | ŋ | ŋ | nŋ | ŋ |
| 二 | 4 | 安徽 | 怀宁 | 赣语 | n | n | n | n | ŋ | ŋ | ŋ | nŋ | ŋ |
| 二 | 4 | 湖南 | 郴州 | 西南 | n | n | n | n | ŋ | ŋ | ŋ | nŋ | ŋ |
| 二 | 4 | 江西 | 景德镇 | 赣语 | n | n | n | n | ŋ | ŋ | ŋ | nŋ | ŋ |
| 二 | 4 | 江西 | 靖安 | 客家 | n | n | n | n | ŋ | ŋ | ŋ | nŋ | ŋ |
| 二 | 4 | 江西 | 乐平 | 赣语 | n | n | n | n | ŋ | ŋ | ŋ | nŋ | ŋ |
| 二 | 4 | 江西 | 龙南 | 客家 | n | n | n | n | ŋ | ŋ | ŋ | nŋ | ŋ |
| 二 | 4 | 江西 | 南昌县 | 赣语 | n | n | n | n | ŋ | ŋ | ŋ | nŋ | ŋ |
| 二 | 4 | 江西 | 南昌市 | 赣语 | n | n | n | n | ŋ | ŋ | ŋ | nŋ | ŋ |
| 二 | 4 | 江西 | 南城 | 赣语 | n | n | n | n | ŋ | ŋ | ŋ | nŋ | ŋ |
| 二 | 4 | 江西 | 上高 | 赣语 | n | n | n | n | ŋ | ŋ | ŋ | nŋ | ŋ |
| 二 | 4 | 四川 | 屏山 | 西南 | n | n | n | n | ŋ | ŋ | ŋ | nŋ | ŋ |
| 二 | 5 | 福建 | 泰宁 | 闽语 | nŋ | n | ŋ | n | ŋ | ŋ | ŋ | n | ŋ |
| 二 | 5 | 广东 | 翁源 | 客家 | nŋ | n | ŋ | n | ŋ | ŋ | ŋ | ŋ | ŋ |
| 二 | 5 | 江西 | 丰城 | 赣语 | nŋ | n | n | n | ŋ | ŋ | ŋ | ŋ | ŋ |
| 二 | 5 | 江西 | 石城 | 客家 | nŋ | n | n | n | ŋ | ŋ | ŋ | ŋ | ŋ |
| 二 | 5 | 江西 | 寻乌 | 客家 | nŋ | n | n | n | ŋ | ŋ | ŋ | ŋ | ŋ |
| 二 | 5 | 江西 | 宜春 | 赣语 | nŋ | n | n | n | ŋ | ŋ | ŋ | ŋ | ŋ |
| 二 | 6 | 广东 | 东莞 | 粤语 | ŋ | ŋ | nŋ | nŋ | ŋ | ŋ | ŋ | ŋ | ŋ |
| 二 | 6 | 广东 | 兴宁 | 客家 | ŋ | n | n | n | ŋ | ŋ | ŋ | ŋ | ŋ |
| 二 | 6 | 广西 | 富川 | 平话 | n | n | nŋ | n | ŋ | ŋ | ŋ | ŋ | ŋ |
| 二 | 6 | 广西 | 临桂 | 平话 | n | n | nŋ | n | ŋ | ŋ | ŋ | ŋ | ŋ |
| 二 | 6 | 广西 | 龙胜 | 平话 | n | n | n | n | ŋ | nŋ | nŋ | ŋ | ŋ |
| 二 | 6 | 广西 | 钟山 | 平话 | n | nŋ | nŋ | n | ŋ | ŋ | ŋ | ŋ | ŋ |
| 二 | 6 | 湖北 | 监利 | 赣语 | n | n | n | nŋ | nŋ | nŋ | nŋ | ŋ | ŋ |
| 二 | 6 | 湖北 | 郧县 | 西南 | n | n | n | n | ŋ | n | n | n | n |

附录2 930个方言点的古阳声韵今读韵尾

续表

| 大类 | 小类 | 省份 | 地点 | 方言 | 咸 | 深 | 山 | 臻 | 宕 | 江 | 曾 | 梗 | 通 |
|---|---|---|---|---|---|---|---|---|---|---|---|---|---|
| 二 | 6 | 湖南 | 保靖 | 湘语 | ŋ | n | ŋ | nŋ | ŋ | ŋ | n | nŋ | ŋ |
| 二 | 6 | 湖南 | 衡南 | 湘语 | n | ŋ | n | ŋ | ŋ | ŋ | nŋ | nŋ | ŋ |
| 二 | 6 | 湖南 | 江华 | 土话 | nŋ | n | nŋ | nŋ | nŋ | ŋ | n | n | ŋ |
| 二 | 6 | 湖南 | 临武 | 土话 | nŋ | n | nŋ | n | ŋ | ŋ | ŋ | ŋ | ŋ |
| 二 | 6 | 江西 | 安福 | 赣语 | nŋ | ŋ | nŋ | ŋ | ŋ | ŋ | ŋ | ŋ | ŋ |
| 二 | 6 | 江西 | 横峰 | 赣语 | n | nŋ | n | ŋ | ŋ | ŋ | ŋ | ŋ | ŋ |
| 二 | 6 | 江西 | 铅山 | 赣语 | n | n | n | ŋ | ŋ | ŋ | ŋ | ŋ | ŋ |
| 二 | 6 | 江西 | 上栗 | 赣语 | n | n | n | n | ŋ | ŋ | n | nŋ | nŋ |
| 二 | 6 | 江西 | 上犹 | 客家 | n | n | n | n | ŋ | ŋ | ŋ | ŋ | ŋ |
| 二 | 6 | 江西 | 宜丰 | 赣语 | n | n | n | n | ŋ | ŋ | ŋ | ŋ | ŋ |
| 二 | 6 | 江西 | 弋阳 | 赣语 | n | n | nŋ | n | ŋ | ŋ | n | n | nŋ |
| 二 | 6 | 江西 | 鹰潭 | 赣语 | nŋ | nŋ | nŋ | nŋ | ŋ | ŋ | nŋ | nŋ | ŋ |
| 二 | 6 | 四川 | 青川 | 西南 | nŋ | ŋ | ŋ | ŋ | ŋ | ŋ | nŋ | nŋ | ŋ |
| 二 | 6 | 新疆 | 博乐 | 兰银 | n | n | n | n | n | n | n | n | n |
| 三 | 1 | 福建 | 长乐 | 闽语 | ŋ | ŋ | ŋ | ŋ | ŋ | ŋ | ŋ | ŋ | ŋ |
| 三 | 1 | 福建 | 长汀 | 客家 | ŋ | ŋ | ŋ | ŋ | ŋ | ŋ | ŋ | ŋ | ŋ |
| 三 | 1 | 福建 | 福安 | 闽语 | ŋ | ŋ | ŋ | ŋ | ŋ | ŋ | ŋ | ŋ | ŋ |
| 三 | 1 | 福建 | 福鼎 | 闽语 | ŋ | ŋ | ŋ | ŋ | ŋ | ŋ | ŋ | ŋ | ŋ |
| 三 | 1 | 福建 | 福清 | 闽语 | ŋ | ŋ | ŋ | ŋ | ŋ | ŋ | ŋ | ŋ | ŋ |
| 三 | 1 | 福建 | 福州 | 闽语 | ŋ | ŋ | ŋ | ŋ | ŋ | ŋ | ŋ | ŋ | ŋ |
| 三 | 1 | 福建 | 古田 | 闽语 | ŋ | ŋ | ŋ | ŋ | ŋ | ŋ | ŋ | ŋ | ŋ |
| 三 | 1 | 福建 | 建阳 | 闽语 | ŋ | ŋ | ŋ | ŋ | ŋ | ŋ | ŋ | ŋ | ŋ |
| 三 | 1 | 福建 | 连江 | 闽语 | ŋ | ŋ | ŋ | ŋ | ŋ | ŋ | ŋ | ŋ | ŋ |
| 三 | 1 | 福建 | 罗源 | 闽语 | ŋ | ŋ | ŋ | ŋ | ŋ | ŋ | ŋ | ŋ | ŋ |
| 三 | 1 | 福建 | 闽侯 | 闽语 | ŋ | ŋ | ŋ | ŋ | ŋ | ŋ | ŋ | ŋ | ŋ |
| 三 | 1 | 福建 | 闽清 | 闽语 | ŋ | ŋ | ŋ | ŋ | ŋ | ŋ | ŋ | ŋ | ŋ |
| 三 | 1 | 福建 | 明溪 | 客家 | ŋ | ŋ | ŋ | ŋ | ŋ | ŋ | ŋ | ŋ | ŋ |

### 中古阳声韵韵尾在现代汉语方言中的读音类型

续表

| 大类 | 小类 | 省份 | 地点 | 方言 | 咸 | 深 | 山 | 臻 | 宕 | 江 | 曾 | 梗 | 通 |
|---|---|---|---|---|---|---|---|---|---|---|---|---|---|
| 三 | 1 | 福建 | 南平 | 闽语 | ŋ | ŋ | ŋ | ŋ | ŋ | ŋ | ŋ | ŋ | ŋ |
| 三 | 1 | 福建 | 宁化 | 客家 | ŋ | ŋ | ŋ | ŋ | ŋ | ŋ | ŋ | ŋ | ŋ |
| 三 | 1 | 福建 | 平潭 | 闽语 | ŋ | ŋ | ŋ | ŋ | ŋ | ŋ | ŋ | ŋ | ŋ |
| 三 | 1 | 福建 | 屏南 | 闽语 | ŋ | ŋ | ŋ | ŋ | ŋ | ŋ | ŋ | ŋ | ŋ |
| 三 | 1 | 福建 | 浦城[闽] | 闽语 | ŋ | ŋ | ŋ | ŋ | ŋ | ŋ | ŋ | ŋ | ŋ |
| 三 | 1 | 福建 | 寿宁 | 闽语 | ŋ | ŋ | ŋ | ŋ | ŋ | ŋ | ŋ | ŋ | ŋ |
| 三 | 1 | 福建 | 松溪 | 闽语 | ŋ | ŋ | ŋ | ŋ | ŋ | ŋ | ŋ | ŋ | ŋ |
| 三 | 1 | 福建 | 武夷山 | 闽语 | ŋ | ŋ | ŋ | ŋ | ŋ | ŋ | ŋ | ŋ | ŋ |
| 三 | 1 | 福建 | 霞浦 | 闽语 | ŋ | ŋ | ŋ | ŋ | ŋ | ŋ | ŋ | ŋ | ŋ |
| 三 | 1 | 福建 | 永泰 | 闽语 | ŋ | ŋ | ŋ | ŋ | ŋ | ŋ | ŋ | ŋ | ŋ |
| 三 | 1 | 福建 | 柘荣 | 闽语 | ŋ | ŋ | ŋ | ŋ | ŋ | ŋ | ŋ | ŋ | ŋ |
| 三 | 1 | 福建 | 政和 | 闽语 | ŋ | ŋ | ŋ | ŋ | ŋ | ŋ | ŋ | ŋ | ŋ |
| 三 | 1 | 广东 | 宝安 | 粤语 | ŋ | ŋ | ŋ | ŋ | ŋ | ŋ | ŋ | ŋ | ŋ |
| 三 | 1 | 广东 | 仁化 | 土话 | ŋ | ŋ | ŋ | ŋ | ŋ | ŋ | ŋ | ŋ | ŋ |
| 三 | 1 | 江西 | 贵溪 | 赣语 | ŋ | ŋ | ŋ | ŋ | ŋ | ŋ | ŋ | ŋ | ŋ |
| 三 | 1 | 江西 | 芦溪 | 赣语 | ŋ | ŋ | ŋ | ŋ | ŋ | ŋ | ŋ | ŋ | ŋ |
| 三 | 1 | 江西 | 萍乡 | 赣语 | ŋ | ŋ | ŋ | ŋ | ŋ | ŋ | ŋ | ŋ | ŋ |
| 三 | 1 | 山西 | 长子 | 晋语 | ŋ | ŋ | ŋ | ŋ | ŋ | ŋ | ŋ | ŋ | ŋ |
| 三 | 2 | 安徽 | 桐城 | 江淮 | n | n | n | n | n | n | n | n | n |
| 三 | 2 | 湖南 | 衡阳县 | 湘语 | n | n | n | n | n | n | n | n | n |
| 四 | 1 | 福建 | 安溪 | 闽语 | mnã | m | nŋã | nŋ | ŋã | ŋ | ŋ | ŋã | ŋ |
| 四 | 1 | 福建 | 长泰 | 闽语 | mnã | m | nŋã | nŋ | ŋã | ŋ | ŋ | ŋã | ŋ |
| 四 | 1 | 福建 | 东山 | 闽语 | mnã | m | nŋã | nã | ŋã | ŋ | ŋ | ŋã | ŋ |
| 四 | 1 | 福建 | 晋江 | 闽语 | mnã | m | nã | n | ŋã | ŋ | ŋ | ŋã | ŋ |
| 四 | 1 | 福建 | 同安 | 闽语 | mnã | m | nŋã | nŋã | ŋã | ŋ | ŋ | ŋã | ŋ |
| 四 | 1 | 福建 | 厦门 | 闽语 | mnã | m | nŋã | n | ŋã | ŋ | ŋ | ŋã | ŋ |
| 四 | 1 | 福建 | 永春 | 闽语 | mnã | m | nŋã | nŋ | ŋã | ŋ | ŋ | ŋã | ŋ |

附录2 930个方言点的古阳声韵今读韵尾

续表

| 大类 | 小类 | 省份 | 地点 | 方言 | 咸 | 深 | 山 | 臻 | 宕 | 江 | 曾 | 梗 | 通 |
|---|---|---|---|---|---|---|---|---|---|---|---|---|---|
| 四 | 1 | 福建 | 漳浦 | 闽语 | mnã | m | nŋã | nã | ŋã | ŋ | ŋ | ŋã | ŋ |
| 四 | 1 | 广东 | 海丰 | 闽语 | mã | m | nŋã | nã | ŋã | ŋ | ŋ | ŋã | ŋ |
| 四 | 1 | 台湾 | 高雄县 | 闽语 | mnã | m | nŋã | n | ŋã | ŋ | ŋ | ŋã | ŋ |
| 四 | 1 | 台湾 | 花莲 | 闽语 | mnã | m | nŋã | n | ŋã | ŋ | ŋ | ŋã | ŋ |
| 四 | 1 | 台湾 | 嘉义市 | 闽语 | mnã | m | nŋã | nŋ | ŋã | ŋ | ŋ | ŋã | ŋ |
| 四 | 1 | 台湾 | 南投 | 闽语 | mnã | m | nŋã | nŋ | ŋã | ŋ | ŋ | ŋã | ŋ |
| 四 | 1 | 台湾 | 屏东 | 闽语 | mnã | m | nŋã | nŋ | ŋã | ŋ | ŋ | ŋã | ŋ |
| 四 | 1 | 台湾 | 台北 | 闽语 | mnã | m | nŋã | nŋ | ŋã | ŋ | ŋ | ŋã | ŋ |
| 四 | 1 | 台湾 | 台东 | 闽语 | mnã | mn | nŋã | n | ŋã | ŋ | ŋ | ŋã | ŋ |
| 四 | 1 | 台湾 | 台南市 | 闽语 | mnã | m | nŋã | nŋ | ŋã | ŋ | ŋ | ŋã | ŋ |
| 四 | 1 | 台湾 | 云林 | 闽语 | mnã | m | nŋã | n | ŋã | ŋ | ŋ | ŋã | ŋ |
| 四 | 1 | 台湾 | 彰化 | 闽语 | mnã | m | nŋã | nŋ | ŋã | ŋ | ŋ | ŋã | ŋ |
| 四 | 2 | 广东 | 潮阳 | 闽语 | mã | m | ŋã | ŋã | ŋã | ŋ | ŋã | ŋã | ŋ |
| 四 | 2 | 广东 | 潮州 | 闽语 | mã | m | ŋã | ŋã | ŋã | ŋ | ŋã | ŋã | ŋ |
| 四 | 2 | 广东 | 惠来 | 闽语 | mã | m | ŋã | ŋã | ŋã | ŋ | ŋã | ŋã | ŋ |
| 四 | 2 | 广东 | 揭东 | 闽语 | mã | m | ŋã | ŋã | ŋã | ŋ | ŋã | ŋã | ŋ |
| 四 | 2 | 广东 | 陆丰 | 闽语 | mã | m | ŋã | ŋã | ŋã | ŋ | ŋã | ŋã | ŋ |
| 四 | 2 | 广东 | 南澳 | 闽语 | mŋã | m | ŋã | ŋã | ŋã | ŋ | ŋã | ŋã | ŋ |
| 四 | 2 | 广东 | 普宁 | 闽语 | mã | m | ŋã | ŋã | ŋã | ŋ | ŋã | ŋã | ŋ |
| 四 | 2 | 广东 | 饶平 | 闽语 | mã | m | ŋã | ŋã | ŋã | ŋ | ŋã | ŋã | ŋ |
| 四 | 3 | 福建 | 华安 | 闽语 | mnã | m | nã | nã | ŋã | ŋ | ŋ | ŋã | ŋ |
| 四 | 3 | 福建 | 龙海 | 闽语 | mnã | m | nã | nã | ŋã | ŋ | ŋ | ŋã | ŋ |
| 四 | 3 | 福建 | 南靖 | 闽语 | mnã | m | nã | nã | ŋã | ŋ | ŋ | ŋã | ŋ |
| 四 | 3 | 福建 | 平和 | 闽语 | mnã | m | nã | nã | ŋã | ŋ | ŋ | ŋã | ŋ |
| 四 | 3 | 福建 | 漳州 | 闽语 | mnã | m | nã | nã | ŋã | ŋ | ŋ | ŋã | ŋ |
| 四 | 3 | 台湾 | 宜兰 | 闽语 | mnã | m | nã | nã | ŋã | ŋ | ŋ | ŋã | ŋ |
| 四 | 4 | 福建 | 德化 | 闽语 | mnã | m | nŋã | nŋ | ŋã | ŋ | nŋ | ŋã | ŋ |

◇ 中古阳声韵韵尾在现代汉语方言中的读音类型

续表

| 大类 | 小类 | 省份 | 地点 | 方言 | 咸 | 深 | 山 | 臻 | 宕 | 江 | 曾 | 梗 | 通 |
|---|---|---|---|---|---|---|---|---|---|---|---|---|---|
| 四 | 4 | 福建 | 惠安 | 闽语 | mnã | m | nŋã | nŋ | ŋã | ŋ | nŋ | nŋã | ŋ |
| 四 | 4 | 福建 | 龙岩 | 闽语 | mnã | m | nã | nã | ŋã | ŋã | n | nŋã | ŋ |
| 四 | 4 | 福建 | 南安 | 闽语 | mnã | m | nŋã | nŋ | ŋã | ŋ | ŋ | nŋã | ŋ |
| 四 | 4 | 福建 | 泉州 | 闽语 | mnã | m | nã | n | ŋã | ŋ | ŋ | nŋã | ŋ |
| 四 | 4 | 福建 | 三明 | 闽语 | mnã | ã | ŋã | ŋã | mŋ | mnã | ã | ŋã | ŋã |
| 四 | 4 | 福建 | 永安 | 闽语 | mŋã | ã | mnã | ã | mã | mŋ | ã | mã | mŋ |
| 四 | 4 | 福建 | 云霄 | 闽语 | mnã | m | nã | nã | ŋã | ŋ | n | ŋ | ŋ |
| 四 | 4 | 福建 | 漳平 | 闽语 | mnã | m | nã | n | nŋ | ŋ | ŋ | nŋã | ŋ |
| 四 | 4 | 福建 | 诏安 | 闽语 | mã | m | nã | nã | nŋã | ŋ | n | nŋã | ŋ |
| 四 | 4 | 广东 | 汕头 | 闽语 | mŋã | ŋã | ŋ | ŋã | ŋã | ŋ | ŋã | ŋã | ŋ |
| 四 | 4 | 台湾 | 台中县 | 闽语 | mnã | m | nŋã | nŋã | ŋã | ŋ | ŋ | nŋã | nŋ |
| 四 | 1 | 安徽 | 滁州 | 江淮 | ã | n | ã | n | ŋ | ŋ | n | n | ŋ |
| 四 | 1 | 安徽 | 合肥 | 江淮 | ã | n | ã | n | ŋ | ŋ | ŋ | ŋ | ŋ |
| 四 | 1 | 安徽 | 郎溪 | 江淮 | nã | n | nã | n | ŋ | ŋ | ŋ | ŋ | ŋ |
| 四 | 1 | 贵州 | 安顺 | 西南 | ã | n | ã | n | ŋ | ŋ | ŋ | ŋ | ŋ |
| 四 | 1 | 贵州 | 都匀 | 西南 | ã | n | ã | n | ŋ | ŋ | ŋ | ŋ | ŋ |
| 四 | 1 | 贵州 | 余庆 | 西南 | ã | n | ã | n | ŋ | ŋ | ŋ | ŋ | ŋ |
| 四 | 1 | 湖北 | 黄石 | 江淮 | ã | n | ã | n | ŋ | ŋ | n | ŋ | ŋ |
| 四 | 1 | 湖北 | 潜江 | 西南 | n | ã | n | ã | ŋ | ŋ | ã | ŋã | ŋ |
| 四 | 1 | 湖北 | 通城 | 赣语 | nã | n | nã | n | ŋ | ŋ | n | ŋ | ŋ |
| 四 | 1 | 湖南 | 安仁 | 赣语 | ã | nã | ã | nã | ŋ | ŋ | nã | nŋã | ŋ |
| 四 | 1 | 湖南 | 洪江 | 湘语 | ã | n | ã | n | ŋ | ŋ | n | ŋ | ŋ |
| 四 | 1 | 湖南 | 麻阳 | 湘语 | ŋã | n | ŋã | n | ŋ | ŋ | n | ŋ | ŋ |
| 四 | 1 | 湖南 | 邵东 | 湘语 | ã | n | ã | n | ŋ | ŋ | n | ŋ | ŋ |
| 四 | 1 | 湖南 | 通道 | 西南 | ã | n | ã | n | ŋ | ŋ | n | ŋ | ŋ |
| 四 | 1 | 湖南 | 张家界 | 西南 | ã | n | ã | n | ŋ | ŋ | n | nŋ | ŋ |
| 四 | 1 | 湖南 | 芷江 | 西南 | ã | n | ã | n | ŋ | ŋ | n | nŋ | ŋ |

## 附录2 930个方言点的古阳声韵今读韵尾

续表

| 大类 | 小类 | 省份 | 地点 | 方言 | 咸 | 深 | 山 | 臻 | 宕 | 江 | 曾 | 梗 | 通 |
|---|---|---|---|---|---|---|---|---|---|---|---|---|---|
| 四 | 1 | 江苏 | 扬中 | 江淮 | ã | n | ã | n | ŋ | ŋ | n | nŋ | ŋ |
| 四 | 1 | 四川 | 古蔺 | 西南 | ã | n | ã | n | ŋ | ŋ | n | nŋ | ŋ |
| 四 | 1 | 四川 | 乐山 | 西南 | ã | n | ã | n | ŋ | ŋ | n | nŋ | ŋ |
| 四 | 1 | 云南 | 保山 | 西南 | ŋã | n | ŋã | n | ŋ | ŋ | n | nŋ | ŋ |
| 四 | 1 | 云南 | 盐津 | 西南 | ã | n | ã | n | ŋ | ŋ | n | nŋ | ŋ |
| 四 | 1 | 云南 | 昭通 | 西南 | ã | n | ã | n | ŋ | ŋ | n | nŋ | ŋ |
| 四 | 2 | 山东 | 单县 | 中原 | ã | ã | ã | ã | ŋ | ŋ | ŋ | ŋ | ŋ |
| 四 | 2 | 山东 | 桓台 | 冀鲁 | ã | ã | ã | ã | ŋ | ŋ | ŋ | ŋ | ŋ |
| 四 | 2 | 山东 | 济南 | 冀鲁 | ã | ã | ã | ã | ŋ | ŋ | ŋ | ŋ | ŋ |
| 四 | 2 | 山东 | 利津 | 冀鲁 | ã | ã | ã | ã | ŋ | ŋ | ŋ | ŋ | ŋ |
| 四 | 2 | 山东 | 临朐 | 胶辽 | ã | ã | ã | ã | ŋ | ŋ | ŋ | ŋ | ŋ |
| 四 | 2 | 山东 | 临邑 | 冀鲁 | ã | ã | ã | ã | ŋ | ŋ | ŋ | ŋ | ŋ |
| 四 | 2 | 山东 | 平度 | 胶辽 | ã | ã | ã | ã | ŋ | ŋ | ŋ | ŋ | ŋ |
| 四 | 2 | 山东 | 平邑 | 中原 | ã | ã | ã | ã | ŋ | ŋ | ŋ | ŋ | ŋ |
| 四 | 2 | 山东 | 日照 | 冀鲁 | ã | ã | ã | ã | ŋ | ŋ | ŋ | ŋ | ŋ |
| 四 | 2 | 山东 | 潍坊 | 冀鲁 | ã | ã | ã | ã | ŋ | ŋ | ŋ | ŋ | ŋ |
| 四 | 2 | 山东 | 夏津 | 冀鲁 | ã | ã | ã | ã | ŋ | ŋ | ŋ | ŋ | ŋ |
| 四 | 2 | 山东 | 新泰 | 冀鲁 | ã | ã | ã | ã | ŋ | ŋ | ŋ | ŋ | ŋ |
| 四 | 2 | 山东 | 章丘 | 冀鲁 | ã | ã | ã | ã | ŋ | ŋ | ŋ | ŋ | ŋ |
| 四 | 2 | 山东 | 诸城 | 胶辽 | ã | ã | ã | ã | ŋ | ŋ | ŋ | ŋ | ŋ |
| 四 | 2 | 陕西 | 城固 | 中原 | ã | ã | ã | ã | ŋ | ŋ | ŋ | ŋ | ŋ |
| 四 | 2 | 陕西 | 大荔 | 中原 | ã | ã | ã | ã | ŋ | ŋ | ŋ | ŋ | ŋ |
| 四 | 2 | 陕西 | 户县 | 中原 | ã | ã | ã | ã | ŋ | ŋ | ŋ | ŋ | ŋ |
| 四 | 2 | 陕西 | 西安 | 中原 | ã | ã | ã | ã | ŋ | ŋ | ŋ | ŋ | ŋ |
| 四 | 2 | 陕西 | 永寿 | 中原 | ã | ã | ã | ã | ŋ | ŋ | ŋ | ŋ | ŋ |
| 四 | 3 | 安徽 | 亳州 | 中原 | ã | n | ã | n | ŋ | ŋ | ŋ | ŋ | ŋ |
| 四 | 3 | 河北 | 磁县 | 晋语 | ã | n | ã | n | ŋ | ŋ | ŋ | ŋ | ŋ |

◆ 中古阳声韵韵尾在现代汉语方言中的读音类型

续表

| 大类 | 小类 | 省份 | 地点 | 方言 | 咸 | 深 | 山 | 臻 | 宕 | 江 | 曾 | 梗 | 通 |
|---|---|---|---|---|---|---|---|---|---|---|---|---|---|
| 四 | 3 | 河北 | 故城 | 冀鲁 | ã | n | ã | n | ŋ | ŋ | ŋ | ŋ | ŋ |
| 四 | 3 | 河北 | 黄骅 | 冀鲁 | ã | n | ã | n | ŋ | ŋ | ŋ | ŋ | ŋ |
| 四 | 3 | 河北 | 冀州 | 冀鲁 | ã | n | ã | n | ŋ | ŋ | ŋ | ŋ | ŋ |
| 四 | 3 | 河北 | 隆尧 | 冀鲁 | ã | n | ã | n | ŋ | ŋ | ŋ | ŋ | ŋ |
| 四 | 3 | 河北 | 南皮 | 冀鲁 | ã | n | ã | n | ŋ | ŋ | ŋ | ŋ | ŋ |
| 四 | 3 | 河北 | 石家庄 | 冀鲁 | ã | n | ã | n | ŋ | ŋ | ŋ | ŋ | ŋ |
| 四 | 3 | 河北 | 武强 | 冀鲁 | ã | n | ã | n | ŋ | ŋ | ŋ | ŋ | ŋ |
| 四 | 3 | 河北 | 永年 | 晋语 | ã | n | ã | n | ŋ | ŋ | ŋ | ŋ | ŋ |
| 四 | 3 | 江苏 | 丰县 | 中原 | ã | n | ã | n | ŋ | ŋ | ŋ | ŋ | ŋ |
| 四 | 3 | 江苏 | 赣榆 | 中原 | ã | n | ã | n | ŋ | ŋ | ŋ | ŋ | ŋ |
| 四 | 3 | 江苏 | 邳州 | 中原 | ã | n | ã | n | ŋ | ŋ | ŋ | ŋ | ŋ |
| 四 | 3 | 内蒙古 | 赤峰 | 东北 | n | ã | n | ã | ŋ | ŋ | ŋ | ŋ | ŋ |
| 四 | 3 | 山东 | 无棣 | 冀鲁 | ã | nã | ã | nã | ŋ | ŋ | ŋ | ŋ | ŋ |
| 四 | 3 | 山东 | 淄博 | 冀鲁 | n | ã | n | ã | ŋ | ŋ | ŋ | ŋ | ŋ |
| 四 | 4 | 甘肃 | 兰州 | 兰银 | ã | n | ã | n | ã | ã | ŋ | ŋ | ŋ |
| 四 | 4 | 甘肃 | 永登 | 兰银 | ã | n | ã | n | ã | n | n | n | n |
| 四 | 4 | 甘肃 | 定西 | 中原 | ã | n | ã | n | ã | ã | ŋ | ŋ | ŋ |
| 四 | 4 | 甘肃 | 岷县 | 中原 | ã | ŋ | ã | ŋ | ã | ã | ŋ | ŋ | ŋ |
| 四 | 4 | 甘肃 | 武威 | 兰银 | ã | ŋ | ã | ŋ | ã | ã | ŋ | ŋ | ŋ |
| 四 | 4 | 甘肃 | 西和 | 中原 | ã | ŋ | ã | ŋ | ã | ã | ŋ | ŋ | ŋ |
| 四 | 4 | 甘肃 | 张掖 | 兰银 | ã | ŋ | ã | ŋ | ã | ã | ŋ | ŋ | ŋ |
| 四 | 4 | 河北 | 平山 | 晋语 | ã | ŋ | ã | ŋ | ã | ã | ŋ | ŋ | ŋ |
| 四 | 4 | 河北 | 张北 | 晋语 | ã | ŋ | ã | ŋ | ã | ã | ŋ | ŋ | ŋ |
| 四 | 4 | 江苏 | 泰兴 | 江淮 | ã | ŋ | ã | ŋ | ã | ã | ŋ | ŋ | ŋ |
| 四 | 4 | 青海 | 湟源 | 中原 | ã | ŋ | ã | ŋ | ã | ã | ŋ | ŋ | ŋ |
| 四 | 4 | 青海 | 乐都 | 中原 | ã | ŋ | ã | ŋ | ã | ã | ŋ | ŋ | ŋ |
| 四 | 4 | 青海 | 门源 | 中原 | ã | ŋã | ã | ŋã | ã | ã | ŋã | ŋã | ŋã |

附录2 930个方言点的古阳声韵今读韵尾

续表

| 大类 | 小类 | 省份 | 地点 | 方言 | 咸 | 深 | 山 | 臻 | 宕 | 江 | 曾 | 梗 | 通 |
|---|---|---|---|---|---|---|---|---|---|---|---|---|---|
| 四 | 4 | 青海 | 西宁 | 中原 | ã | ŋ | ã | ŋ | ã | ã | ŋ | ŋ | ŋ |
| 四 | 4 | 陕西 | 志丹 | 晋语 | ã | ŋ | ã | ŋ | ã | ã | ŋ | ŋ | ŋ |
| 四 | 5 | 安徽 | 淮南 | 江淮 | ã | ã | ã | ã | ã | ã | ã | ŋã | ŋ |
| 四 | 5 | 安徽 | 霍邱 | 中原 | ã | ã | ã | ã | ã | ã | ã | ŋã | ŋ |
| 四 | 5 | 湖南 | 龙山 | 西南 | ã | ã | ã | ã | ã | ã | ã | ŋã | ŋ |
| 四 | 5 | 湖南 | 永顺 | 西南 | ã | ã | ã | ã | ã | ã | ã | ŋã | ŋ |
| 四 | 5 | 江西 | 德兴 | 徽语 | ã | ã | ã | ã | ã | ã | ã | ŋã | ŋ |
| 四 | 5 | 江西 | 上饶县 | 吴语 | ã | ã | ã | ã | ã | ã | ã | ŋã | ŋ |
| 四 | 5 | 江西 | 泰和 | 赣语 | ã | ã | ã | ã | ã | ã | ã | ŋã | ŋ |
| 四 | 5 | 江西 | 万安 | 客家 | ã | ã | ã | ã | ã | ã | ã | ŋã | ŋ |
| 四 | 5 | 江西 | 永丰 | 赣语 | ã | ã | ã | ã | ã | ã | ã | ŋã | ŋ |
| 四 | 5 | 江西 | 永新 | 赣语 | ã | ã | ã | ã | ã | ã | ã | ŋã | ŋ |
| 四 | 5 | 云南 | 大理 | 西南 | ã | ã | ã | ã | ã | ã | ã | ŋã | ŋ |
| 四 | 5 | 云南 | 富源 | 西南 | ã | ã | ã | ã | ã | ã | ã | ŋã | ŋ |
| 四 | 5 | 云南 | 会泽 | 西南 | ã | ã | ã | ã | ã | ã | ã | ŋã | ŋ |
| 四 | 5 | 云南 | 马龙 | 西南 | ã | ã | ã | ã | ã | ã | ã | ŋã | ŋ |
| 四 | 6 | 安徽 | 芜湖市 | 江淮 | nã | n | nã | n | n | n | n | n | n |
| 四 | 6 | 甘肃 | 临夏 | 中原 | ã | ŋ | ã | ŋ | ŋ | ŋ | ŋ | ŋ | ŋ |
| 四 | 6 | 河北 | 涞源 | 冀鲁 | ã | ã | ŋ | ŋ | ŋ | ŋ | ŋ | ŋ | ŋ |
| 四 | 6 | 河南 | 鹤壁 | 晋语 | ã | ŋ | ã | ŋ | ŋ | ŋ | ŋ | ŋ | ŋ |
| 四 | 6 | 湖南 | 长沙市 | 湘语 | nã | n | nã | n | n | n | n | n | n |
| 四 | 6 | 江苏 | 靖江₉ | 江淮 | ã | ŋ | ã | ŋ | ŋ | ŋ | ŋ | ŋ | ŋ |
| 四 | 6 | 江苏 | 泗洪 | 江淮 | nã | ŋ | ã | ŋ | ŋ | ŋ | ŋ | ŋ | ŋ |
| 四 | 6 | 江苏 | 盱眙 | 江淮 | ã | ŋ | ã | ŋ | ŋ | ŋ | ŋ | ŋ | ŋ |
| 四 | 6 | 山西 | 大同 | 晋语 | ã | ŋ | ã | ŋ | ŋ | ŋ | ŋ | ŋ | ŋ |
| 四 | 6 | 山西 | 代县 | 晋语 | ã | ã | ŋ | ŋ | ŋ | ŋ | ŋ | ŋ | ŋ |
| 四 | 6 | 山西 | 平定 | 晋语 | ã | ŋ | ã | ŋ | ŋ | ŋ | ŋ | ŋ | ŋ |

◆ 中古阳声韵韵尾在现代汉语方言中的读音类型

续表

| 大类 | 小类 | 省份 | 地点 | 方言 | 咸 | 深 | 山 | 臻 | 宕 | 江 | 曾 | 梗 | 通 |
|---|---|---|---|---|---|---|---|---|---|---|---|---|---|
| 四 | 6 | 山西 | 右玉 | 晋语 | ã | ŋ | ã | ŋ | ŋ | ŋ | ŋ | ŋ | ŋ |
| 四 | 6 | 陕西 | 富县 | 中原 | ã | ŋ | ã | ŋ | ŋ | ŋ | ŋ | ŋ | ŋ |
| 四 | 6 | 陕西 | 延安 | 中原 | ã | ŋ | ã | ŋ | ŋ | ŋ | ŋ | ŋ | ŋ |
| 四 | 7 | 安徽 | 巢湖 | 江淮 | ã | n | ã | n | ã | ã | n | nŋã | ŋ |
| 四 | 7 | 安徽 | 青阳 | 吴语 | ã | n | ã | n | ã | ã | n | nŋã | ŋ |
| 四 | 7 | 河南 | 商城 | 中原 | ã | n | ã | n | ã | ã | n | nŋ | ŋ |
| 四 | 7 | 湖南 | 邵阳市 | 湘语 | ã | n | ã | n | ã | ã | n | nŋ | ŋ |
| 四 | 7 | 湖南 | 望城 | 湘语 | nã | n | nã | n | nã | nã | n | nŋ | ŋ |
| 四 | 7 | 湖南 | 汨罗 | 湘语 | ã | nã | ã | nã | ã | ã | nã | nŋã | ŋ |
| 四 | 7 | 江苏 | 如东 | 江淮 | ã | n | ã | n | ã | ã | n | nŋã | ŋ |
| 四 | 7 | 江苏 | 如皋 | 江淮 | ã | n | ã | n | ã | ã | n | nŋã | ŋ |
| 四 | 7 | 江苏 | 射阳 | 江淮 | ã | n | ã | n | ã | ã | n | nŋã | ŋ |
| 四 | 7 | 江西 | 瑞昌 | 江淮 | ã | nã | ã | nã | ã | ã | nã | nŋã | ŋ |
| 四 | 7 | 四川 | 长宁 | 西南 | ã | n | ã | n | ã | ã | n | nŋã | ŋ |
| 四 | 7 | 浙江 | 萧山 | 吴语 | ã | n | ã | n | ã | ã | n | nŋã | ŋ |
| 四 | 8 | 安徽 | 霍山 | 江淮 | ã | n | ŋã | n | ã | ã | n | nŋ | ŋ |
| 四 | 8 | 安徽 | 马鞍山 | 江淮 | nã | n | n | n | ã | ã | n | n | n |
| 四 | 8 | 安徽 | 祁门 | 徽语 | ã | n | ã | nã | ã | ã | nã | nŋã | ŋ |
| 四 | 8 | 安徽 | 石台 | 徽语 | ã | n | ã | nã | ã | ã | n | nŋã | ŋ |
| 四 | 8 | 安徽 | 舒城 | 江淮 | ã | n | ã | n | ã | ã | n | nŋã | ŋ |
| 四 | 8 | 安徽 | 铜陵县 | 吴语 | ã | n | nã | n | nã | ã | n | mn | m |
| 四 | 8 | 安徽 | 繁昌 | 吴语 | nã | n | n | n | n | n | n | nŋ | ŋ |
| 四 | 8 | 安徽 | 和县 | 江淮 | ã | n | n | n | ã | ã | n | n | n |
| 四 | 8 | 安徽 | 黄山区 | 吴语 | ã | ŋ | ã | ŋ | ã | ã | ŋ | ŋã | ŋ |
| 四 | 8 | 安徽 | 旌德 | 徽语 | nã | n | nã | n | ã | ã | n | n | n |
| 四 | 8 | 安徽 | 利辛 | 中原 | ã | ã | ã | ã | ã | ã | ŋ | ŋ | ŋ |
| 四 | 8 | 安徽 | 灵璧 | 中原 | ã | ã | ã | ã | ã | ã | ŋ | ŋ | ŋ |

附录2　930个方言点的古阳声韵今读韵尾

续表

| 大类 | 小类 | 省份 | 地点 | 方言 | 咸 | 深 | 山 | 臻 | 宕 | 江 | 曾 | 梗 | 通 |
|---|---|---|---|---|---|---|---|---|---|---|---|---|---|
| 四 | 8 | 安徽 | 濉溪 | 中原 | ã | ã | ã | ã | ã | ã | ŋ | ŋ | ŋ |
| 四 | 8 | 安徽 | 芜湖县 | 吴语 | nã | n | nã | n | ŋ | ŋ | n | nŋ | ŋ |
| 四 | 8 | 安徽 | 五河 | 中原 | ã | ã | ã | ã | ã | ã | ŋ | ŋ | ŋ |
| 四 | 8 | 福建 | 大田 | 闽语 | ŋã | ã | ŋ | ŋ | ŋã | ŋ | ŋã | ŋã | ŋ |
| 四 | 8 | 福建 | 将乐 | 闽语 | ã | ã | ã | ã | ŋã | ã | ŋã | ã | ŋã |
| 四 | 8 | 福建 | 莆田 | 闽语 | ŋ | ŋ | ŋã | ŋ | ŋã | ŋ | ã | ã | ŋ |
| 四 | 8 | 福建 | 浦城吴 | 吴语 | ã | ŋ | ã | ŋ | ã | ŋ | ã | ã | ŋ |
| 四 | 8 | 福建 | 清流 | 客家 | ŋã | ŋã | ã | ŋã | ŋ | mŋã | ŋã | mŋã | m |
| 四 | 8 | 福建 | 沙县 | 闽语 | ŋã | ŋ | ŋã | ŋ | ŋã | ŋ | ŋã | ŋã | ŋ |
| 四 | 8 | 福建 | 上杭 | 客家 | ã | ŋ | ã | ŋ | ŋã | ŋ | ŋã | ŋã | ŋ |
| 四 | 8 | 福建 | 顺昌 | 闽语 | ŋã | ŋ | ŋã | ŋ | ŋã | ŋ | ŋã | ŋã | ŋ |
| 四 | 8 | 福建 | 武平 | 客家 | ã | ŋ | ã | ŋ | ŋã | ŋ | ŋã | ŋã | ŋ |
| 四 | 8 | 福建 | 仙游 | 闽语 | ŋã | ŋ | ŋã | ŋ | ŋã | ŋ | ŋã | ŋã | ŋã |
| 四 | 8 | 福建 | 永定 | 客家 | ŋ | ŋ | ŋ | ŋ | ŋ | ŋ | ŋ | ŋ | ŋ |
| 四 | 8 | 甘肃 | 秦安 | 中原 | ã | nŋ | ã | nŋ | ã | nŋ | ã | nŋ | ŋ |
| 四 | 8 | 广东 | 澄海 | 闽语 | ŋã | ŋ | ŋã | ŋ | ŋã | ŋ | ŋã | ŋã | ŋ |
| 四 | 8 | 广东 | 连州 | 土话 | ŋã | ŋ | nŋã | nŋã | ŋ | ŋ | ŋã | ŋ | ŋ |
| 四 | 8 | 广东 | 南雄 | 土话 | ã | ã | ã | ã | ŋã | ã | ŋã | ã | ŋ |
| 四 | 8 | 广东 | 始兴 | 客家 | ã | ŋã | ã | ŋã | ã | ŋã | ã | ŋã | ŋ |
| 四 | 8 | 广西 | 全州 | 土话 | ŋã | ŋ | nŋã | nŋã | ŋ | nŋã | ŋã | ŋ | ŋ |
| 四 | 8 | 广西 | 永福 | 平话 | ã | nã | nŋã | nã | ŋ | ŋ | ŋ | nŋã | ŋ |
| 四 | 8 | 河北 | 广平 | 晋语 | ã | n | ã | n | ŋ | ŋ | ŋã | ŋ | ŋ |
| 四 | 8 | 河北 | 威县 | 冀鲁 | ã | n | ã | n | ŋ | ŋ | ŋ | ŋ | ŋ |
| 四 | 8 | 湖北 | 大冶 | 赣语 | ã | n | ã | nã | ŋ | ŋ | nã | nŋã | ŋ |
| 四 | 8 | 湖北 | 通山 | 赣语 | n | n | nã | nã | ã | ã | ã | ŋ | ŋ |
| 四 | 8 | 湖北 | 咸宁 | 赣语 | nã | n | n | n | ã | ã | nŋã | nŋã | ŋ |
| 四 | 8 | 湖北 | 阳新 | 赣语 | nã | n | nã | n | ã | ã | ŋ | nŋ | ŋ |

207

◆ 中古阳声韵韵尾在现代汉语方言中的读音类型

续表

| 大类 | 小类 | 省份 | 地点 | 方言 | 咸 | 深 | 山 | 臻 | 宕 | 江 | 曾 | 梗 | 通 |
|---|---|---|---|---|---|---|---|---|---|---|---|---|---|
| 四 | 8 | 湖南 | 茶陵 | 赣语 | ã | nã | ã | nã | ã | ã | nã | nã | ŋ |
| 四 | 8 | 湖南 | 长沙县 | 湘语 | nã | n | nã | n | n | n | n | nŋ | ŋ |
| 四 | 8 | 湖南 | 洞口 | 赣语 | ã | ã | ã | nã | ã | ã | ã | ŋã | ŋ |
| 四 | 8 | 湖南 | 常宁 | 赣语 | n | n | n | n | ã | ã | n | nŋã | ŋ |
| 四 | 8 | 湖南 | 桂东 | 客家 | n | n | n | n | ã | ã | n | nã | ŋ |
| 四 | 8 | 湖南 | 衡东 | 湘语 | nã | nŋ | nã | nŋ | ŋ | ŋ | nŋ | nŋ | ŋ |
| 四 | 8 | 湖南 | 花垣 | 湘语 | ã | ã | ã | ã | ŋ | ŋ | ã | ŋã | ŋ |
| 四 | 8 | 湖南 | 华容 | 赣语 | nã | n | nã | n | n | n | n | nŋã | ŋ |
| 四 | 8 | 湖南 | 会同 | 湘语 | ã | nã | ã | nã | ŋ | ŋ | nã | nã | ŋ |
| 四 | 8 | 湖南 | 耒阳 | 赣语 | n | n | n | n | ã | ã | n | nŋã | ŋ |
| 四 | 8 | 湖南 | 吉首 | 湘语 | ã | ã | ã | ã | ŋ | ŋ | ã | ŋã | ŋ |
| 四 | 8 | 湖南 | 南县 | 湘语 | nã | ã | nã | ã | ŋ | ŋ | ã | ŋã | ŋ |
| 四 | 8 | 湖南 | 祁东 | 湘语 | n | n | n | n | ã | ã | n | nã | ŋ |
| 四 | 8 | 湖南 | 岳阳县 | 湘语 | nã | n | nã | n | ã | ã | n | nŋã | ŋ |
| 四 | 8 | 湖南 | 冷水江 | 湘语 | ã | nã | ã | nã | ã | ã | nã | nŋã | ŋ |
| 四 | 8 | 湖南 | 醴陵 | 赣语 | nã | nŋ | nã | nŋ | ã | ŋã | nŋ | nŋ | ŋ |
| 四 | 8 | 湖南 | 浏阳 | 赣语 | nã | nã | nã | nã | ŋ | ŋ | nã | nŋã | ŋ |
| 四 | 8 | 湖南 | 隆回 | 赣语 | ã | ã | ã | ã | ã | ã | ã | ŋã | ŋã |
| 四 | 8 | 湖南 | 宁乡 | 湘语 | ã | nã | ŋã | nã | ŋ | ŋ | nã | nŋã | n |
| 四 | 8 | 湖南 | 平江 | 赣语 | n | n | n | n | n | ŋ | n | nŋã | ŋ |
| 四 | 8 | 湖南 | 桃江 | 湘语 | ã | nã | ã | nã | ŋ | ŋ | nã | nã | n |
| 四 | 8 | 湖南 | 湘潭县 | 湘语 | ã | n | ã | n | ŋ | ŋ | n | nŋ | ŋ |
| 四 | 8 | 湖南 | 湘乡 | 湘语 | ã | nã | ã | nã | ŋ | ŋ | ŋã | ŋã | ŋ |
| 四 | 8 | 湖南 | 湘阴 | 湘语 | nã | nã | nã | nã | ŋã | ŋã | nã | nã | ŋ |
| 四 | 8 | 湖南 | 益阳 | 湘语 | ã | ã | ã | ã | ã | ã | ã | nã | ŋ |
| 四 | 8 | 湖南 | 攸县 | 赣语 | ŋã | ŋã | ŋã | ŋã | ŋ | ŋ | ŋã | ŋã | ŋ |
| 四 | 8 | 湖南 | 沅江 | 湘语 | ã | nã | ã | nã | ã | ã | nã | nã | n |

附录2　930个方言点的古阳声韵今读韵尾

续表

| 大类 | 小类 | 省份 | 地点 | 方言 | 咸 | 深 | 山 | 臻 | 宕 | 江 | 曾 | 梗 | 通 |
|---|---|---|---|---|---|---|---|---|---|---|---|---|---|
| 四 | 8 | 湖南 | 岳阳市 | 赣语 | nã | n | nã | n | n | n | n | nŋã | ŋ |
| 四 | 8 | 湖南 | 株洲 | 湘语 | nã | nã | nã | ŋ | ŋ | ŋ | nŋ | nŋ | ŋ |
| 四 | 8 | 江苏 | 灌云 | 江淮 | ã | ŋ | ã | ŋã | ã | ã | ŋ | ŋ | ŋ |
| 四 | 8 | 江苏 | 江都 | 江淮 | ã | nŋ | ã | nŋ | ŋ | nŋ | ŋ | ŋ | ŋ |
| 四 | 8 | 江苏 | 靖江吴 | 吴语 | ã | ŋ | ã | ŋ | ŋã | ŋ | ŋ | ŋ | ŋ |
| 四 | 8 | 江苏 | 宝应 | 江淮 | ã | n | nã | n | ŋã | ŋã | n | ŋ | ŋ |
| 四 | 8 | 江苏 | 丹徒 | 江淮 | ã | ŋ | ã | ŋ | ŋ | ŋ | ŋ | ŋ | ŋ |
| 四 | 8 | 江苏 | 东台 | 江淮 | nã | n | nã | n | n | n | n | ŋ | ŋ |
| 四 | 8 | 江苏 | 涟水 | 江淮 | ã | n | ã | n | ŋã | ŋã | ŋ | ŋ | ŋ |
| 四 | 8 | 江苏 | 南京 | 江淮 | ã | ŋ | ã | nŋ | ŋ | ŋ | ŋ | ŋ | ŋ |
| 四 | 8 | 江苏 | 南通 | 江淮 | ã | ŋã | ã | ŋã | ã | ã | ŋ | ŋã | ŋ |
| 四 | 8 | 江苏 | 通州 | 吴语 | ã | ŋ | ã | ŋ | ŋ | ŋ | ŋ | ŋ | ŋ |
| 四 | 8 | 江西 | 安远 | 客家 | ã | ã | ã | ŋ | ŋ | ŋ | nŋ | nŋ | ŋ |
| 四 | 8 | 江西 | 崇义 | 客家 | ã | nã | ã | nŋã | ŋã | ŋã | ŋã | ŋã | ŋ |
| 四 | 8 | 江西 | 大余 | 客家 | ã | ŋ | ã | ŋã | ŋ | ŋã | ŋ | ŋã | ŋ |
| 四 | 8 | 江西 | 赣县 | 客家 | ã | ã | ã | ŋ | ŋ | ŋ | ŋ | ŋ | ŋ |
| 四 | 8 | 江西 | 广丰 | 吴语 | ã | ŋã | ŋã | ŋã | ã | ŋã | ŋ | ŋ | ŋ |
| 四 | 8 | 江西 | 会昌 | 客家 | ã | n | n | n | ŋ | ŋ | nŋ | nŋ | ŋ |
| 四 | 8 | 江西 | 井冈山 | 赣语 | ã | ã | ã | ã | ã | ã | ã | ã | ŋ |
| 四 | 8 | 江西 | 莲花 | 赣语 | ã | ã | ã | ã | ã | ã | ã | ã | ŋ |
| 四 | 8 | 江西 | 南康 | 客家 | ã | ŋã | ã | ŋã | ŋ | ŋã | ŋã | ŋã | ŋ |
| 四 | 8 | 江西 | 鄱阳 | 赣语 | nã | n | n | n | n | n | n | nŋ | ŋ |
| 四 | 8 | 江西 | 浮梁 | 徽语 | nã | n | n | n | n | ŋã | ŋã | ŋã | ŋ |
| 四 | 8 | 江西 | 九江县 | 江淮 | ã | n | nã | n | n | n | n | nŋ | ŋ |
| 四 | 8 | 江西 | 婺源 | 徽语 | ã | ŋã | ã | ŋã | ã | ã | ã | ã | mn |
| 四 | 8 | 江西 | 兴国 | 客家 | n | n | n | nã | ŋã | ŋã | ŋã | ŋã | ŋ |
| 四 | 8 | 江西 | 信丰 | 客家 | ã | ã | nã | nŋã | ã | ŋã | ŋã | ã | ŋ |

209

◇ 中古阳声韵韵尾在现代汉语方言中的读音类型

续表

| 大类 | 小类 | 省份 | 地点 | 方言 | 咸 | 深 | 山 | 臻 | 宕 | 江 | 曾 | 梗 | 通 |
|---|---|---|---|---|---|---|---|---|---|---|---|---|---|
| 四 | 8 | 江西 | 于都 | 客家 | ã | ã | ŋã | ã | ã | ŋã | ã | ŋã | ŋ |
| 四 | 8 | 江西 | 玉山 | 吴语 | ã | ŋã | ŋã | ŋã | ã | ŋã | ŋã | ŋã | ŋã |
| 四 | 8 | 青海 | 同仁 | 中原 | ã | ã | ŋã | ã | ã | ŋã | ã | ŋã | ŋã |
| 四 | 8 | 四川 | 宝兴 | 西南 | nã | ã | nã | n | ã | ŋ | n | nŋ | ŋ |
| 四 | 8 | 云南 | 楚雄 | 西南 | ã | ã | ã | ã | ŋ | ŋ | ã | ŋã | ŋ |
| 四 | 8 | 云南 | 华宁 | 西南 | ã | nã | ã | mnã | ã | ã | nã | mnã | nã |
| 四 | 8 | 云南 | 建水 | 西南 | ã | nã | ã | nŋã | ã | ã | nã | nŋã | ŋ |
| 四 | 8 | 云南 | 临沧 | 西南 | nã | nã | ã | n | n | ã | n | nŋ | ŋ |
| 四 | 8 | 云南 | 昆明 | 西南 | ã | n | ã | ã | ã | ã | ã | ŋã | ŋ |
| 四 | 8 | 云南 | 文山 | 西南 | ã | n | ã | n | ŋã | ŋã | n | nŋ | ŋ |
| 四 | 8 | 云南 | 永胜 | 西南 | ã | nã | ã | nŋã | ã | ã | ã | nŋã | ŋ |
| 四 | 8 | 浙江 | 苍南[闽] | 闽语 | ã | ŋã | ŋã | ŋã | ŋã | ŋã | ŋã | ŋã | ŋã |
| 四 | 8 | 浙江 | 昌化[旧] | 吴语 | ã | ŋ | ã | ŋã | ŋã | ã | ŋã | ŋã | ŋã |
| 四 | 8 | 浙江 | 常山 | 吴语 | ã | ŋã | ã | ŋã | ã | ã | ŋã | ŋã | ŋã |
| 四 | 8 | 浙江 | 淳安 | 徽语 | ã | nã | nã | nã | mã | m | ã | mnã | m |
| 四 | 8 | 浙江 | 杭州 | 吴语 | ã | n | ã | n | ŋ | ŋ | n | nŋ | ŋ |
| 四 | 8 | 浙江 | 江山 | 吴语 | ã | ŋã | ã | ŋã | ã | ã | ŋã | ŋã | ŋã |
| 四 | 8 | 浙江 | 开化 | 吴语 | ã | ŋã | ŋã | ŋã | ã | ã | ŋã | ŋã | ŋã |
| 四 | 8 | 浙江 | 衢江 | 吴语 | ã | ŋ | ã | nŋã | ã | ã | nŋ | nŋã | ŋ |
| 四 | 8 | 浙江 | 绍兴县 | 吴语 | ã | nŋ | ã | nŋ | ã | ã | nŋ | nŋã | ŋã |
| 四 | 8 | 浙江 | 嵊州 | 吴语 | ã | n | nã | ŋ | ŋ | ã | n | nŋ | ŋ |
| 四 | 8 | 浙江 | 松阳 | 吴语 | ã | ŋã | ŋã | ŋã | ŋã | ŋã | ŋã | ŋ | ŋã |
| 四 | 8 | 浙江 | 遂安[旧] | 徽语 | nã | nã | nã | n | mnã | m | n | mnã | m |
| 四 | 8 | 浙江 | 遂昌 | 吴语 | ŋã | ŋã | ŋã | ŋã | ŋã | ŋã | ŋã | ŋã | ŋã |
| 四 | 8 | 浙江 | 富阳 | 吴语 | ã | n | ã | n | nã | ã | n | nŋã | ŋ |
| 四 | 8 | 浙江 | 浦江 | 吴语 | ã | n | nã | ã | ã | ã | nã | nã | ŋ |
| 四 | 8 | 浙江 | 上虞 | 吴语 | ã | n | ã | nã | ã | ã | n | nŋã | ŋ |

## 附录2 930个方言点的古阳声韵今读韵尾

续表

| 大类 | 小类 | 省份 | 地点 | 方言 | 咸 | 深 | 山 | 臻 | 宕 | 江 | 曾 | 梗 | 通 |
|---|---|---|---|---|---|---|---|---|---|---|---|---|---|
| 四 | 8 | 浙江 | 新昌 | 吴语 | ã | n | nŋã | nŋ | ŋã | ã | n | nŋã | ŋ |
| 四 | 8 | 浙江 | 新登旧 | 吴语 | ã | n | ã | n | ã | ŋã | n | nŋã | ŋ |
| 五 | 1 | 广东 | 屯白闽 | 闽语 | mŋa | m | nŋa | nŋa | ŋa | ŋ | ŋ | ŋa | ŋ |
| 五 | 1 | 海南 | 澄迈 | 闽语 | mna | m | na | na | ŋa | ŋ | ŋ | ŋa | ŋ |
| 五 | 1 | 海南 | 定安 | 闽语 | mna | m | na | na | ŋa | ŋ | ŋ | ŋa | ŋ |
| 五 | 1 | 海南 | 琼海 | 闽语 | ma | m | na | na | ŋa | ŋ | ŋ | ŋa | ŋ |
| 五 | 1 | 海南 | 琼中 | 闽语 | ma | m | na | na | ŋa | ŋ | ŋ | ŋa | ŋ |
| 五 | 1 | 海南 | 屯昌 | 闽语 | mna | m | na | na | ŋa | ŋ | ŋ | ŋa | ŋ |
| 五 | 2 | 广东 | 雷州 | 闽语 | mŋa | m | nŋa | nŋa | ŋa | ŋ | ŋ | ŋa | ŋ |
| 五 | 2 | 广东 | 遂溪闽 | 闽语 | mŋa | mŋ | nŋa | nŋa | ŋa | ŋ | ŋ | ŋa | ŋ |
| 五 | 2 | 广东 | 徐闻 | 闽语 | mŋa | m | nŋa | nŋa | ŋa | ŋ | ŋ | ŋa | ŋ |
| 五 | 2 | 广东 | 湛江闽 | 闽语 | mŋa | m | nŋa | nŋa | ŋa | ŋ | ŋ | ŋa | ŋ |
| 五 | 3 | 广东 | 罗定 | 粤语 | mn | m | n | n | ŋa | ŋ | ŋ | ŋ | ŋ |
| 五 | 3 | 广西 | 玉林 | 粤语 | m | m | n | n | ŋa | ŋ | ŋ | ŋ | ŋ |
| 五 | 3 | 海南 | 昌江 | 闽语 | mna | mn | mna | mna | ŋa | ŋ | ŋ | ŋa | ŋ |
| 五 | 3 | 海南 | 海口 | 闽语 | mna | m | na | na | ŋa | ŋ | ŋ | ŋa | ŋ |
| 五 | 3 | 海南 | 陵水 | 闽语 | mna | m | mna | mna | ŋa | ŋ | ŋ | ŋa | ŋ |
| 五 | 3 | 海南 | 文昌 | 闽语 | ma | m | na | na | ŋa | ŋ | ŋ | ŋa | ŋ |
| 五 | 3 | 湖南 | 嘉禾 | 土话 | mŋa | na | ma | nŋ | mŋ | mŋ | nŋ | nŋa | nŋ |
| 五 | 1 | 浙江 | 苍南吴 | 吴语 | a | ŋ | a | ŋa | a | ŋa | a | ŋa | ŋa |
| 五 | 1 | 浙江 | 洞头 | 吴语 | a | ŋ | a | ŋa | a | ŋa | a | ŋa | ŋa |
| 五 | 1 | 浙江 | 缙云 | 吴语 | a | ŋ | a | ŋa | a | ŋa | a | ŋa | ŋa |
| 五 | 1 | 浙江 | 乐清瓯 | 吴语 | a | ŋ | a | ŋa | a | ŋa | a | ŋa | ŋa |
| 五 | 1 | 浙江 | 平阳 | 吴语 | a | ŋ | a | ŋa | a | ŋa | a | ŋa | ŋa |
| 五 | 1 | 浙江 | 青田 | 吴语 | a | ŋ | a | ŋa | a | ŋa | a | ŋa | ŋa |
| 五 | 1 | 浙江 | 瑞安 | 吴语 | a | ŋ | a | ŋa | a | ŋa | a | ŋa | ŋa |
| 五 | 1 | 浙江 | 温州 | 吴语 | a | ŋ | a | ŋa | a | ŋa | a | ŋa | ŋa |

◆ 中古阳声韵韵尾在现代汉语方言中的读音类型

续表

| 大类 | 小类 | 省份 | 地点 | 方言 | 咸 | 深 | 山 | 臻 | 宕 | 江 | 曾 | 梗 | 通 |
|---|---|---|---|---|---|---|---|---|---|---|---|---|---|
| 五 | 1 | 浙江 | 文成 | 吴语 | a | ŋ | a | ŋa | a | a | ŋ | ŋa | ŋa |
| 五 | 1 | 浙江 | 永嘉 | 吴语 | a | ŋ | a | ŋa | a | a | ŋ | ŋa | ŋa |
| 五 | 2 | 甘肃 | 华亭 | 中原 | a | ŋ | a | ŋ | ŋ | ŋ | ŋ | ŋ | ŋ |
| 五 | 2 | 甘肃 | 环县 | 中原 | a | ŋ | a | ŋ | ŋ | ŋ | ŋ | ŋ | ŋ |
| 五 | 2 | 甘肃 | 西峰 | 中原 | a | ŋ | a | ŋ | ŋ | ŋ | ŋ | ŋ | ŋ |
| 五 | 2 | 陕西 | 宝鸡 | 中原 | a | ŋ | a | ŋ | ŋ | ŋ | ŋ | ŋ | ŋ |
| 五 | 2 | 陕西 | 略阳 | 中原 | a | ŋ | a | ŋ | ŋ | ŋ | ŋ | ŋ | ŋ |
| 五 | 3 | 湖南 | 城步 | 湘语 | a | n | a | n | ŋ | ŋ | n | nŋ | ŋ |
| 五 | 3 | 江苏 | 常州 | 吴语 | a | n | a | n | ŋ | ŋ | n | nŋ | ŋ |
| 五 | 3 | 江苏 | 宜兴 | 吴语 | a | n | a | n | ŋ | ŋ | n | nŋ | ŋ |
| 五 | 3 | 浙江 | 建德 | 徽语 | a | n | a | n | ŋ | ŋ | n | nŋa | ŋ |
| 五 | 3 | 重庆 | 秀山 | 西南 | a | n | a | n | ŋ | ŋ | n | nŋa | ŋ |
| 五 | 4 | 河北 | 宣化 | 晋语 | a | ŋ | a | ŋ | a | a | ŋ | ŋ | ŋ |
| 五 | 4 | 河北 | 阳原 | 晋语 | a | ŋ | a | ŋ | a | a | ŋ | ŋ | ŋ |
| 五 | 4 | 内蒙古 | 太仆寺 | 晋语 | a | ŋ | a | ŋ | a | a | ŋ | ŋ | ŋ |
| 五 | 4 | 山西 | 偏关 | 晋语 | a | ŋ | a | ŋ | a | a | ŋ | ŋ | ŋ |
| 五 | 5 | 安徽 | 当涂 | 吴语 | a | ŋ | a | ŋ | a | a | ŋ | nŋ | ŋ |
| 五 | 5 | 湖南 | 凤凰 | 西南 | a | n | a | n | a | a | n | nŋa | ŋ |
| 五 | 5 | 湖南 | 永兴 | 赣语 | a | n | a | n | a | a | n | nŋa | ŋ |
| 五 | 6 | 安徽 | 泾县 | 吴语 | na | n | na | n | ŋ | ŋ | n | nŋa | ŋ |
| 五 | 6 | 湖北 | 崇阳 | 赣语 | a | na | a | na | ŋ | ŋ | na | nŋa | n |
| 五 | 6 | 湖南 | 安化 | 湘语 | a | na | a | na | ŋ | ŋ | na | nŋa | n |
| 五 | 7 | 安徽 | 南陵 | 吴语 | na | n | na | n | ŋ | ŋ | n | ŋa | ŋ |
| 五 | 7 | 安徽 | 屯溪 | 徽语 | a | n | na | a | n | n | na | na | n |
| 五 | 7 | 安徽 | 休宁 | 徽语 | a | n | na | a | n | n | na | na | n |
| 五 | 7 | 安徽 | 黟县 | 徽语 | ŋa | a | ŋa | ŋ | ŋ | a | ŋa | ŋa | ŋ |
| 五 | 7 | 福建 | 建瓯 | 闽语 | ŋa | ŋa | ŋ | ŋa | ŋa | ŋ | ŋ | ŋa | ŋ |

附录2 930个方言点的古阳声韵今读韵尾

续表

| 大类 | 小类 | 省份 | 地点 | 方言 | 咸 | 深 | 山 | 臻 | 宕 | 江 | 曾 | 梗 | 通 |
|---|---|---|---|---|---|---|---|---|---|---|---|---|---|
| 五 | 7 | 福建 | 尤溪 | 闽语 | ŋa | ŋ | ŋ | ŋ | ŋ | ŋ | ŋ | ŋa | ŋ |
| 五 | 7 | 广东 | 连南 | 客家 | n | n | n | n | ŋa | ŋ | ŋa | ŋa | ŋ |
| 五 | 7 | 广东 | 曲江 | 土话 | ŋa | nŋ | ŋa | nŋ | nŋ | ŋ | ŋ | n | nŋ |
| 五 | 7 | 广西 | 恭城 | 土话 | ŋa | a | ŋa | ŋ | ŋ | ŋ | a | a | ŋa |
| 五 | 7 | 广西 | 灌阳 | 土话 | nŋa | n | nŋa | nŋ | ŋ | ŋ | nŋ | nŋa | ŋ |
| 五 | 7 | 广西 | 桂林 | 平话 | ŋa | ŋa | ŋa | ŋa | ŋ | ŋ | ŋa | ŋa | ŋa |
| 五 | 7 | 广西 | 灵川 | 平话 | a | ŋa | a | ŋa | ŋ | ŋ | ŋ | ŋ | ŋ |
| 五 | 7 | 广西 | 兴安 | 土话 | nŋa | ŋ | nŋa | nŋa | ŋ | ŋ | nŋa | nŋa | ŋ |
| 五 | 7 | 广西 | 阳朔 | 平话 | ŋa | a | ŋa | na | ŋa | ŋa | ŋa | nŋa | ŋ |
| 五 | 7 | 海南 | 东方 | 闽语 | na | n | na | n | ŋ | ŋ | ŋ | ŋ | ŋ |
| 五 | 7 | 海南 | 乐东 | 闽语 | na | n | na | n | ŋ | ŋ | ŋ | ŋ | ŋ |
| 五 | 7 | 海南 | 三亚 | 闽语 | nŋa | nŋ | nŋa | nŋa | ŋ | ŋ | ŋ | ŋ | ŋ |
| 五 | 7 | 海南 | 万宁 | 闽语 | na | n | na | n | ŋ | ŋ | ŋ | ŋ | ŋ |
| 五 | 7 | 河南 | 渑池 | 中原 | a | a | a | a | ŋ | ŋ | ŋ | ŋ | ŋ |
| 五 | 7 | 湖北 | 赤壁 | 赣语 | na | na | na | na | a | a | na | na | ŋ |
| 五 | 7 | 湖北 | 嘉鱼 | 赣语 | n | n | na | n | ŋ | ŋa | nŋ | nŋ | ŋ |
| 五 | 7 | 湖南 | 辰溪 | 乡话 | na | a | na | a | na | na | a | na | a |
| 五 | 7 | 湖南 | 道县 | 土话 | nŋa | ŋ | nŋa | ŋ | ŋa | ŋ | ŋa | ŋa | nŋa |
| 五 | 7 | 湖南 | 东安 | 土话 | na | n | na | nŋ | nŋ | ŋ | n | ŋ | ŋ |
| 五 | 7 | 湖南 | 江永 | 土话 | na | a | na | ŋ | ŋ | ŋ | ŋ | ŋ | ŋa |
| 五 | 7 | 湖南 | 蓝山 | 土话 | na | nŋ | na | nŋ | a | a | nŋ | nŋa | nŋ |
| 五 | 7 | 湖南 | 宁远 | 平话 | nŋa | a | nŋa | nŋa | ŋ | ŋ | nŋa | nŋa | nŋa |
| 五 | 7 | 湖南 | 汝城 | 客家 | ŋa | n | a | ŋ | nŋa | ŋ | ŋ | ŋ | ŋ |
| 五 | 7 | 湖南 | 新田 | 土话 | nŋa | na | nŋa | n | ŋ | ŋ | n | nŋa | nŋ |
| 五 | 7 | 湖南 | 溆浦 | 湘语 | a | n | a | ŋ | ŋ | ŋ | ŋ | ŋ | ŋ |
| 五 | 7 | 湖南 | 宜章 | 土话 | na | n | na | nŋa | ŋ | ŋ | na | nŋa | ŋ |
| 五 | 7 | 湖南 | 永州 | 土话 | na | n | na | nŋ | na | na | n | nŋa | nŋ |

◆ 中古阳声韵韵尾在现代汉语方言中的读音类型

续表

| 大类 | 小类 | 省份 | 地点 | 方言 | 咸 | 深 | 山 | 臻 | 宕 | 江 | 曾 | 梗 | 通 |
|---|---|---|---|---|---|---|---|---|---|---|---|---|---|
| 五 | 7 | 湖南 | 资兴 | 赣语 | na | n | na | n | n | n | n | nŋ | ŋ |
| 五 | 7 | 江苏 | 丹阳 | 吴语 | ŋa | ŋ | ŋa | ŋ | ŋa | ŋ | ŋ | ŋa | ŋ |
| 五 | 7 | 江苏 | 江阴 | 吴语 | a | n | a | nŋ | ŋ | ŋ | n | nŋ | ŋ |
| 五 | 7 | 江苏 | 金坛 | 吴语 | a | n | a | n | ŋ | ŋ | ŋ | ŋa | ŋ |
| 五 | 7 | 江苏 | 溧阳 | 吴语 | a | n | a | n | ŋ | ŋ | n | ŋa | ŋ |
| 五 | 7 | 山西 | 霍州 | 中原 | ŋ | ŋ | ŋa | ŋa | ŋa | ŋ | ŋ | ŋa | ŋ |
| 五 | 7 | 山西 | 平遥 | 晋语 | ŋa | ŋ | ŋa | ŋ | ŋa | ŋ | ŋ | ŋa | ŋ |
| 五 | 7 | 山西 | 襄汾 | 中原 | a | a | a | a | ŋa | ŋ | ŋa | ŋa | ŋa |
| 五 | 7 | 陕西 | 黄龙 | 中原 | nŋ | n | n | n | ŋa | ŋa | n | ŋa | ŋ |
| 五 | 7 | 浙江 | 东阳 | 吴语 | a | n | na | na | a | a | n | mna | m |
| 五 | 7 | 浙江 | 金华 | 吴语 | a | ŋ | ŋa | ŋ | ŋ | ŋ | ŋ | ŋ | ŋ |
| 五 | 7 | 浙江 | 磐安 | 吴语 | a | n | na | na | a | a | n | mna | m |
| 五 | 7 | 浙江 | 泰顺[闽] | 闽语 | ŋa | ŋa | ŋa | ŋa | ŋa | ŋa | ŋa | ŋa | ŋa |
| 五 | 7 | 浙江 | 天台 | 吴语 | a | ŋ | a | a | a | ŋ | ŋa | ŋ | ŋ |
| 五 | 7 | 浙江 | 武义 | 吴语 | na | n | n | n | ŋ | ŋ | n | ŋa | ŋ |
| 五 | 7 | 浙江 | 义乌 | 吴语 | a | n | na | na | ŋa | ŋ | n | nŋa | ŋ |
| 五 | 7 | 浙江 | 永康 | 吴语 | a | ŋ | ŋa | ŋa | ŋ | ŋ | ŋ | ŋa | ŋ |
| 六 | 1 | 湖南 | 邵阳县 | 湘语 | ãa | n | ãa | n | ã | ã | n | nŋ | ŋ |
| 六 | 1 | 江苏 | 海门 | 吴语 | a | n | a | n | ã | ã | n | nŋã | ŋ |
| 六 | 1 | 江苏 | 昆山 | 吴语 | a | n | a | n | ã | ã | n | nŋã | ŋ |
| 六 | 1 | 江苏 | 溧水 | 吴语 | a | n | a | n | ãa | ãa | n | nŋ | ŋ |
| 六 | 1 | 江苏 | 启东 | 吴语 | a | n | a | n | ã | ã | n | nŋã | ŋ |
| 六 | 1 | 江苏 | 苏州 | 吴语 | a | n | a | n | ã | ã | n | nŋã | ŋ |
| 六 | 1 | 江苏 | 太仓 | 吴语 | a | n | a | n | ã | ã | n | nŋã | ŋ |
| 六 | 1 | 江苏 | 吴江 | 吴语 | a | n | a | n | ã | ã | n | nŋã | ŋ |
| 六 | 1 | 江苏 | 张家港 | 吴语 | na | n | na | n | ã | ã | n | nŋã | ŋ |
| 六 | 1 | 上海 | 宝山 | 吴语 | a | n | a | n | ã | ã | n | nŋã | ŋ |

附录2　930个方言点的古阳声韵今读韵尾

续表

| 大类 | 小类 | 省份 | 地点 | 方言 | 咸 | 深 | 山 | 臻 | 宕 | 江 | 曾 | 梗 | 通 |
|---|---|---|---|---|---|---|---|---|---|---|---|---|---|
| 六 | 1 | 上海 | 崇明 | 吴语 | a | n | a | n | ã | ã | n | nŋã | ŋ |
| 六 | 1 | 上海 | 奉贤 | 吴语 | a | n | a | n | ã | ã | n | nŋã | ŋ |
| 六 | 1 | 上海 | 嘉定 | 吴语 | a | n | a | n | ã | ã | n | nŋã | ŋ |
| 六 | 1 | 上海 | 闵行 | 吴语 | a | n | a | n | ã | ã | n | nŋã | ŋ |
| 六 | 1 | 上海 | 浦东 | 吴语 | a | n | a | n | ã | ã | n | nŋã | ŋ |
| 六 | 1 | 浙江 | 安吉 | 吴语 | a | n | a | n | ã | ã | n | nŋã | ŋ |
| 六 | 1 | 浙江 | 长兴 | 吴语 | ãa | n | ãa | n | ã | ã | n | nŋã | ŋ |
| 六 | 1 | 浙江 | 平湖 | 吴语 | a | n | a | n | ã | ã | n | nŋã | ŋ |
| 六 | 1 | 浙江 | 孝丰旧 | 吴语 | a | n | a | n | ã | ã | n | nŋã | ŋ |
| 六 | 2 | 安徽 | 枞阳 | 江淮 | ãa | n | ãa | n | ã | ã | n | n | n |
| 六 | 2 | 内蒙古 | 包头 | 晋语 | ãa | ŋ | ãa | ŋ | ã | ã | ŋ | ŋ | ŋ |
| 六 | 2 | 内蒙古 | 呼和浩特 | 晋语 | ãa | ŋ | ãa | ŋ | ã | ã | ŋ | ŋ | ŋ |
| 六 | 2 | 内蒙古 | 集宁 | 晋语 | ãa | ŋ | ãa | ŋ | ã | ã | ŋ | ŋ | ŋ |
| 六 | 2 | 内蒙古 | 临河 | 晋语 | ãa | ŋ | ãa | ŋ | ã | ã | ŋ | ŋ | ŋ |
| 六 | 2 | 宁夏 | 隆德 | 中原 | ã | ŋ | ã | ŋ | a | a | ŋ | ŋ | ŋ |
| 六 | 2 | 山西 | 灵丘 | 晋语 | ã | ŋ | ã | ŋ | a | a | ŋ | ŋ | ŋ |
| 六 | 2 | 山西 | 襄垣 | 晋语 | ãa | ŋ | ãa | ŋ | a | a | ŋ | ŋ | ŋ |
| 六 | 2 | 山西 | 左权 | 晋语 | ã | ŋ | ã | ŋ | a | a | ŋ | ŋ | ŋ |
| 六 | 2 | 陕西 | 靖边 | 晋语 | a | ŋ | a | ŋ | a | a | ŋ | ŋ | ŋ |
| 六 | 2 | 陕西 | 米脂 | 晋语 | a | ŋ | a | ŋ | a | a | ŋ | ŋ | ŋ |
| 六 | 2 | 陕西 | 神木 | 晋语 | a | ŋ | a | ŋ | a | a | ŋ | ŋ | ŋ |
| 六 | 3 | 江苏 | 高淳 | 吴语 | a | nã | a | nã | ã | ã | nã | nãa | nã |
| 六 | 3 | 山西 | 临县 | 晋语 | ãa | ŋ | ãa | ŋ | a | a | ŋ | ŋa | ŋ |
| 六 | 3 | 山西 | 中阳 | 晋语 | ãa | ŋ | ãa | ŋ | a | a | ŋ | ŋa | ŋ |
| 六 | 3 | 上海 | 金山 | 吴语 | a | ŋ | a | ŋ | ã | ã | ŋ | ŋã | ŋ |
| 六 | 3 | 浙江 | 乐清台 | 吴语 | a | ŋ | a | ŋ | ã | ã | ŋ | ŋã | ŋ |
| 六 | 3 | 浙江 | 临海 | 吴语 | a | ŋ | a | ŋ | ã | ã | ŋ | ŋã | ŋ |

◆ 中古阳声韵韵尾在现代汉语方言中的读音类型

续表

| 大类 | 小类 | 省份 | 地点 | 方言 | 咸 | 深 | 山 | 臻 | 宕 | 江 | 曾 | 梗 | 通 |
|---|---|---|---|---|---|---|---|---|---|---|---|---|---|
| 六 | 3 | 浙江 | 鄞州 | 吴语 | a | ŋ | a | ŋ | ã | ã | ŋ | ŋã | ŋ |
| 六 | 3 | 浙江 | 余姚 | 吴语 | ãa | ŋ | ãa | ŋ | ã | ã | ŋ | ŋã | ŋ |
| 六 | 3 | 浙江 | 镇海 | 吴语 | a | ŋ | a | ŋ | ã | ã | ŋ | ŋã | ŋ |
| 六 | 4 | 浙江 | 慈溪 | 吴语 | a | ŋ | ãa | ŋ | ã | ã | ŋ | ŋã | ŋ |
| 六 | 4 | 浙江 | 奉化 | 吴语 | a | ŋ | ãa | ŋ | ã | ã | ŋ | ŋã | ŋ |
| 六 | 4 | 浙江 | 黄岩 | 吴语 | ŋa | ŋ | a | ŋ | ã | ã | ŋ | ŋã | ŋ |
| 六 | 4 | 浙江 | 温岭 | 吴语 | ŋa | ŋ | a | ŋ | ã | ã | ŋ | ŋã | ŋ |
| 六 | 4 | 浙江 | 象山 | 吴语 | a | ŋ | ãa | ŋ | ã | ã | ŋ | ŋã | ŋ |
| 六 | 4 | 浙江 | 玉环 | 吴语 | ŋa | ŋ | a | ŋ | ã | ã | ŋ | ŋã | ŋ |
| 六 | 4 | 浙江 | 舟山 | 吴语 | a | ŋ | ãa | ŋ | ã | ã | ŋ | ŋã | ŋ |
| 六 | 5 | 浙江 | 崇德旧 | 吴语 | a | n | a | n | ã | ŋã | n | nŋã | ŋ |
| 六 | 5 | 浙江 | 海宁 | 吴语 | a | n | a | n | ã | ŋã | n | nŋã | ŋ |
| 六 | 5 | 浙江 | 海盐 | 吴语 | a | n | a | n | ã | ŋã | n | nŋã | ŋ |
| 六 | 5 | 浙江 | 嘉善 | 吴语 | a | n | a | n | ã | ŋã | n | nŋã | ŋ |
| 六 | 5 | 浙江 | 嘉兴 | 吴语 | a | n | a | n | ã | ŋã | n | nŋã | ŋ |
| 六 | 5 | 浙江 | 桐乡 | 吴语 | a | n | a | n | ã | ŋã | n | nŋã | ŋ |
| 六 | 6 | 湖南 | 娄底 | 湘语 | ãa | na | ãa | nãa | ŋ | ŋ | na | nŋãa | n |
| 六 | 6 | 上海 | 南汇 | 吴语 | a | n | a | nŋ | ã | ã | n | nŋã | ŋ |
| 六 | 6 | 上海 | 青浦 | 吴语 | a | n | a | nŋ | ã | ã | n | nŋã | ŋ |
| 六 | 6 | 上海 | 上海 | 吴语 | a | n | a | nŋ | ã | ã | n | nŋã | ŋ |
| 六 | 6 | 上海 | 松江 | 吴语 | a | n | a | nŋ | ã | ã | n | nŋã | ŋ |
| 六 | 6 | 浙江 | 于潜旧 | 吴语 | a | nã | a | nãa | ã | ã | nã | nŋã | ŋ |
| 六 | 7 | 安徽 | 无为 | 江淮 | ã | n | ãa | n | ã | ã | n | nŋ | ŋ |
| 六 | 7 | 安徽 | 宣城 | 吴语 | a | n | ŋa | nŋ | ŋã | ŋã | nŋ | nŋ | ŋ |
| 六 | 7 | 福建 | 连城 | 客家 | ŋã | ã | a | ã | ŋ | ã | ŋ | ã | ŋ |
| 六 | 7 | 广西 | 平乐 | 平话 | ã | ŋã | ŋã | ŋã | ŋ | ŋa | ŋã | ŋã | ŋã |
| 六 | 7 | 广西 | 资源 | 土话 | ŋãa | ã | ãa | ŋã | ŋã | ŋã | ŋã | ŋãa | ŋ |

附录2 930个方言点的古阳声韵今读韵尾

续表

| 大类 | 小类 | 省份 | 地点 | 方言 | 咸 | 深 | 山 | 臻 | 宕 | 江 | 曾 | 梗 | 通 |
|---|---|---|---|---|---|---|---|---|---|---|---|---|---|
| 六 | 7 | 贵州 | 习水 | 西南 | ãa | n | ãa | n | ŋ | n | ŋ | nŋ | ŋ |
| 六 | 7 | 河北 | 赞皇 | 晋语 | a | n | a | n | ã | ŋ | ŋ | ŋ | ŋ |
| 六 | 7 | 河北 | 晋州 | 冀鲁 | ã | a | ã | a | ã | ŋ | ŋ | ŋ | ŋ |
| 六 | 7 | 湖北 | 武穴 | 江淮 | n | nã | na | nã | n | ŋ | ŋ | nŋã | ŋ |
| 六 | 7 | 湖南 | 古丈 | 乡话 | ŋa | a | ŋa | a | ŋã | ŋ | ŋ | ŋa | ŋa |
| 六 | 7 | 湖南 | 涟源 | 湘语 | ãa | n | ãa | nã | n | nã | nã | nã | n |
| 六 | 7 | 湖南 | 泸溪乡 | 乡话 | ŋa | a | ŋ | a | ŋ | a | ŋa | ŋa |
| 六 | 7 | 湖南 | 泸溪湘 | 湘语 | ãa | a | ãa | ã | ŋ | ã | ŋã | ã |
| 六 | 7 | 湖南 | 双峰 | 湘语 | ãa | ŋã | ãa | ŋã | ã | ŋ | ŋ | ŋã | ŋ |
| 六 | 7 | 湖南 | 绥宁 | 赣语 | ãa | a | ãa | a | ã | ŋ | ŋ | ŋã | ŋ |
| 六 | 7 | 湖南 | 新化 | 湘语 | ã | ŋ | ãa | nŋã | ãa | ã | ŋã | nŋãa | nŋ |
| 六 | 7 | 湖南 | 新邵 | 湘语 | ãa | a | ã | n | ã | n | nŋ | ã | ŋ |
| 六 | 7 | 湖南 | 沅陵 | 乡话 | ŋãa | ãa | ŋãa | a | nŋã | nŋã | ã | ãa | a |
| 六 | 7 | 湖南 | 中方 | 西南 | ã | ã | ã | ã | a | ã | ŋãa | ŋ |
| 六 | 7 | 江苏 | 常熟 | 吴语 | na | n | a | ŋ | ã | ã | ŋ | nŋã | ŋ |
| 六 | 7 | 江苏 | 句容 | 江淮 | ãa | n | ãa | nŋ | ã | n | nŋa | nŋ |
| 六 | 7 | 江苏 | 无锡 | 吴语 | a | n | a | ŋ | ŋ | ŋ | ŋ | nŋa | ŋ |
| 六 | 7 | 内蒙古 | 鄂尔多斯 | 晋语 | ãa | ŋ | ãa | ŋ | ãa | ãa | ŋ | ŋ | ŋ |
| 六 | 7 | 宁夏 | 中卫 | 兰银 | a | ã | a | ã | ŋ | ŋ | ŋ | ŋ | ŋ |
| 六 | 7 | 山西 | 大宁 | 晋语 | ã | ŋã | ã | ŋã | ã | ã | ŋã | ŋãa | ŋã |
| 六 | 7 | 山西 | 岢岚 | 晋语 | ãa | ŋ | ãa | ŋ | ã | ã | ŋ | ŋ | ŋ |
| 六 | 7 | 山西 | 临猗 | 中原 | ã | a | ã | a | ã | ŋa | ŋ | ŋa | ŋ |
| 六 | 7 | 山西 | 陵川 | 晋语 | ãa | a | ãa | a | ãa | ã | ŋ | ŋ | ŋ |
| 六 | 7 | 山西 | 娄烦 | 晋语 | ã | ŋ | ã | ŋ | ã | ŋa | ŋa | ŋa | ŋ |
| 六 | 7 | 山西 | 平陆 | 中原 | ã | a | ã | a | ã | a | ã | ŋa | ŋa |
| 六 | 7 | 山西 | 太原 | 晋语 | ãa | ŋ | ãa | ŋ | ã | ã | ŋ | ŋ | ŋ |
| 六 | 7 | 山西 | 万荣 | 中原 | ã | ã | ã | ã | ŋa | ŋa | ŋã | ŋa | ŋ |

217

◆ 中古阳声韵韵尾在现代汉语方言中的读音类型

续表

| 大类 | 小类 | 省份 | 地点 | 方言 | 咸 | 深 | 山 | 臻 | 宕 | 江 | 曾 | 梗 | 通 |
|---|---|---|---|---|---|---|---|---|---|---|---|---|---|
| 六 | 7 | 山西 | 忻州 | 晋语 | ŋã | ŋ | ŋã | ŋ | ŋa | ŋa | ŋ | ŋa | ŋ |
| 六 | 7 | 山西 | 阳城 | 晋语 | ãa | ŋ | ãa | ŋa | ŋ | ŋa | ŋ | ŋa | ŋ |
| 六 | 7 | 陕西 | 清涧 | 晋语 | a | ŋ | a | ŋ | ãa | ã | ŋ | ŋa | ŋ |
| 六 | 7 | 陕西 | 商洛 | 中原 | ã | ãa | ã | ãa | ŋ | ŋ | ŋ | ŋ | ŋ |
| 六 | 7 | 陕西 | 铜川 | 中原 | ã | a | ã | a | ŋ | ŋ | ŋ | ŋ | ŋ |
| 六 | 7 | 云南 | 思茅 | 西南 | ã | nã | ãa | nã | ŋã | ŋã | nã | ŋŋã | ŋ |
| 六 | 7 | 浙江 | 德清 | 吴语 | a | ŋ | a | ŋ | ã | ŋã | ŋ | ŋã | ŋ |
| 六 | 7 | 浙江 | 分水旧 | 吴语 | ãa | n | ãa | ŋ | ŋ | ŋ | n | nŋ | ŋ |
| 六 | 7 | 浙江 | 湖州 | 吴语 | a | ŋ | ŋ | ŋ | ã | ŋã | ŋ | ŋã | ŋ |
| 六 | 7 | 浙江 | 景宁吴 | 吴语 | ŋa | ŋ | ŋa | ŋ | ŋã | ŋ | ŋ | ã | ŋã |
| 六 | 7 | 浙江 | 兰溪 | 吴语 | a | ŋã | ãa | ŋ | ŋ | ŋã | ŋ | ŋã | ŋ |
| 六 | 7 | 浙江 | 丽水 | 吴语 | ŋã | ŋ | ŋ | ŋa | ŋ | ŋ | ŋã | ŋã | ŋ |
| 六 | 7 | 浙江 | 龙泉 | 吴语 | ŋã | ŋa | ŋãa | ŋa | ŋãa | ŋ | ŋãa | ŋãa | ŋ |
| 六 | 7 | 浙江 | 龙游 | 吴语 | ãa | ŋ | ŋa | a | ã | ãa | ŋ | ŋa | ŋ |
| 六 | 7 | 浙江 | 宁海 | 吴语 | ãa | ŋ | ãa | ŋŋ | ã | ŋ | ã | ŋ | ŋ |
| 六 | 7 | 浙江 | 庆元 | 吴语 | ŋã | ŋa | ŋãa | ŋ | ãa | ŋ | ŋa | ŋa | ŋã |
| 六 | 7 | 浙江 | 三门 | 吴语 | a | ã | a | ã | ã | ŋ | ã | ŋã | ŋ |
| 六 | 7 | 浙江 | 泰顺吴 | 吴语 | ãa | ŋ | ŋã | ŋã | ã | ŋ | ŋã | ŋã | ŋ |
| 六 | 7 | 浙江 | 武康旧 | 吴语 | a | ã | a | ã | ã | ŋã | ã | ŋã | ŋ |
| 六 | 7 | 浙江 | 仙居 | 吴语 | a | ŋ | a | ŋ | ŋã | ŋa | ŋ | ŋa | ŋ |
| 六 | 7 | 浙江 | 临安 | 吴语 | ãa | n | ãa | ŋ | ŋã | ŋã | ŋ | ŋã | ŋ |
| 六 | 7 | 浙江 | 寿昌旧 | 徽语 | a | n | nãa | nã | ã | ã | n | mnã | m |
| 六 | 7 | 浙江 | 桐庐 | 吴语 | a | ŋ | ãa | ŋ | ŋ | ŋ | ŋ | nŋã | ŋ |
| 六 | 7 | 浙江 | 宣平旧 | 吴语 | ŋãa | ŋ | ŋãa | ŋa | ŋa | ŋ | ŋ | ŋã | ŋã |
| 六 | 7 | 浙江 | 云和 | 吴语 | ãa | ŋ | ŋa | ã | ã | ŋ | ŋã | ŋã | ŋã |
| 六 | 7 | 浙江 | 余杭 | 吴语 | ã | n | ãa | ã | ã | nŋ | nŋã | | |
| 六 | 7 | 浙江 | 诸暨 | 吴语 | ãa | n | ãa | nŋ | ã | ŋã | n | nŋã | ŋ |

附录2 930个方言点的古阳声韵今读韵尾

续表

| 大类 | 小类 | 省份 | 地点 | 方言 | 咸 | 深 | 山 | 臻 | 宕 | 江 | 曾 | 梗 | 通 |
|---|---|---|---|---|---|---|---|---|---|---|---|---|---|
| 七 |  | 安徽 | 绩溪 | 徽语 | ãa | ã | ãa | ã | ã | ã | ã | ãa | ã |
| 七 |  | 安徽 | 歙县 | 徽语 | ãa | ã | ãa | ã | a | ã | ã | ãa | ã |
| 八 |  | 湖南 | 辰溪湘 | 湘语 | a | a | a | a | a | a | a | a | a |
| 八 |  | 浙江 | 汤溪旧 | 吴语 | a | a | a | a | a | a | a | a | a |

# 附录3 中古阳声韵韵尾在现代汉语方言中读音种类的分布地图

图1 [-m]、[-n]、[-ŋ] 三分型分布地图

图2 [-n]、[-ŋ] 二分型分布地图

图3 [-n] 或 [-ŋ] 一个韵尾型分布地图

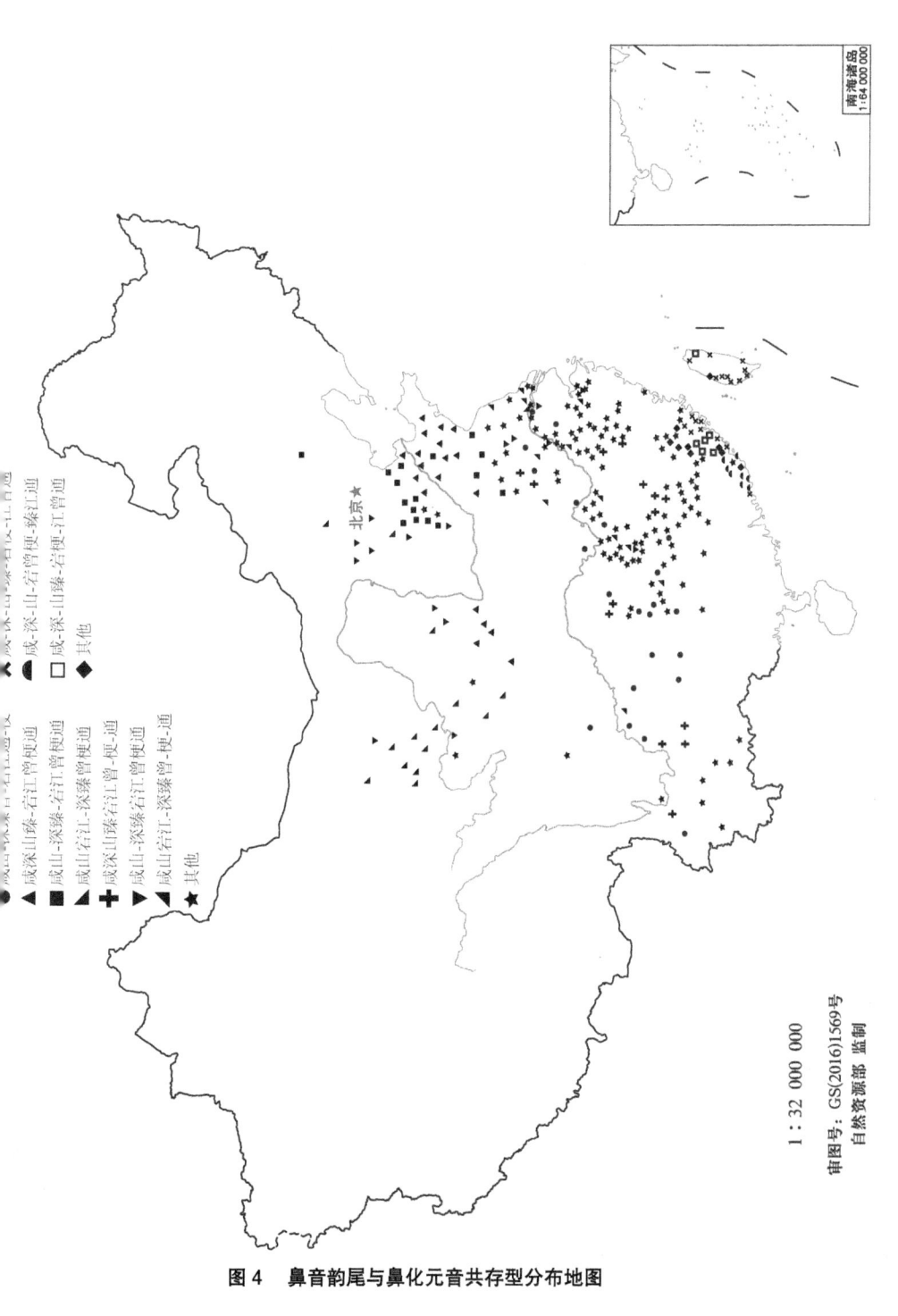

图 4 鼻音韵尾与鼻化元音共存型分布地图

图5 鼻音韵尾与口元音共存型分布地图

图6 鼻音韵尾与鼻化元音、口元音共存型分布地图

图7 鼻化元音与口元音共存型及口元音型分布地图

# 附录4  补充调查的8个方言点发音人简况

| 调查点 | | | 姓名 | 性别 | 年龄 | 学历 | 职业 |
|---|---|---|---|---|---|---|---|
| 一 | 福建永安 | 1. 洪田镇 | 朱品亮 | 男 | 72 | 高中 | 退休工人 |
| | | 2. 安砂镇 | 陈兴春 | 男 | 65 | 高中 | 退休干部 |
| | | 3. 罗坊乡 | 巫发祥 | 男 | 54 | 高中 | 文化干部 |
| 二 | 广东博罗（长宁镇） | | 杨瑞珍 | 女 | 50 | 初中 | 农民 |
| 三 | 广东揭东（新亨镇） | | 张建周 | 男 | 59 | 初中 | 小学教师 |
| 四 | 广东中山（三角镇） | | 杜就胜 | 男 | 64 | 大专 | 中学退休教师 |
| 五 | 广西阳朔（白沙镇） | | 陈　明 | 男 | 50 | 初中 | 党政干部 |
| 六 | 湖南衡南（近尾洲镇） | | 吴大赞 | 男 | 63 | 大专 | 中学教师 |
| 七 | 湖南衡阳县 | 1. 西渡镇，县府 | 刘万成 | 男 | 70 | 大专 | 退休干部 |
| | | 2. 台源镇 | 许比垣 | 男 | 67 | 初中 | 小学退休教师 |
| 八 | 江西婺源 | 1. 紫阳镇，县府 | 董佩英 | 男 | 74 | 中师 | 小学退休教师 |
| | | 2. 江湾镇 | 江中秋 | 男 | 83 | 中师 | 小学退休教师 |

# 后　记

本书是我的博士论文。

十六年前的我，应该没想到自己会在济南生根发芽。当初因为郭猛同学（山东淄博人）的推荐，报考了山东大学。钱老师一直记得，那年来考试的时候，她去西安参加学术会议，是张树铮老师把我招进来的。

很幸运赶上了末班车，进入了钱门。钱老师于我，不只是学业上的引导，同时也是为人和做事的模范，看书和写文章的认真自不待言，工作上对学生的全心付出，生活中从做饭到养花，处处都讲究秩序和美感，这些于我都有潜移默化的影响。除了钱老师的言传身教，钱门、董门各位师长的熏陶和提点同样无法忘怀，不论做学问还是做人，他们都是我学习的榜样。如此种种资粮，才使我这个"小南蛮""蛮"色渐褪，扎根齐鲁。

博士论文的选题起源于曹志耘老师的课题"汉语方言地图集"。2006 年暑期，还没进入山东大学学习，我先到了北语，跟随曹老师的课题组做一些校对的工作，后来又参加了分类工作，还有幸去了闽北顺昌进行方言调查。感谢北语各位师友的关心关照！正是在北语近一年的团队工作经历，让我形成了踏实严谨的工作习惯，同时也领会到团队协作的重要性。本书的材料

# 后 记

主要来自"汉语方言地图集",衷心感谢曹老师的慷慨,没有他的首肯,毕业论文将是另一个选题。

博士毕业论文的写作无疑是众志成城。除了提供调查材料的各位专家学者,方言发音人对论文的写作同样功不可没,都是我应该感谢的人——包括930个方言点的发音人和补充调查的12个方言点的发音人。论文写作过程中还得到了高晓虹和刘晓海二位老师的无私帮助,高老师帮忙从美国查阅英文资料,晓海老师帮忙绘制了类型地图。这些助力都使论文得以顺利完成,不胜感激。

毕业论文写完后意犹未尽,主要是历时演变和鼻音韵尾的性质这两点让我陷入了沉思,一直希望能够从音韵学和实验语音学的角度继续完善论文。这些年也关注了鼻音性质的一些研究成果,只可惜博士毕业后做了两年师资博士后,为了达到出站要求,加上不能怠慢的教学工作,后来又是各种项目,一拖再拖,直到最后发现要修改完善只能是心有余而力不足了。

2018年适逢杜泽逊老师荣任文学院院长,提出山大中文专刊项目,资助老师们出版专著。值此良机,就决定还是先出版了吧,否则还不知道得到猴年马月才能出版了。出版前期工作手续繁琐,杜老师和商务印书馆顾青先生,编辑鲍海燕、张彦君费了不少心,谨致谢忱!书中地图为了符合出版标准,多亏了袁红和陈欢迪二位出力,张哲于毕业后仍协助校对全部书稿,一并致谢!

四十不惑,平平仄仄皆成过眼云烟,往后的人生可以继续做自己喜欢的教学工作、语言研究,我无疑是幸运的,也是幸福的。感谢生活!感恩生命!余生仍需尽我所能,活出精彩,做一个有用的人!